# 破浪

党益民 刘国强 等著
北京文学月刊社 主编

北京联合出版公司
Beijing United Publishing Co.,Ltd.

# 前　言

## 70年的文学风景

2020年9月，是《北京文学》创刊70周年大庆。

70年，是历史的一瞬，却是一本杂志漫长的历程。70年，一路风雨，一路坎坷，一代代编辑家高扬文学理想，不辞劳苦，风雨兼程，长年累月在《北京文学》默默耕耘，一批批作品在此问世，一茬茬作家在此成长，一代代读者执着关注、倾情阅读……

70年来，《北京文学》始终是新中国文学百花园里不可或缺的重要苗圃和亮丽风景。因此，为《北京文学》70年历程撷取一处处风景、一丛丛花卉，便自然而然地成为我们为创刊70周年庆典献礼的重要计划和自觉行动。然而在这漫长的70年里，所发表的作品数以万计，时代跨度大，作家人数多，内容浩如烟海，风格多种多样，作品选择难度很大。

为了尽可能客观、准确、全面反映《北京文学》创刊70周年不同时期作品的风貌，从2019年下半年开始，《北京文学》编辑部就组织全体编辑反复策划研讨，对70年以来在《北京文学》发表过的作品反复讨论、遴选，同时向不同时期曾经在《北京文学》担任过编辑部负责人的一些前辈征求意见和建议，还与本丛书的出版合作方北京华景时代文化传媒有限公司一起，从读者和市场的角度出发，沟通协商，共同研究，最终确定《北京文学》

70周年经典作品系列丛书出版篇目，包括中篇小说卷2册、短篇小说卷1册、报告文学卷1册、散文卷2册，总共4卷6册。

中篇小说卷收集了邓友梅、徐小斌、余华、刘恒、刘震云、李佩甫、毕淑敏、谈歌、迟子建、蒋韵、叶广芩、李唯共12位作家的12部中篇小说。

短篇小说卷收集了浩然、张洁、方之、王蒙、王安忆、汪曾祺、陈建功、林斤澜、曹乃谦、刘庆邦、铁凝、韩少功共12位作家的12篇短篇小说。

报告文学卷由于文体本身有时效性的局限，仅精选了刘国强、陈廷一、李忠效、陈新、叶多多、党益民共6位作家的6部报告文学作品。这6部作品，聚焦改革开放以来举世瞩目的中国梦想、中国故事、中国人物，呈现艰苦奋斗、无私奉献、奋勇争先、开拓创新的时代特征和民族精神，特别是彰显感天动地的爱国情怀，值得我们弘扬与铭记。

散文卷，由于文体本身篇幅相对短小，收集作品数量相对较多，达到33篇，分上、下两册。这33篇作品，作者阵容强大，既有史铁生、汪曾祺、贾平凹、梁衡、池莉、周大新、王安忆、毕飞宇、蒋韵、蒋子龙、梁晓声、陈世旭、余华、肖复兴等众多名家，又不乏朱鸿、江子、蒋殊、陈启文、杨献平、陆春祥、詹谷丰、陈奕纯等散文新锐作家，33篇作品题材广泛、内容丰富、风格多样，可谓篇篇精彩，美不胜收。

可以说，这套丛书所收集的作品都是不同时期广受各界读者关注、阅读和传诵的经典名篇，从不同角度反映了《北京文学》70年走过的风雨历程，展现了70年来的作品精华和不同时期的刊物风貌，也基本上代表了70年来《北京文学》作品的最高水平。

尽管如此，由于《北京文学》70年来刊发的作品众多，时间跨度大，更由于资料、篇幅及我们的编辑视野所限，本次编辑的丛书仍无法囊括70年来的所有精华，肯定会有遗珠之憾。在此，恳请广大作家、读者及编辑前辈予以理解和谅解，同时我们也诚恳期待各界朋友的批评指正。

70年的《北京文学》，承载着我们的共同理想，凝聚着我们共同的心血、智慧与汗水，也镌刻着我们共同的记忆与足迹。值得欣慰的是，所有这一切，都已经构成新中国文学发展史重要的组成部分，成为新中国文学发展史上一道亮丽的风景。

借此机会，我们谨向70年来所有为《北京文学》付出过心血和汗水的文学界前辈致敬，向广大作家和读者朋友致敬！

北京文学月刊社

2020年4月

# 目录

# 祖国至上

## ——战略科学家黄大年『飞行记录』

刘国强

从踏上祖国领土那一刻起，黄大年作为首席科学家，组织全国400多位来自高校和科研院所的优秀科技人员，力推“高精度航空重力测量技术”和“深部探测关键仪器装备研制与实验”两个重大项目攻关研究，这两项技术到底有什么用？回答是：没有这项科技之前，别国在中国的海洋里放了什么，做了什么，捣了什么鬼，我们只能“听之任之”，因为用传统方法找潜艇只能靠“声呐”识别。人家潜到水下几百米，或是关闭了声音，磁力消掉，你就没有办法找到，想防都防不住。重力梯度仪颠覆了“声呐辨别”，只要你入了海，就能找到你。因为，“重量是永远没法消失的”。

## 一、导航：朝向是“大战略”

涂抹在孩子身上的“第一笔”，往往决定整个人生的基调和定位。很多人总是挑选站位，其实最能左右人生大局的是“朝向”……

每一个惊世骇俗的人生都有弱小的童年。

黄大年生长在“营养不良”的时代。1958年刚一出生便遇浮夸风导致“诚信饥饿”的“大跃进”，三岁遭遇“肉体饥饿”的全国“粮荒”，上学赶上“文化饥饿”，将12年学制缩短到9年，“文化大革命”的闹剧充斥学业全程……

令人深思的是，这并不影响他后来成为世界最优秀的顶尖科学家。

黄大年的出生地和求学经历也同样“营养不良”，多年生活在广西乡下，穿行在荒野和大山里。父亲黄方明和母亲张瑞芳都在广西第六地质队工作，居住地要随着探矿队转移而“随时搬家”，黄大年便“打游击”式求学，小学读的五年书，他去三个地方读了四所学校。

地质队流动性大、居无定所，广西地矿局为了解决地质队子女上学的困难，在远离南宁600公里的柳州罗城县小长安公社“牛毕大荒原”要了块地，建了一所“子弟学校”。从地图上看，这里是广西壮族自治区的中心，“方便”散落在全自治区四面八方的地矿子女上学。学校前不着村，后不着店，离此最近的一个村子六七公里。学校要开荒种粮、种菜、养猪，满足自身生活。初中一年级，黄大年便告别父母，从家乡南宁郊区出发，转两次火车到柳州，再在一个没有站台、只停两分钟的地方下车，徒步穿越荒原10多里路到学校上学。一个学期只能回一次家。

困难一下一下锉疼了肉体，包在厚锈里的意志才有机会闪闪发光。老师若说“这次考试只有一个同学得了满分”，同学们就知道，那一定是黄大年。

1975年，17岁的黄大年参加招工考试“一战成名”，在200多名竞争者中夺冠，荣幸地成为广西地矿局第六地质大队的一名“物探”地质队员。此后“物探”二字便紧紧跟随他一生，再也没有离开……

不可思议的是，黄大年几乎在渊陷的“坑里”起步却又“一跃而起”，登上全球卓越战略科学家的高位。

1996年12月，黄大年以排名第一的成绩获得英国利兹大学地球物理学博士学位，成为该系获评优秀学生中唯一的海外学生。

黄大年在英国剑桥大学旗下ARKeX的航空地球物理公司，出任高级研究员和研发部主任、博士生导师、培训官。他从包括外国院士在内的300多人“高配”团队中脱颖而出，牢牢坐稳首席科学家的交椅，这是剑桥大学历史上首位登峰的黄种人。该科技能够在海洋和陆地复杂环境和条件下，通过快速移动方式实施对地穿透式精确探测的技术装备，广泛应用于油气和矿产资源勘探。这项技术是当今世界各国科技竞争乃至战略部署的制高点，是强国展示实力的重要风向标。

黄大年回到祖国后，很快成为中国航空地球物理领域领军人，为

“高精度航空重力高精度测量技术”项目首席科学家，“深部探测关键仪器装备研制与实验”项目首席科学家，威震一方的“国际号”战略科学家。美国航母舰队在南海演习，惊悉黄大年回到中国，整个航母编队后退100海里……

黄大年的儿童和少年时代“沦陷在坑里”，已经“输在起跑线上”，何以能创造这样惊世骇俗的奇迹？尽管原因很多，父母和启蒙老师的“朝向引导”，立了头功。引导得好，最差的时代和环境很有可能激发人的雄心壮志；相反，最好的时代和环境很有可能令人不思进取。同样是“借力”，正向借力与反向借力却大相径庭。

孩子只是一张白纸，好画最新最美的图画，好做最新最美的文章。

第一任老师的父母处处以身作则。父亲锄草不小心弄断了从邻居家借的旧锄头把，立刻买柄新的换上。“损坏东西要赔”，这像春雨一样滋润着幼童黄大年的心灵。母亲在土路上捡到一张两元面额钞票，马上交给单位，而后给黄大年讲“拾金不昧”。弟弟黄大文推倒了邻居家的孩子，母亲领着两个儿子去向人家道歉。

在人的身上，美好和丑陋总是苗草混杂，一不留神就会草比苗茂盛。培植美的嫩芽实在是个漫长而艰辛的过程，但是显示丑陋的现象往往是一瞬间的事情。特别是孩子们可逆性强，一阵风吹来就会使他们像根不牢的草一样随风倒去。

父母的身教宛如看不见摸不着的空气，却能过滤毒素和污浊，留下清爽；似无形的刀子剃掉多余枝杈，让小树成材；像阻挡浊流的堤坝，拒绝泛滥。语言可能是声音导师，也可能是污染源。行为是辅导，也可能是误导。在孩子这张洁白的人生白纸上，父母要三思而行，怎样“落下第一笔”？这是家庭的长远大计，也是孩子一生的长远大计。近景看，这是自己的孩子；中景看，这是孩子的人生；远景看，这是国家的未来。

黄大年的初中部主任叫杜冠宇，班主任叫黄仙荣，二人是夫妻。他们都是东北长春地质学院李四光的学生，满怀激情响应“到祖国最需要的地方去”的号召，从北京来到广西扎根。

杜冠宇激昂地讲述：“新中国首任地质部部长、长春地质学院第一任院长李四光老师当年告诉我们，物探，就像神话中的‘金钥匙’，只要电极指向哪里，哪里就会从地下冒出宝藏。”

杜冠宇讲的故事太生动了：“同学们，你们知道吗？提起大庆油田，我们的班主任李四光老师是头号功臣啊！毕业时，李老师带领我们全班学生到北大荒去实习，李老师亲自指挥工人们在大荒原上钻探，我们全体同学都被编进工人里，与他们同吃同住同劳动，要多苦有多苦，要多甜有多甜哪！我们亲眼看见打出石油了！当天晚上激昂庆功，同学们全喝多了，我们唱啊跳啊蹦啊……”

黄仙荣老师补充道：“当时，他们发现了大庆油田。但他们的钻探技术不行，差200米，没找到油。所以呀，同学们，你们要好好学习，尽快掌握专业技能！”

那是黄大年头一次听说“物探”二字，从此，这粒种子便种进心田。

二位老师的声音录进心底，从未忘却，黄大年知道该接力传承。2010年夏天，吉林大学启动“名师班主任计划”，设立了“李四光班”，校领导觉得黄大年是最合适的人选，却又难以开口。因为当时黄大年承担着数亿元的重大项目，哪有空闲当本科班的班主任？吉林大学地探学院党委书记黄忠民试探性地问了问，结果黄大年竟毫不犹豫地回答："我非常愿意。"

首席科学家当起了本科班班主任，很多人不理解。黄大年却觉得顺理成章。在国外，越是名师越要给本科生上课，学生在本科阶段就聆听一流教授授课，会受益终身。黄大年的感悟刻骨铭心，他在读本科时，地球物理学家滕吉文院士的一次讲座，让他一下子打开了眼界，从此他下决心要"走出去看一看"。

黄大年把当班主任这件事当成"重头戏"，管授课，管交流，还关心学生们的生活。一位学生的家长病重，他知道后，亲自安排最好的医生治疗，替其交了几万元医疗费。得知24名学生大多来自农村，生活条件普遍较差，他自掏腰包给每个学生买了笔记本电脑。这件事震惊了校内外，学生教师议论了好长时间。黄大年说："一个笔记本不算什么，但对这些热爱地球物理专业的孩子，能有不小的帮助。"是的，时光已至21世纪，手工画图设计不光速度慢，质量也差得太多。这时就有别的班同学向学校提意见：为什么只给"李四光班"的同学买笔记本，没有我们的份儿？得知内情，万般惊讶……

这些善举和求学精神，得益于亲爱的"老师们"。

黄大年拜课本为老师。他的小学同桌蔡琼至今记得，每当发新课本，黄大年都兴奋得手舞足蹈，赶紧找来牛皮纸包上书皮，左看右看，爱不释手。

黄大年拜课外书为师。上班后，勘探队十天半个月就要搬一次家，黄大年总是背上一个防潮的炸药箱子，随身带着走，里边全是书。黄大年多次讲述"箱子的故事"，大科学家李四光当年回国遭遇限制，绕道法国终于回到祖国，唯一的"财物"便是一箱子书。

黄大年拜师傅为师。工作后第一个师傅郭桂年调走后，黄大年大半年时间跟师傅通信10多封，请教勘探技术。

黄大年拜人生为师。他不知道前路有多少陡坡和险途，但他却清楚，逢山开道，遇水架桥，勇往直前。

黄大年崇尚英雄。

一个民族没有英雄，将被小看。一个国家没有英雄，会挺不直脊梁。人生少了英雄基因，必然“缺钙”。

“向英雄人物学习，随时听从祖国召唤，为祖国而献身！”父亲黄方明将课堂上的话“搬”到家中，小黄大年便拉着父亲的手，央求“再讲一个”……

文史教员黄方明讲了岳飞精忠报国，讲了黄继光、雷锋、董存瑞、王杰、麦贤得还不够，又讲他的学生们的故事。黄方明“扫盲班”的学生何其了得，好多师级团级干部，战斗英雄也数不胜数，其中“塔山英雄阻击战”中的“塔山英雄团”的英雄们，不少是黄方明的学生。黄大年羡慕哪！父亲母亲发现，每当黄大年听英雄故事时眼睛就发亮，腰杆拔得溜直，仿佛个头也比平时高了。

多年以后，黄大年有一次从英国回来，他和好友孙伟两家一起到长白山旅行。回来的路上，孙伟不经意提起“这附近不远就是靖宇县了”。黄大年立刻说：“我一定要去看看！”于是当即改变行程，拉着两家人去拜谒杨靖宇将军的牺牲地。

有一天雨后，第六地质队附近的“七里桥”下的水面上，突然有人喊“救命”，两只手在水面上突然伸出来，又突然沉没。

几个五年级的孩子吓得哇哇叫，不敢下水。

黄大年二话不说，扑通一声跳下去营救。

水面汪洋阔大，两米多深。游泳遇险的正是黄大年的小学五年级同学。他平素自认水性不错，前提是脚能碰到水底。这次下去水太深“脚不落地”，立刻慌了……

黄大年划破水面快速近前，刚要伸手拉他，却被求生心切的同学紧紧扯住，他像藤一样缠住黄大年。二人在水里“厮打”开来，两个小脑瓜时沉时浮，都喝了不少水。黄大年拼尽全力，才气喘吁吁地将他拖上岸……

杜冠宇说：“向英雄学习，落实在行动上，就是热爱祖国、热爱家乡、热爱学习。祖国让干什么就干什么，干了就要干好。我是国家的一块砖，东西南北任党搬，什么困难都难不倒。就说我的班主任李四光吧，当年他在英国时，周恩来总理让郭沫若先生给他捎信，请他回到新中国。敌对势力不让他回，他冲破重重阻力还是回来了。在我老师的主持下，先后发现了大庆油田、胜利油田、大港油田、华北油田和江汉油田等，为新中国石油工业建立了不朽的功勋。连毛主席都说：‘地质部是党的地质研究工作部。’毛主席又指出：‘地质部是地下情况的侦察部，地质工作搞不好，一马挡路，万马不能前行。’我老师的工作做到这份儿上，这，就是英雄壮举。”

在那个火热的年代，物资匮乏却尊崇正义，崇拜英雄，爱国爱岗，讲求奉献。孩子们的理想很务实，长大了当医生、科学家、教师、军人等。

当代的“媒体导师”“世风导师”和“家长老师”却误导成风，调查显示，多数孩子的理想竟然是“当明星”！

我在电视上看到一个节目，电视台播放某歌星签售光碟的火热场面，一位即将分娩的孕妇撩开衣襟露出滚圆的大肚子指了指，歌星“意会”她期待孩子出生也当歌星，欣然在孕妇肚皮上签了名。

黄大年很幸运，他将英雄情结和务实精神攥成一个拳头，才无坚不摧。因为，物质贫乏只是表层瘦弱，内心结实才强筋壮骨。

英雄不只是一个词，也不是符号，更不是僵化的偶像，而是智勇结合的形象代言人。称得上英雄的人，都是对祖国对民族有突出建树的杰出代表。那么，将英雄内化于心，便会迸发出巨大的潜能。

黄大年的潜能用在学业上，便是拔尖试卷，便是奖状上的三好学生、优秀团干部；用在工作上，便是年年摘取“先进生产者”称号；用在每一天每一个细节上，便是令人钦佩的分分秒秒……

常年住在学校，黄大年成了“学生铁人”。为学校挑煤、挑砖，扛收获的果实。雨天一身泥，晴天一身汗。肩膀上的皮破了长，长了再破。手掌的泡鼓鼓平平无数次，结成厚茧。每年“农忙”支农20天，吃住劳动跟农民在一起，种水稻、种玉米、种花生。七八月份“双抢”（抢收抢种）更加紧张，十四五岁的黄大年咬紧牙关，在暑热的高温中打拼……

不满17岁的“物探员”野外作业非常艰苦，整天在雨水多、地质危险的密林大山里穿梭，带上罗盘、地质锤、放大镜“三件宝”，背袋里装着沉重的“矿石样品”，“晴天两头湿（上午衣裤被露水打湿大半截，中午晒干，后背又汗水淋淋），雨天一身湿”。

“搬家”是常态，地质队最多在一个地方待过半年。在山坡搭个简易“竹搭房”，上边铺上油毡纸，便是家。外边下大雨，“竹搭房”里下小雨，常常被风掀翻顶盖，大家被浇成落汤鸡。若找到老百姓废弃的牛圈，算是

"最好的房子"。

吃饭自己烧，早上煮好大米饭，带上咸菜上山。夏天太热，天天中午吃"馊饭"。多年以后，在英国，在中国长春，亲友们都知道，"黄大年教授烧得一手好菜"！

不管在哪儿，黄大年最引人注目的便是，保护好装书的炸药箱子。干劲像一个小马达不知疲倦，苦活累活抢在前。

槽探、浅井、坑探，测量岩石方位，看山脉走向，观察石头斜度，黄大年"像绣花一样细致"。每平方公里，将勘探地划成"豆腐块"，10个平方一大块，5个平方一小块，再分成小格，一个格一个格找矿。

每天120个测点，扛着沉重的磁秤仪跋山涉水，黄大年严格依规勘探，随山过山，随水过水，决不绕行。记录好每一个数据后，还要分析地质，计算好参数，再工工整整抄在表格中。面对"天天都是挑战"，黄大年偏向苦中行，力争上游，创造了一天观测160个点的纪录。

为了最大化地获取信息量，黄大年尽量多背石头，在树丛、陡坡、险崖间艰难穿行。师傅见他身上那么多划伤，心疼地嘱咐他"少背点"，黄大年总是笑着回答："师傅，我不累的。"

大家一年365天在山上工作，节假日不休息，过"革命化春节"。每年12天探亲假，多数人都"加班了"。徒工没有探亲假，黄大年常年不下山。

地质队搬家频繁，往山上抬机器又累又危险，黄大年"阵阵少不下"。平素赢得口碑，年底赢得奖杯。

黄大年和伙伴们热血沸腾，豪迈激昂，影响几代地质人的《勘探队员之歌》嘹亮地在丛林穿梭，在山岗萦绕："是那山谷的风，吹动了我们的红旗。是那狂暴的雨，洗刷了我们的帐篷。我们有火焰般的热情，战胜了一切疲劳和寒冷。背起了我们的行装，攀上了层层的山峰。我们满怀无限的希望，为祖国寻找出富饶的矿藏。是那天上的星，为我们点燃了明灯。是那林中的鸟，向我们报告了黎明……”

## 二、起飞：“振兴中华，乃我辈之责！”

难度决定高度，格局决定视野。心胸有多宽阔，世界才有多大。

1978年春节前，人们正忙碌着置办年货，手快的人家门上已有气氛热烈的春联，花花绿绿的窗花频频眨眼，年味儿翩翩而来。这天上午，邮递员送来一件特殊的信件，广西第六地质大队一下子“炸营”了，人们兴奋地奔走相告：黄大年考上大学啦！

仿佛整个地质系统扎了一针兴奋剂，成为寒冷时节“最热”的消息。

中国高考停招10年，突然考上大学，多数青年大脑“卡壳”、一片空白。黄大年却在地质系统300多位考生中拔得头筹，被长春地质学院（现吉林大学朝阳校区）录取，成为天之骄子。

黄大文告诉我，当年哥哥能考上大学太不容易。得到消息就剩三个月复习时间，白天上山工作，晚上挑灯夜战。租住老百姓的简陋平房，没有电，只能在冒黑烟的油灯下学习。顾不上油味儿呛人，顾不上熏成“花脸”，顾不上蚊虫叮咬，心中的“大学梦”光芒灿烂，第二天照常上班。考试前，黄大年一天班都没耽误。

没有复习大纲，父亲向邻居借了一份，当天晚上将十几页纸手抄下来，第二天还给人家，这便是黄大年的“考试指南”。

小时候，黄大年和父亲下象棋，父亲训练他背棋局。读书至半，父亲会合上书，让儿子复述刚看的内容。眼前有一堆纸，父亲将顺序打乱，让黄大年找出哪里是改过的……这让从小就有背诵习惯的黄大年，在高考前三天就把政治、历史、地理的复习题内容全都背完了。

高考的前一天，黄大年走了近一天的山路，才到广西容县杨梅公社高中考点，随600多名考生兴奋而紧张地涌进考场。这是一场秋风扫落叶般的较量，考生吵吵考题太难，考到后半段只剩不到百人。黄大年岁数最小，最终在杨梅公社高中考场一举夺魁，超出当年我国最好学校的录取分数线。

第一志愿，黄大年脑里“闪回”了大科学家李四光的得意门生杜冠宇、黄仙荣二位老师激情澎湃的演说，毫不犹豫地填写了“长春地质学院”。

1978年2月，吉林长春寒风凛冽，雪霰纷飞，冻得行人缩脖佝腰，有人背朝前走路。第一次来东北的黄大年却满面春风地来到长春地质学院报到，他以高出录取分数线80分的成绩，成为应用物理系的学生。

在大学学习，黄大年像当年做“物探员”一样不放过任何一个学业的“山包”，不拿下山头决不收兵。当年同学们人手一本《吉米多维奇数学分析题集》，因为攀“山头”太陡太难，大多数同学只做了一小部分，唯独黄大年比当年负重跋涉勘探还要辛苦，攻克了“整座山头”。

1982年，黄大年连年三好学生和学业最优，成为当年学院750名毕业生中唯一留校的业务教师。校领导征求他的意见，南方人在东北能否生活习惯？黄大年说：“祖国哪里需要，我就在哪里安家。”硕士研究生毕业后，他曾获得学校教学成果一等奖、地矿部科技成果二等奖，1991年破格晋升副教授。

本科毕业时，黄大年与同学们依依惜别前，在毕业赠言册上豪迈地表达心声："振兴中华，乃我辈之责！"

志向的霞光照射辽远，前路一片光明。

1992年，国家教委仅有30个公派留学名额，在"中英友好奖学金项目"全额资助下，佼佼者黄大年远赴欧洲求学。在英国，人际环境和生活、学习环境反差很大，难题一大堆。这反倒激起黄大年的斗志："我是中国人，我要为中国人争气，为祖国争光！"

像蛟龙那样征服滔滔剑河，必须游在"蓝眼珠"们前面；网球、足球都达到高水准"横扫对手"，就是树立中国人的形象；像少时父亲要求背诵象棋棋谱那样洞穿一个个困难，哪有拿不下来的难题？

四年后，黄大年再创奇迹，他以排名第一的优异成绩获得英国利兹大学物理学博士学位，成为该系获评优秀学生中唯一的海外学生。回国才半年，再次被派往英国从事针对水下隐伏目标和深水油气的高精度探测尖端技术研究工作。至今，同学们仍记得当年与他依依惜别的情景，黄大年举起右拳道："我会回来的！等着我，我一定把国外的先进技术带回来！"

我在前边叙述过，黄大年少小时代，爱国情怀就深深地溶进血液中，长在骨子里。29年前，黄大年在入党志愿书中写道："人的生命相对历史的长河不过是短暂的一现，随波逐流只能是枉自一生，若能做一朵小小的浪花奔腾，呼啸加入献身者的滚滚洪流中，推动历史向前发展，我觉得这才是一生中最值得骄傲和自豪的事情。"

黄大文说，哥哥当年在欧洲留学，最牵挂年迈的父母。可父母对大儿子最牵挂的却是："儿子，你要永远记住，你是有祖国的人。"

2004年3月20日晚上，在中国广西南宁，黄大年的父亲突然患病生命垂危，而黄大年正在北大西洋神秘莫测的“海底”。身为英国剑桥大学麾下英国ARKeX公司派出代表，正与美国专家在1000多米深的大洋潜艇里，进行“重力梯度仪”技术攻关。这机会来之不易，美国人相信了英国导师的鼎力推荐，才允许中国科学家参与。

黄大年正在美国潜艇里工作之际，突然有人通知他家属来了电话。

在地球的东方，父亲虚弱的声音让人心疼，也格外拨动心弦：“大年，你……还好吧？估计我们见不到最后一面了。”

“爸，您怎么了？”黄大年万般焦急。

“儿子，我理解你的处境。但是，你要记住，你可以不孝，但不可以不忠，你是有祖国的人！”

舰长闻知，紧紧握着黄大年的手，同情地说：“我们可以破例上浮，送你去见你父亲最后一面。但是你所从事的实验计划不得不中断。”

黄大年清楚，航空重力梯度仪研究正处在军转民的攻坚阶段，如果放弃，将永远错过攻关尖端技术的机会，与这门绝技失之交臂。

“我不能放弃，”黄大年强抑泪水，咬着嘴唇说，“放弃，就意味着前功尽弃。”

坚持做完实验的黄大年急匆匆奔回老家，在父亲的坟前长跪不起……

两年后，母亲病危时，黄大年正在云雾腾飞的“天上”。美国空军基地将上述同样的实验，从潜艇搬上飞机。母亲的越洋电话几乎同父亲一样：“大年，你在国外工作，一定好好照顾自己。早点回来，给国家做点事情……”

父母的嘱托，也是黄大年的心声。

2017年10月27日，我在广西南宁风采宾馆506房间采访黄大年的弟弟黄大文，他回忆当年与哥哥相见的情景仍泪流满面："哥啊，爸爸妈妈一直心疼你，你这辈子离家太远。爸说你是干大事的人，不要因为小事打扰你。妈妈临终时还嘱咐我和妹妹，千万不要怪罪你。"

在老人的坟前，兄弟俩相拥而泣。

2002年参加南宁的同学聚会时，同学们请黄大年唱歌，黄大年婉言相拒。当一位同学唱起《我爱你，中国》时，黄大年的情绪立刻被点燃，泪流满面。激情高昂时，成了黄大年的"主场"，接连唱了《垄上行》《我的中国心》《祖国，慈祥的母亲》《我的祖国》……

他哪里是唱歌，他是在借歌抒发豪情！这哪是普通的聚会，他在向同学表露心声！他手中拿的不是麦克风，而是向祖国汇报的传声筒！

黄大年热爱音乐，嗓音浑厚洪亮。他的歌单里，只有歌颂祖国的歌曲。那首《我爱你，中国》，他百听不烦，百唱不厌。

吉林大学统战部组织留学人员艺术沙龙，黄大年第一次进了KTV，主持人要求每个人唱一首歌，黄大年激昂澎湃地唱了五六首爱国歌曲，大家笑称他是"麦霸"。有人问黄大年知不知道"麦霸"是什么意思，黄大年天真如孩子："麦霸？那是一种荣誉吧？"

大家意外又感动，大科学家竟然这样率真。

2014年学校举办中秋晚会，艺术学院副教授姚立华演唱的一首《我爱你，中国》，感动得黄大年热泪滚滚。姚立华走下舞台，黄大年立刻迎上去："姚老师，听了这首歌我感动得落泪，请理解，我们常年在国外的这些人，对祖国的爱很深很深。"

在英国ARKeX的航空地球物理公司，作为300多名外籍科学家的首席领衔人，舵手黄大年坐拥“首席”高薪和股份待遇，奇迹般地完成了该领域的华丽转身，由追赶者成为被追赶者，令人仰慕。这时，黄大年作出一个令整个团队“惊骇”的决定：“我决定回中国。”

“蓝眼睛”“黄头发”们万般不解：怎么可能呢？

## 三、返航：为了你，我的祖国

2009年12月24日，平安夜。

飞机刚刚着陆，迎着久违的烂漫雪花，一位魁梧健壮的汉子迫不及待地走出机舱，站在舷梯眺望中国长春的夜空——刹那间血流加速、心潮起伏，他深情地说：“祖国，我回来了！”

祖国啊，隔着18年时间，我们的双手凌空一握！

黄大年果决告别了他奋斗了18载的英格兰，告别了让人艳羡的高位，一头扑进祖国的怀抱！

他用徐志摩的诗抒发豪情：“挥一挥衣袖，不带走一片云彩。”

此刻，人如其诗，别了，剑桥！别了，剑河！

剑桥大学是他的工作所在，剑河边就是他的家啊！

吉林大学发来的邀请函，像春风吹醒休眠的暗火，“呼”地燃烧起来！国家呼唤天涯游子们踊跃加入“千人计划”，报效祖国。母校首先盛情邀请，黄大年再也按捺不住，恨不能借双翅膀，一下子飞回祖国，飞回大东北长春……

黄大年兴冲冲地把这个消息告诉妻子张艳，妻子愣愣地看了丈夫半天，什么都没有说。张艳太了解丈夫了，看那放光的眼神，看那激动得红霞飘飞的脸庞，她已经知晓丈夫心中比混凝土浇筑还结实的答案。

可是，这事并没有那么简单啊！

他们已经在剑河边生活了18年啊！高档别墅、大花园，张艳两家诊所生意正红火，女儿刚上大学，丈夫那么好的工作，说放弃就放弃吗！

这剑河水，这弧形桥，这阔大的绿草坪和比甩出的鞭弯还美的林荫路，已经成为他们家园的一部分，也是生命的一部分，怎能说走就走？

女儿黄潇从小生活在这里，连汉语都说不好，回国不可能，不回又不放心，一颗心突然掰成两半……

妻子张艳的两家诊所，声望如日中天，现在关闭等于"割了青苗"，太可惜了！她更放不下女儿黄潇。女儿出生那年国内发大水，黄大年为她的名字加了三点水，希望女儿过得潇潇洒洒。只要有空，他就陪女儿在剑桥校园走走，讲爱国故事；在郊区的花园骑马，玩数学游戏；见女儿学中文费劲，他答应课后陪女儿打羽毛球，却哄她上了中文班；抽空给女儿炒儿道拿手菜……

上高中时，黄潇选修美术课，他指导她素描。女儿惊喜地知道，爸爸像爷爷一样有艺术天赋，手巧着呢！

上大学前，黄潇瞄准了利兹大学，那是印着爸爸求学脚印的地方！黄大年特别支持爱女的工程与建筑专业，无论到哪儿出差，都会为女儿背回专业书。每遇精美的建筑设计，他会兴奋地拍照，发给女儿。

现在，为了亲爱的祖国，黄大年只能割爱——将女儿一个人留在英国。

父亲的话响在耳畔："知识就是力量，知识精英是民族脊梁。"父母从小教育自己向钱学森、邓稼先、李四光那些大科学家学习，向英雄学习，现在国家需要他，他必须回去！上大学没花家里一分钱，出国也是公派，现在，报恩的时候到了！

见妻子还在犹豫，黄大年将话题挑明了："我一定要回去，你要在这里过优越的生活，我们只好分开。"

张艳一愣，眼圈红了。黄大年上前轻轻拍按着妻子的肩膀："你不跟我回去，我没法全心投入工作啊。"

剑河悠悠，月光如水。夫妻俩的内心波涛翻涌，就要"出堤"。张艳心上坠块石头，沉沉的。二人悄然无语，默契地凑到钢琴前，妻弹夫唱，他们恋爱时的歌曲《爱在深秋》悄然飞荡："有日让你倚在深秋，回忆别去的我在心头，回忆在这一刻的你，也曾泪流……"

爱女回家了，黄大年说："潇潇，有这样一个机会，爸爸等了很久，我想回到中国去。"

女儿早就知道爸爸的心思，虽然心里"咯噔"一下，却装作无事地微笑着说："爸爸，我支持你！请放心，我一个人在这里没问题。"

黄大年感动地拍拍女儿的肩膀："潇潇真懂事，真是爸的好女儿！"

黄大年迫不及待地给时任吉林大学地球探测科学与技术学院院长刘财回复邮件："多数人选择落叶归根，但是高端科技人才，在果实累累的时候回来，更能发挥价值。现在正是国家最需要我们的时候，我们这批人应该带着经验、技术、想法和追求回来。"

剑桥的宁静，康河的柔波，激荡着黄大年的心。他强力控制不舍的情绪，告别苦心经营的美丽家园，告别他的科研团队。

黄大年离开英国ARKeX公司将"天缺一角"，公司总裁立刻将黄大年请到他的办公室："黄，你有什么要求尽管提，我都能满足。"

"不是因为这个。"

"嫌工资少，你说个数，我不会还价的。"

闻听黄大年回国主意坚决，得知他回中国还要从事此项工作，总裁板紧了面孔："如果你离开这里，必须承诺不使用这里的研究成果，否则公司有权追究你的责任，这一点你清楚吗？"

"我非常清楚。我会递交辞职报告、签署保密协议，终生恪守我的承诺。"

"可是黄，请给我一个让我信服的理由，为什么非要离开？公司很需要你，你还可以有很多发展机会。"

"就一个理由，"黄大年洪亮地回答，"我的祖国更需要我。"

总裁当即派人来黄大年家，收了黄大年的所有工作材料和笔记本电脑。张艳急了，指着笔记本电脑："那可是大年10多年的心血呀，请别拿走。"

黄大年轻轻拉了一下妻子的手，又向来人挥了挥手，示意拿走。

黄大年被同事团团围堵在走廊，诚心诚意地挽留他："伙计，你别走，领我们一起干吧。""我们是冲你来的，你在这里，我们会取得更多成果呀！""留下来吧！"

一位被诺贝尔奖提名的科学家走过来，依依不舍地跟黄大年告别。一位毕业于剑桥大学的青年科学家闻知黄大年放弃这么好的职位要报效祖国，激动得热泪双流。

国际航空物理学家乔纳森·沃特回忆当年的情景："当黄教授离开英国返回中国的时候，我们特别悲伤，对他的为人和事业的成就都非常尊重，许多人想让黄教授留下。”

黄大年麾下有300多人的“多国军团”，个个都是精兵强将。他们掌握了当今世界顶尖的科技，可用舰船、飞机等快速移动工具，对深海、深地、深空进行精确探测，用潜艇进行攻防和穿透侦察。这个团队掌握的核心技术，能用于油气和矿产资源勘探，更是军事上的一支战略奇兵。

黄大年深情告别他管理多年的“尖峰团队”，放弃了令人艳羡的公司股份，匆匆辞职、卖掉别墅，办好回国手续，惜别剑桥和康河……

妻子张艳以最快速度、最便宜的价格匆忙卖掉两个诊所，看着那些浸透多年心血的散乱药柜，像被自己打残的伤兵东倒西歪，张艳蹲在一堆医疗器械里失声痛哭。原来，买家只看中了位置，这些她一件件精心购置的物品，在曾经的岁月里与她相依相伴，成为她生命的组成部分；而现在，却成了弃儿。张艳伤心极了，亲手撕碎了自己的事业前程……

黄大年见状把妻子搂在怀里，这对在此生活了18年的夫妻相互依靠，一句话都没说。多年后，黄大年回忆此景仍痛彻心扉：“她是学中医的，那是她一辈子的梦想啊！”

回国前，他们像“落荒而逃”，东西物品丢得乱七八糟，几辆汽车扔在停车场，迫不及待地赶往机场……

“必须立刻走，我怕多待一天都有可能改变主意。”

人生许多事情，正如船后的波纹，总是过后才觉得美的。可黄大年相信，“过后”一个接一个，美也会一个接着一个……

“对我而言，我从未和祖国分开过，只要祖国需要，我必全力以赴！”

“在这里，我就是个花匠，过得再舒服，也不是主人。国家在召唤，我应该回去！”

“作为一个中国人，国外的事业再成功，也代表不了祖国的强大。只有在祖国把同样的事做成了，才是最大的满足。”

黄大年永远记着物理学家彭桓武的话：“回国不需要理由，不回国才需要理由。”

吉林大学党委统战部副部长任波也提起这个话题，黄大年说：“任波啊，我虽然在国外生活，但我每时每刻都在等待祖国的召唤。很多人选择年老体弱落叶归根，我认为作为高端科技人员，应该在果实累累的时候回来，报效祖国更有价值。”

不是世界选择了你，而是你选择了世界。

多年以后，黄大年在一份呈报学校的工作自述中，披露了当年回国的根源：“我的父母属于那一代历经了诸多磨难的中国知识分子，无论对国家还是儿女，以吃苦耐劳、兢兢业业、只讲奉献不图回报的优秀品质著称于世，以为国家培养和献出自己的优秀儿女为荣。他们在人生最后时刻仍然表现出对祖国自始至终的忠诚和责任，令人由衷敬佩和永远怀念。父辈的祖国情结，伴随着我的成长、成熟和成材，并左右我一生中几乎所有的选择。这就是祖国高于一切！”

吉林大学领导担心黄大年“外流”，京津沪浙都向他抛来橄榄枝，条件一个比一个好，黄大年说：“我是国家培养出来的，是从东北这块黑土地走出去的，吉林大学是我梦开始的地方，我就一定会回到这里！”

对于这样一位英国剑桥大学麾下ARKeX公司的首席科学家，率领300多位包括院士在内的“外国军团”的“大教头”，回国后安排什么职位，确实是个不小的问题。黄大年知道后回答：“你不知道啊，我出国就是从长春这个地方出去的，在外面漂了很多年，也确实得到了各种各样的培训和机会。现在想回来，就是为了报效祖国。我什么职务也不要，什么待遇也不求，就是帮助祖国做一些事情。”

黄大年与吉林大学签约5年，唯一的头衔便是：地球物理探测科学与技术学院教授。

满怀激情的黄大年回国后，像压在枪膛的子弹渴盼呼啸而出，恨不能立刻扑向目标。2009年12月30日，在他回国的第六天，就与吉林大学正式签下全职教授合同，成为第一批、第一位回到东北发展的国家“千人计划”专家。

像悬崖上飘荡的根须，像天空中断线的风筝，像失灵的罗盘，一直在失控迷失中。回到母校地质宫，黄大年长长呼出一口气，脚落地了，心踏实了，精神安稳了。

不是命运给了你怎样的生活，而是你为自己选择了哪种生活。

他一口气爬上117级台阶，快步走到顶层的五楼，站在幽深的走廊上，任想象和回忆的翅膀展翅飞翔……

“地质宫”三字为郭沫若题写，大科学家李四光曾任学院首任院长。巧合的是，学校为黄大年准备了507办公室，与他当年入学时的自习室仅仅隔了15米。为了这熟悉而又梦牵魂绕的地方，他远隔重洋，整整走了18年！

地质宫正对着操场。站在507室窗前，能看见高高飘扬的五星红旗。每一次看见那抢眼的一抹鲜红，黄大年都热泪盈盈。

黄大年心潮起伏，悄悄地在心里感叹：母校，我回来了！祖国，我回来了！

黄大年在脑子里将要做的事“过一遍电影”，要做的太多太多，时不我待，一天都不能等！

他把行李往学校安排的公寓一放，安顿好正沉浸在丧父之痛中的妻子张艳，买张机票立刻飞往北京。

黄大年要摸清北京相关科研院所的“家底”，为即将组建的交叉学科科研团队铺路。

很快，黄大年面前至少有15个大项目在排队，从立项阶段对技术思路和关键环节的讨论，到每个课题任务的细化和推进，每一步都要通盘考虑，细致规划，具体实施。

在同样的地方，以更加成竹在胸的拼力，黄大年分秒必争。

2010年元旦刚过，黄大年就急急火火地上班了。见地探学院组织文体活动，不少同事聚在乒乓球室操练，黄大年也跟着练了起来。其实，他另有心事。

刚从加拿大留学回来的于平正在候场，闻听人们议论“那就是黄大年，新回来的科学家”，她顺着目光一看，觉得有些诧异，一位魁梧的中年男人大步流星走来，身着暗绿色棉服，背个黑色双肩包，厚底大皮鞋落地有声。

于平毕业于地探学院，早就知道“黄大年”这个如雷贯耳的名字，惊喜的是，轮到她上场时，竟和这位老校友同台竞技！

场间休息成为活跃的交流平台，黄大年招手把于平叫到场边，微笑着说出他来球场的初衷：“于老师，我是黄大年。我从英国回来，现在计划在咱们学院创设移动技术平台中心。我查阅了你的资料，很需要你的帮助。”

这几句话，像最先亮起来的启明星，引来众多星辰相继亮相，很快，于平与一批青年学者都被黄大年招到麾下，众星捧月一样，将“吉林大学移动平台探测技术研发中心”的牌子挂了起来！

2010年2月，长春滴水成冰，寒风凛冽，一个“热点项目”找上门来。国家科技部一位负责大项目的同志开诚布公地说：“黄老师，我们领域正在部署一个重力梯度仪的项目，计划在‘十二五’时期取得突破。”

国家酝酿的“高精度航空重力测量技术”项目，是“十二五”的主题项目，现在，团队、仪器、设备都已备齐，只缺一位领军人物。有科学家向科技部推荐了黄大年。

黄大年当即说了他的思路，如何管理，用什么路线，怎样保证核心部件质量。来人更加兴奋，请求黄大年牵头。

“没问题。”黄大年慨然应允。

“黄老师，”来人表情略带羞涩，“我得和您说明一下，现在这个项目的情况是，您拿不到一分钱，因为……”

“没问题。”黄大年抢先回答。

来人愣住了，一时竟不知道说什么好。

“这是关系到国家战略安全的重大研究，我愿意做。”

“可是做了项目的牵头人，意味着这些项目和课题的评审、论证、验收，您可能都需要参与，需要额外占用您很多时间。”

“只要国家需要，我就干！这没什么好说的。”黄大年豪放而坚决地表态，“我有一肚子的想法和本事，只要国家需要，我就和盘托出。”

这位掌握财政大权的官员非常感动，过后曾这样评价：“像黄大年这样的专家就是我们国家急需引进的专家，只谈贡献不谈钱，他需要多少钱我都支持他。因为他是为事业而回来的，是为国家的发展而作贡献的，不是为了赚钱回来的，我们应该全力支持。”

航空重力梯度仪是一项战略尖端技术，能透视出地表下几百米深度内一辆大卡车大小的目标。它不受地形的限制，能在一天内完成传统方法几个月的工作量。关键的突出点在于，这种先进技术要比传统方法好上千百倍！打个比方，就像在飞机、舰船、卫星等移动平台上安装“千里眼”，看穿地下深埋的矿藏和潜伏的目标。另外，能给地球做CT和核磁的仪器装备，让地下两公里甚至更深都变成“透明的”。早在20世纪70年代初，美国人就不惜耗资10多亿美元研究它。至90年代，英美等发达国家已正式开始应用此技术进行军事防御和民用资源勘探。这种被发达国家严格封锁的技术，人称“非卖品”“地球重力武器”。国外已经探明深海大型油田、盆地边缘大型油气田等，应用“一跃千里”，成为前沿科技领域的“大利器”！

一句话：这是花多少钱也买不来的技术！

黄大年在英国工作，每年回国讲学两次。英国军情五处曾派员跟踪到中国，直接找到黄大年，告诉他什么该讲，什么不该讲。

黄大年太清楚了，航空重力梯度研究是一项“颠覆性的技术”。它牵涉材料、电子、软件、机械、大数据等多种交叉科学。

向深海进军，向深空进军，向深地进军，这是我国科技发展的战略方向。

从踏上祖国土地那一刻起，黄大年作为首席科学家，就开始组织全国400多位来自高校和科研院所的优秀科技人员，力推“高精度航空重力测量技术”和“深部探测关键仪器装备研制与实验”两个重大项目攻关研究，总投入5亿多元。那么，这两项技术到底有什么用？

关于重力梯度仪器，早已是全球性的公开科技话题，在网上搜索多达11万个结果。问题的关键在“精度高门槛”，许多国家都在攻关，只有个别国家拿到入场券。黄大年团队后来居上，实现了登顶梦想。

资料显示：地球表面上正常重力垂直梯度大约为3086E（E为“厄缶”的符号，$1E=10^{-9}/s^2$），它随纬度和高度的变化而有微小变化。要测定精度为$10.5m/s^2$重力的话，就要求梯度测量达到大约百万分之一的精度。另外，地形的起伏也会引起梯度发生很大的变化，使梯度测量复杂化。

这“百万分之一”的“精度高门槛”足以将众多研究者挡在门外，因此，黄大年团队的科研成果才举世瞩目。

我国有300多万平方公里的“海洋国土”，有了这项技术，才能扭转“‘海洋国门大开’，任人‘来去自由’”的局面。

我国当时的勘测水准相当落后，地图比例尺为1：20万。国外早已达到1：5万，1：2万，1：1万。

换句话说，没有这项科技之前，人家在我们的海洋里放了什么，做了什么，捣了什么鬼，我们只能“听之任之”……

黄大年回国后，一直是被外国人“盯”着的人物。最大的压力在于，黄大年回国研究重力梯度仪是不可以复制的，复制是侵权的。他必须从零开始，升级开发。

重力梯度仪用途广泛。

比如，传统方法找潜艇只能靠“声呐”识别。人家潜到水下几百米，或是关闭了声音，磁力消掉，你就没有办法找到，想防都防不住。

重力梯度仪则颠覆了“声呐辨别”，只要你入了海，就能找到你。因为，“重量是永远没法消失的”。因此，在南海演习的美国海军，闻听黄大年回到中国，才将整个航母编队后撤100海里。

向深空进军，用飞机、无人机、卫星等搭载的重力梯度仪，能“实时传输”信息，地面实时掌握侦察内容。传统的美国U2侦察机曾经很先进，但飞机摔下，资料信息也随之毁掉。

向深地进军，重力梯度仪的民用功能更加重要。过去100年来，我们找矿只能局限于地表。我们的探测水平落后欧美30年，矿产资源平均探测深度400多米，那些地形复杂的国土至今从未勘探过。那么，5000米以下呢？一万米以下呢？在能源危机日益加重的时代，高科技深度勘探迫在眉睫。

黄大年17岁就是跋山涉水的找矿人，他非常清楚，辛苦不算什么，好多心怀理想的找矿人辛苦一辈子也没找到一座矿。现在，用上重力梯度仪，一小时等于一个月，就能精准勘测矿源。“在遮阳伞下悠闲地喝一杯咖啡，数据就出来了。”

## 三、云朵之上：地质宫不灭的灯光

“掉头一去是风吹黑发，回首再来已雪满白头。”

面对一个又一个技术瓶颈，黄大年把自己关进办公室，抓紧每一分每一秒，恨不能把黑夜都当白天用！

地质宫晚上10点熄灯封楼，黄大年办公室的灯光经常亮到后半夜两三点钟。他不离开，门卫大爷就不能锁门，抱怨没见过工作这么“着魔”的人。后来得知黄大年是位大科学家，大爷敬佩地说：“黄教授太了不起了，无论多晚下班，告诉我一声就行。”

一次黑夜，地质宫装修材料横七竖八地堆放着，“砰”的一声响，黄大年磕在硬物上，当即伤了腿，门卫大爷赶过来，在手电光的照射下血淋淋的伤口格外刺眼，门卫大爷心疼又吃惊。第二天早上他又一次心疼又吃惊，黄大年竟然一瘸一拐地准时来上班……

听碧窗风快，疏雨半卷帘。地质宫装修时，外边下大雨，屋里下小雨，黄大年坚持在顶层五楼闷热难耐的渗水办公室里工作。时任地探学院党委书记黄忠民去检查修缮进度，一下子惊呆了：507办公室许多地方用塑料布蒙上了，屋里摆放着塑料桶和脸盆接水。黄大年穿着T恤衫、大短裤，键盘噼里啪啦打连发，如若不知地在电脑前工作。于平、王郁涵在旁边替他打伞，核对数据。

“黄老师，这屋站不能站、坐不能坐的，咋还工作啊？”

“忠民哪，”黄大年边敲字边说，“我们手头要做的事情很多很多，一天都不能耽搁啊！”

黄大年肩上的担子更重了，这位首席科学家，肩上又担起国家863计划资源环境技术领域主题专家的重任，还要负责策划、协调和组织中科院、数十家高等院校的高科技联合攻关团队。

黄大年提出了新的科研思路，“搞交叉”“搞融合”，与机械领域专家合作研发重载荷物探专用无人机，与探测仪器专家合作研发深地探测仪器装备，与计算机专家合作研发地球物理大数据处理与解释……

作为世界很有影响力的战略科学家，黄大年深知，要在碰撞中寻求突破，在差异中做大增量。在交叉、融合中碰撞的火花，能产生单项、顺向所没有的“化学反应”和“裂变反应”……

黄大年激情四射，要让枯枝发芽，要让陈灰复燃，要让平湖翻浪……

“‘云端远程控制’技术发展很快，能不能开发野外作业医疗看护车？这个项目在国内还是空白啊。”

“咱们学校有学者参加南极科考，能不能研制全地形车，完成在极寒、沟壑、全时段极限条件下的通信、交流和作业？”

“目前还没有任何一个国家能够在南极内陆地区钻取冰下基岩岩心，能不能在海洋资源与安全领域跟建设工程学院、环境与资源学院联合做些事情？”

黄大年类似的“想象与设计”像河里奔腾的水花那样密集……

回国仅仅半年时间，黄大年就统筹各方力量，绘就一幅宏大壮阔的吉林大学交叉学部的蓝图。

要在全世界科学家中脱颖而出谈何容易？

一个瓶颈钻过，又一个瓶颈到来。

成片的问号，成排的犹豫不决，成摞的死结，成行的假象，都要一个一个理顺，将它们拆分，将它们组合，将它们以一对多、以一对一、以多对一、以多对多地“调试”，逐一类比、梳理、导引、计算，再放进成堆的数字大熔炉里“冶炼”、提纯、变异、升华……

黄大年将时间一秒一秒抻长，将思考一沓一沓装订成册，将睡眠收藏起来，将和家人团聚排后，将飞机当成流动办公室，时间还是不够，只能五加二，白加黑……

月亮归巢了，夜空像块墨黑墨黑的大绒布。只有地质宫507室那颗“星星”眨着眼，仍在值守……

黄大年向来勇于挑战。从小抓鳝鱼，就被小伙伴们称作“智多星”。

一起去的小伙伴在同一个地方，黄大年抓得又快又多。伙伴们羡慕却又学不了。黄大年发现躲藏在水洞里的鳝鱼后，将手指送进鳝鱼嘴边挑逗，鳝鱼“嗖”地一咬，手指刹那间后退，不等鳝鱼逃跑，便被黄大年顺利俘获。

伙伴们不敢效仿，怕碰到蛇。黄大年说别看水混，他一眼就分得清鳝鱼和蛇来。抓鳝鱼要学会辨识、引诱、快捕技巧。

黄大文告诉我，大年抓鳝鱼是一绝呀。

在地质宫，黄大年的“一绝”只剩下难为自己。

饿了，吃两个烤苞米或面包，困了用浓咖啡提神，再困，用冷水啪啪啪拍拍脑门，馋了去吃两碗老友米粉，以最简单的生活待遇攻克最复杂的当代科技……

广西老家的老友米粉和东北的烤苞米，是黄大年的“就餐伴侣”。

一次从国外回到广西，弟弟妹妹们为他找了家“像样”的大酒店。黄大年坐下就要米粉。服务员说小饭馆才有米粉，我们大酒店没有。黄大年不乐意了：“我好几千里地回来，吃顿米粉就那么难？”

黄大文和黄玲领他去小饭馆，看见米粉他就乐了：“这才是我要的。”一连气吃了三碗米粉，才心满意足。

黄大年每次回家，都要找老友米粉店，每次至少吃两碗。

树高千尺根扎大地。这种接地气的简朴，将与事业无关的繁复约分掉，便于集中火力攻坚克难。

快些！再快些！

黄大年总是嫌时钟走得过快，嫌天太短，嫌日历太薄，只有抓紧分分秒秒，才能将日子“加厚”。他来不及与为他丢掉诊所工作赋闲在家的妻子说说话，来不及给远在英国的女儿打电话，来不及换套已经很旧的衣服，人们总是听到他快而坚实的脚步笃笃响，背着黑色双肩包，像一位着急赶车的旅行者。

白天开会、洽谈、辅导学生，忙得团团转。黄大年唯一自由支配的时间便是晚上。一年中差不多有一半儿的时间在出差，别人休息时，他正在飞机上。秘书王郁涵已经习惯，黄大年总是让她“买最晚一个航班”飞来飞去，在“流动办公室”继续办公。

有人看他太累了，“质疑”这些事情你在国外都做过，为什么回国受这份累？黄大年回答道：“作为中国人，无论你在国外取得多大成绩，而你所研究的领域在自己的祖国却有很大的差距甚至刚刚起步，那都不是真正意义上的成功。只有在国内把同样的事做成了，才是最大的满足。”

快些，再快些！

早起要快，用冷水快速洗脸，快速喝一杯黑咖啡，转头便扎进小山似的资料中，仿佛他就是材料的一部分。

中午要快，大家都去食堂，他仍在电脑前噼里啪啦敲击，眼睛盯着电脑屏幕喊一声：“两个烤苞米！”没有苞米，他便从书包里掏出两片皱巴巴的面包。

下午要快，他用最简洁最能解决问题的语言，将办公室门口的长队“缩短”，认真回答校内校外的科研机构专家学者向他请教的问题。

半夜要快，不管是飞机上，还是加班，黄大年永远脑不停、手不停。那些星星透过玻璃跳了进来亲近黄大年，在屏幕上不停地眨眼。前半夜很快过去，后半夜，则是他解决突发重大事件和“疑难杂症”的专用时段。比如，我国投入120多亿元的海上油田出现外国“蛙人”捣乱，他立刻“支着儿”。比如，某某军事基地出现“异常”，黄大年迅速转达解决办法……

他主抓的国家大项目，共计有400多位跨行业的专家，分布在全国各地——千条线一根针，都要他亲自协调、支着儿、解决……

国土资源部、教育部、科技部、中船重工、浙江大学……数十个部门和机构，都有和黄大年熟识的专家。他的“额外工作”究竟有多少，连黄大年的团队也搞不清楚。那么多涉密的工作，只有黄大年本人知道。

黄大年还应邀担任国家“千人计划”联谊会科技创新工作组副组长，领衔发起成立鲲海创新研究院，担任首任副院长。组织“千人计划”专家与国家战略发展需求进行有效对接，建立前沿技术与军民整合发展的公益平台。

黄大年被推选为吉林大学“留联会”会长，任波怕他太累：“大年老师，您那么忙，具体工作可以由我来做，您出面就行。”

“那可不行，”黄大年很严肃地表态，“我从不做挂名的职务，我既然当了会长，就要尽我所能把它做好。”

有一阵子，刘财陪同黄大年外出争取经费，发现“大年到了人家那儿，从不谈钱”。一次跟财政司司长谈了两个多小时，黄大年只讲当前国际上有哪些尖端技术，在中国有什么用，早把钱的事忘之脑后。刘财暗暗焦急，却有劲使不上。意外的是，财政司司长还没听够，中午留他们吃盒饭，痛快地批了经费，还一反常态地“颠倒了主次顺序”，“追”着黄大年做项目……

黄忠民见黄大年把手头的项目大多给了外校，不解地问他：“我说大年老师，您为什么要把自己搞得这么忙？您忙我们地探学院的事情我当然大力支持，忙吉林大学的事情，我也支持，但是你帮其他高校和研究机构出谋划策，帮他们设计项目，他们是我们的竞争对手，他们要争取到一大块，可能就意味着咱们这边要少一部分经费了。”

黄大年和蔼地解释：“忠民，咱们不能那么狭隘，我们要站在国家层面来考虑问题。我们能力之外的，就应该联合国内更多高校共同把事情做好。”

地探学院领导、吉林大学领导，都曾单刀直入地指出：还是要把精力用在项目上，用在吉林大学业务上，为什么要做那么多与我们无关的工作？

黄大年没有时间一个一个解释，却说：“虽然不是我们的项目，但都是国家的事，国家的事我们不能袖手旁观。”

“人家有困难，咱们一定要帮。现在不是合作伙伴，不定什么时候就成了合作伙伴。即使永远不合作，也要帮。”

工作千头万绪，黄大年的工作助手于平教授、工作秘书王郁涵，24小时都要开机。也许星期天正跟家人团聚，黄大年一个电话，她们就必须赶到单位。她们也埋怨过，那些上报的材料，跟团队无关，跟学院无关，跟吉林大学无关，黄大年却要求她们“认真上报，决不允许有差错”。

于平经常半夜接到黄大年的紧急电话，让她组织团队即刻进行数据分析，组织材料，许多事情跟团队毫无关系。于平怕累坏了他，建议道：“咱能不能少管点闲事？”

黄大年嘿嘿笑着说：“都是国家的事，哪有闲事？”

一般人干完自己的工作就满足了，生怕活儿多。向国家某个部门提交一些东西，还要找人，还要解释，费力不讨好。黄大年说：“哪怕你不理解，哪怕你埋怨我耽误你的时间了，只要是对国家有利的事，那就必须办。只要数据交上去了，对某些部门、对一些决策有帮助，都是值得的。我不需要别人认可我什么。”

“商女不知亡国恨哪！当然了，不单单是你们不知道，我们有很多大科学家，也没有意识到这事情有多么严重，也没意识到这事是自己‘责无旁贷’的义务，不单单是你们！”

“将来的战争不会是冷兵器时代，依靠什么大块头。将来有可能就是你端着一杯咖啡，然后摁一个按钮，战争成败就决定了，所以你们要时刻做好这种准备。”

老故事越来越老，可是战争不是离我们越来越远。“导演”战争的人越来越年轻，我们必须时刻警惕。旧故事死亡，新的为什么还没有诞生？

“关键时刻不能掉链子，我说我需要你的时候，你说这时候过节呢，这怎么行？这个时候需要你，你必须第一时间过来。平时没事的时候可以在家休息，我不要求你跟我一块儿加班。但是如果有事叫你的时候，必须第一时间赶到。”

一些看重本位利益的单位，提防同行。在某个项目竞争上的确是非你即我的对手，即便如此，“对手”有问题请教，黄大年也“实打实地支着儿”。多少次，他真诚地向同场竞技的单位致以真诚的祝贺。在黄大年心中没有单位界限，只有水准界限。

这是战略科学家该有的胸怀。

战略是大方向、大格局、大前景。只有战略正确，细节才有意义。我们往往过于重视细节而忽视战略，等同于“方向歪了”仍在盲目执行，相当于只见树木，不见森林，只见浪花，不见河流。如果犯了战略错误，细节再完美也无济于事。很有可能，在细节上下的功夫越大，越是背道而驰，在错误的道路上越走越远。浪费的不仅仅是财力物力人力和时间，还有躲之不及的“社会危害”……

大失误是战略，小失误是细节。细节错了还有改进的机会，战略错了却无力回天。

黄大年正是一位极为稀缺的高站位、广视野的战略科学家。大科学家，就要站位于国际最前沿，以国家利益为第一要素，集约多种力量，共同登顶世界科学高峰。

全局观，是黄大年发挥超强组织才华的根本所在。

首席战略科学家黄大年，在知识分子成堆成群、各有见解的科学领域，威望和人气扶摇直上，“一呼百应”。大家佩服他的科研水准和组织能力，更钦佩他的崇高人格。

在他的感召下，多项“顶天立地”的大项目顺利推进。

在他的感召下，许多科学家回到祖国，王献昌、马芳武、崔军红等一大批在国外享有较高知名度的“千人计划”专家纷纷加入黄大年的团队，现在，吉林大学已有32名“千人计划”专家。

黄大年的办公室常常高朋满座，大家不时被一个话题“感染”，谈得眉飞色舞，争得口干舌燥。

“我最骄傲的，就是入选了‘千人计划’专家，因为有一群赤胆忠心的‘千人’和我一样回归祖国，一同前行。”

2016年9月，长春大街红叶绽放，黄大年的团队再次“出彩”，一个辐射地学部、医学部、物理学院、汽车学院、机械学院、国际政治学院、计算机学院等非行政化科研特区初步形成，黄大年任吉林大学新兴交叉学科部首任学部长。

副学部长马芳武说："大年的这个战略设想涉及卫星通信、汽车设计、大数据交流、机器人研发等领域的科研，可在传统学科基础上衍生出新方向，有望带动上千亿元的产业项目。"

工作密度越来越大，工作节奏更快，黄大年恨不能"凿穿黑夜""让太阳永远亮"。午夜回家太早，那就干到两三点钟。时间还不够,"抓急了"熬个通宵。"抓紧"的事太多太多，地质宫507室的灯光便彻夜通明……

腹部疼痛，他理都不理。自己是个"准运动健将"，娇气什么？疼得厉害了，他掏出几片药吞下，又继续工作。心律不齐，他塞几粒速效救心丸，腹部突然剧痛，他便加大了药量。这天，黄大年突然晕厥，"砰"的一声倒在地上。秘书王郁涵吓得半死，赶紧跑了过来，黄大年清醒后吞了几粒药，很严肃地叮嘱她："不要告诉别人。"

几位好友打来电话多次，黄大年都用短信回复："在忙，稍后联系你。"10多天后的后半夜终于接通电话，黄大年抢先说："我真的很抱歉，这段时间我有个研究内容很关键，我吃饭都在以秒来计算。"

"以秒来计算！"黄大年为了祖国科技实现"弯道超车"，豁上了！

清华大学原副校长、著名科学家施一公最了解好友黄大年："在科学的竞跑中，任何取得的成绩都将马上成为过去，一个真正的科学家总会有极其强大的不安全感，生怕自己稍微慢一步就落下了。"

黄大年的话响在耳畔："一公，我们身在海外，真切感受到祖国的差距，你是不是也忍不住想要回来，想要撸起袖子大干一场？"

"是啊！"施一公回答，"科学研究不全身心投入，根本不可能有重大突破，不足以解决重大问题，不足以对国家作出同样级别的贡献。"

看看这名字吧，“一公”，寓意“一心为公”。作为世界著名结构生物学家，被誉为“离诺贝尔奖最近的华人科学家”，施一公已是美国普林斯顿大学生物学系建系以来最年轻的终身教授、美国艺术与科学院院士、美国国家科学院外籍院士，连同500多平方米的独栋别墅、私人的花园尽数抛弃，义无反顾地回到祖国……

真正的潇洒是孤独的，即使奔腾千里，也难以和另一条江河会面。

“孤独”的黄大年不再孤独，他不时到微信朋友圈里“散散心”。

2015年12月31日凌晨0:10：“今夜难眠，六年前的今天，2009年12月30日，我从英国剑桥回到母校所在地长春，与吉林大学正式签下全职教授合同，因为吉大是长春地质学院合并后的大学。我有幸成为第一个回吉大、第一个去吉林省，也是第一个去东北的国家‘千人计划’的特聘专家。我是南方人，回归时，可以自由选择地方和单位，但我毫不犹豫地选择了母校和这片留下青春印迹以及大学梦想的地方。还记得回归时的信誓旦旦，竭尽全力、鞠躬尽瘁、不计得失，为母校的发展贡献力量。从海漂到海归一晃18年，得益于国家强大后盾，在各国才子强强碰撞中从未言败，也几乎从未败过！有理由相信，回归到具备雄厚实力的母校，只要大家团结和坚持，一定能实现壮校情、强国梦。大跨度的经历难免遭遇各种困难，拼搏中聊以自慰的追求其实也简单——青春无悔、中年无怨、到老无憾。”

2016年2月22日晚11:24。一张吉林大学朝阳校区教学大楼图片中，楼门口停了一辆小汽车，高天一轮悬月，月晕光芒四射。

“元宵节夜晚，办公楼内灯稀人静，楼外正是喜气洋洋。我们被夹在地质宫第5层，夹在‘十二五’验收和‘十三五’立项的结合部，夹在工作和家庭难以割舍的中间。没有强迫，只是自找，总想干完拉倒，结果没完没了，公事家事两难全。我驱赶完恪尽职守的同人，让他们回家吃上一碗迟到的汤圆，享受团圆，之后从办公大楼后门离开。忽见，正下瑞雪，空气清新，明月高悬，一幅月下银霜自然美景，让人在空旷的停车场上心旷神怡，不忍离去。经历完喧嚣和热烈，宁静、孤独甚至寂寞，原来也是难得的享受。”

世界科技的竞争往往没有第二，只有第一。地球深部探测技术，即是如此。

可这样拼命干，“铁打的也受不了啊！”

同一个团队的“千人计划”专家王献昌很担忧：“你这是拿命在做科研啊！这么下去，铁打的身体也扛不住啊！”

黄大年拍拍胸脯，嘿嘿嘿笑几声，示意自己的身体棒着呢!

黄大年知道自己“是怎么回事”，他在微信朋友圈中写道：“是的，和大家一样，没有‘深厚的感情’就不会回来并喜欢上这块零下20多摄氏度的黑土地；没有科研精神就不会有财政部追着咱吉大砸下好几亿元的纳税人的血汗钱；没有‘心情的阳光’和聊以自慰的‘艺术陶醉’就不会有始终如一的坚持、初衷不改、童心难改。幸运的是，回归母校与诸位知根知底的伙伴为伍，一路走来开心愉快，走多远算多远吧，我是活一天赚一天，哪天倒下，就地掩埋……”

白露收残月，清风散晓霞。残酷的现实却是，病魔在他的身体里一点一点扩大领地，健康细胞每分每秒都在后退、减少，坏细胞已经“政变”得逞，呈合围之势……

“下次你路过，人间已无我。”于平感叹道：“直到今天，我每次走过地质宫前，都不由得望向5楼那个熟悉的窗口，黄老师在的时候，通常灯会一直亮到后半夜。可是我再也看不到那灯光了，因为点亮它的主人太累了，一狠心给自己放了一个没有期限的长假……但他在我们每个人的心中，都点亮了永不熄灭的灯火。”

也有人说，507室的灯光转世再生，在它熄灭前已经化作天上的星星。

## 四、气流颠簸：他不食人间烟火

潮平两岸阔，风正一帆悬。

两个5亿多元的大项目下来后，涉及很多单位交叉合作，该项目第九分项首席专家黄大年“权很大”。可多数人不知道，黄大年就一个想法：谁水平高就请谁做。这让许多人不理解，你黄大年是吉林大学的人，怎么能肥水流向外人田？

老校友找上门来，要求参与。黄大年开诚布公地表态：“你和你的团队做不了这个。”没有同意。老校友用社会上惯常那套“拉关系”，黄大年严厉拒绝：“你没跟我套近乎都不行，你套近乎就更不行了。”

老校友拂袖而去。

这天，黄大年刚到家，一位数十年一直与他有联系的老同学登门拜访，黄大年特别高兴，热情地留他在家吃饭。老同学拿出提兜，里边还有礼物，黄大年觉得气氛不对劲。得知还是向他要项目，黄大年毫不留情面地严厉拒绝了他。老同学以“老朋友要给面子”进一步“争取”，黄大年火了，他拎起提兜递给老同学，伸直胳膊指向门口：“在科学方面，我没有敌人，也没有朋友，只有国家利益。”

找上门来的不行，黄大年却主动将项目“送给”素不相识却有实力的科研单位，他直接将电话打过去：“我有个上亿元的项目，你们的技术符合我们的要求，我可以提供经费，一起合作完成这个项目。”

接电话的人不屑一顾，认为黄大年是“骗子”。这年头，拉项目多难，托亲靠友甚至要有“潜规则”，怎么会有人把项目送上门来？

谁能干就让谁干，本是人之常情，现在却被人当成“骗子”！从什么时候开始，正事开始“歪办”了？

后来真的与这家研究所“结秦晋之好”后，人们惊讶于黄大年的真诚为人，“世界上还有这样的人？”

这话更加令人深思：原本像黄大年如此办事的应该是“多数人”，现在怎么变得“稀缺了”？那么，“多数人”又是如何办事的呢？

黄大文向我分析大哥黄大年的思维和行为的形成原因：“大年一直上学、留校任教，又是在90年代初期出国。他在国外待了18年，大年仍旧坚持原则，在一些事情上碰了不少钉子。”

黄大文的话令我反思，当今，有人把“友谊”都弄反了，早就丧失了本意，成了同流合污的挡箭牌，成了一块办事的敲门砖。多数人办事（包括我）不走直线，而是先绕弯儿，找到朋友再“绕回来”。那么，一个人绕弯儿，一个单位绕弯儿，要浪费多少“无用功”？原本简单的事情，越绕越麻烦！

国土资源部科技与国际合作司副司长高平这样评价黄大年：“大年对待科学是很‘任性’的，他不唯上不唯权不唯关系，不允许‘你好我好大家好’那一套，如同一股清流。”

然而，这股清流却不被人认同。

指挥如此庞大的项目，如何高效率组织科研力量，让项目在一个统一的目标下科学有序地推进至关重要。

黄大年站出来，提出“公司化”“绩效化”的管理方式，“借鉴欧洲大公司的相关管理经验，在总目标下，赋予相关负责人具体任务，层层落实，责任全覆盖”。

黄大年干脆引介一套项目管理系统，把工作任务分配到每月、每周甚至每天，以计算机记录工作。把资源问题、智力问题和人为阻碍分门别类，他会实时监督、干预，实施询问、催办、指导。

春天的不少芬芳，正被一些人扒进私囊。

针对丝丝入扣、不能耍滑偷懒的紧张工作，有人直接提出抗议：“我们是科学家，不是工程师！”

“我们这里是大学，不是公司！”

“我们是科学家，又不是机器人！”

有人背后议论黄大年“不食人间烟火”。

项目启动要先制定规划，有些专家承担的科研任务比较多，不能全程参加，黄大年无论名头大小，一律通报：“如果想要点卯挂名，就不用来了。”

开论证会，黄大年发言从不寒暄客套，更不绕弯子，而是直面问题，一针见血。他只对工作不对人，但被他“涉及的人”却暗中抵触。

晚上11点，黄大年登录管理系统，按时核验进度与质量，诊断问题对症开方，拧紧管理螺丝。

黄大年恨不能把自己分成两个人、四个人、八个人，出现在各个科研环节，加速推进。可不少人却因为他“不食人间烟火”暗中抵触，说他

“外来的和尚乱念经”。

项目评审，黄大年态度和善，却刀子一样剜问题，数据引用不准，标示参数不清晰，他不予签字。PPT里有错字，他也要一一纠正。

“技术指标不能模棱两可”，任何一项说不清楚，他都不予通过。他要求所有提交的材料都要“无懈可击”，禁得起推敲。有人说这套管理“太不近人情了”，黄大年说：“在工作上，不要和我讲人情！”

杨长春劝黄大年：“你刚回来，人生地不熟，你这干的全是得罪人的事。”

“这都是按科学规范做事，为什么有人不理解？”

杨长春说国内不比国外，黄大年说：“我就是想干成事，不这么干不行啊！”

黄大年以为“纲举目张”就行了，他不知道，有人背地在悄悄地拆网绳；他以为加大油门就能提速，不料油质标号不够；他只顾拧紧螺丝，却不知螺丝已经“滑扣”了……

有人暗中议论，搞重力梯度仪哪有那么容易？那只是“大年童话”罢了。

进度上不去，黄大年万般焦急。自己在地质宫加班干到后半夜两三点钟，回家却焦虑、失眠，患上带状疱疹。他全身有劲使不上，拳拳打在枯叶上，步步迈空，甚至萌生了辞去首席科学家、只当普通教授的念头。

国土资源部科技与国际合作司副司长高平非常清楚，现在真理在少数人手里，却又不能打击别人，便对他直言：“大年，你不能走，你不能轻易把这片刚刚看到的阳光撤走。”

“我再考虑考虑，”黄大年说，“我没有想到，真的很难。”

他一个人面对残酷现实。

黄大年在学校操场跑道上飞跑，在靠边的石头上独坐，扶着树干思索，团队的师生们心疼他，不忍去打扰他，“黄老师一心想干事，可国内的环境就这样，他太难了！”

很深的声音是听不见的。

我和你只隔一页纸的厚度，为什么翻了这页还有那页？消极者的串串谗言像被风扯碎的旋律，听不清一句歌词。黄大年已经感觉到彻骨的寒冷牙齿在狠狠啮咬着他，一下一下又一下……

黄大年很清楚：爱你的人和不爱你的人，总会像玫瑰花和蒿草一样混杂着长在一起。更多的事物深隐在它们背后，很难判断来历和去向。

好端端的一团毛线，暗中却打了许多个结。

2010年7月，北戴河花香蝶舞，海浪奔涌，白鸥飞翔。随同70位“千人计划”专家来此疗养的黄大年，心胸像大海一样开阔起来，仿佛有了海浪的激情，海鸥的翅膀，一扫工作不畅带来的不快，一下子开阔了思路，增强了底气。

相逢何必曾相识，初见清华大学原副校长施一公仿若知心故交，“大家有一样的想法、一样的情怀，回国后遇到不少类似的苦恼”。专家们在一起如老友重逢，相互激励着，为祖国的科学事业而不遗余力！

意外的是，习近平同志亲自来看望他们，亲切、和蔼、真诚，倾听大家的想法和建议。“国家领导人那样有眼光、有想法”，黄大年喜不自禁！

心情畅爽，时时都是春天。站在大海边，黄大年极目远眺，心随潮涌，像战马渴望疆场，像雄鹰渴望蓝天，恨不能立刻投身到科研一线！

黄大年被许多指向错误的道路围困，现在，要抓紧分分秒秒，把正确的路分拣出来。

回到长春，黄大年发现电视里播放了新闻，“周围的环境很快发生了改变”，黄大年激情澎湃，找来锤子和铁钉，亲手把在北戴河与习近平同志的合影挂在办公室里，他对身边的团队成员说：“士为知己者死。国家这么一搞，大家对我们‘千人’专家的认可度提高了，我得努力啊！”

希望是在风雨之夜所现的晓霞。

黄大年像一叶鼓满风的帆，飞速前进。每个夜晚，都是黄大年勇猛拼搏的黄金时段。

面对路上的拦挡物，他的决心气冲霄汉：即便逼下深渊，也要发现辽阔坦荡的渊底大平原!

他对工作更加严谨，丁是丁卯是卯，认事不认人。

黄大年告诫自己，要迅速进入话语体系。如果真的有人推陈不出新，那么就必须端出自己的话语体系。

2011年4月，吉林长春春意融融，暖风习习。黄大年却“制造”一股寒流。前一天就通知了，今天上午，按惯例进行每个月的项目课题组组长视频答辩会，黄大年事先早早准备好会前要预览交来的答辩材料。

约定10点开会，现在已经9点50分，材料没交上来，人也没来，多个视频会场的人也没到齐。

制度像失去秩序的花名册，大大小小的名称零乱错落。

“怎么回事？”黄大年问秘书王郁涵，“小王，你催过了吗？”

“我催过了啊，黄老师！”王郁涵偷偷瞄着时间，心里怦怦跳。

“人浮于事！”黄大年气愤极了，突然一扬手，“啪”地把自己手中的手机狠狠摔在地上，屏幕立刻粉碎，他大声吼道："我们拿了纳税人的钱，怎么能草草做事？汇报材料不做好，汇报的PPT也不好好做，开会不按时到，有这么干事的吗？我们要遵守契约啊！"

身边的人一下子惊呆了，从未见过黄老师发这么大的火。

事后他对助手说："于平啊，我实在无法忍受有人对科研进度随意拖拉，我担心这样下去，中国会赶不上啊！"

"大年，你要服水土。"中国地质科学院原副院长董树文好言相劝，"许多事情要慢慢来，跟你的想法渐渐对接。"

"那不是我！"黄大年执拗地说，"要是那样，我就不用回来了！"

黄大年坚持以项目管理的方式抓科研协同，提出了"滚动中淘汰"，"前期给了500万元，干得不行，下期钱就收回来"。"千人专家"王献昌非常吃惊，"钱都给了，怎么可能要回来呢？"

黄大年硬是按章办事，在管理中形成了开中国科研先河的"倒逼制"。

第九项目斥资超过3亿元，如石击水般形成了"浪花朵朵"，很多机构和单位都来争相"采摘"。黄大年不看介绍材料，也不提前通知，而是直接钻进人家的实验室和车间，查验对方的资质水平。有自以为与黄大年关系不错的专家来找他，想替某研究所拉点经费，黄大年一句"我没有敌人，也没有朋友，只有国家利益"，把人家"噎个半死"。后来对方发现，就连黄大年就职的吉林大学，也没有多拿一分钱。

黄大年就像一个永远动力足的马达，调到最高转数，飞速向前。深探专项经常开会，往往今天通知、明天开会。身在东北长春的黄大年是"出勤率最高"的专家组成员。

“你累不累啊？”高平直言道，“你前天刚走，今天又来。”

“这么重要的会我一定要来。”

会议讨论时，黄大年只考虑议题本身，一开始连董树文也“受不了”。董树文在台上还没说完，黄大年就“接茬”了：“院长，这个目标我认为有点儿太不科学！”

“大年，”董树文强抑心中的不快，“你等我讲完再说行不行？”

“不行！你们不能这样说！”

董树文后来意识到，黄大年的直言原本就是“最好的方式”，此后凡是深探项目的会议，大家都直来直去把事情摆在桌面，不再“弯弯绕”，也没了桌面下的“小动作”。

2014年9月，地质宫外秋叶微红，鸟儿鸣唱。地质宫507室突然“砰”的一声响，黄大年的手狠狠砸在桌子上：“别说了！”

黄大年焦急建无人机库，向院里打报告层层签字盖章。事情交给于显利去办。大半年过去了，签章只完成了一半。

按规定，每个部门必须一把手签字。签字顺序也要按部门的职能排序。问题是，每个部门的一把手都有不少杂事要处理。哪怕跟某个部门约好了，如果有事晚来几分钟，就只能下次再约。如果恰逢一把手出差，还要等上十天半个月。这么低的办事效率，要耽误多少事？

“黄老师，您先消消气。”王郁涵送进来一杯咖啡。

“是啊，您消消气，”于显利说，“您看咱们都走到这步了，现在不干太可惜了。”

于显利手里攥着一张纸，那是搭建无人机库的审批申请。移动平台探测技术研究关键硬件便是无人机，研制与存放必须有无人机库。在选址、搭建、管理、消防等涉及学校多个部门审批。

为了推进“重载荷智能化物探专用无人直升机研制”项目，黄大年一连好几个月日夜打拼，无数次跑无人机模型销售商店，左选右挑，自己掏钱买回模型样机，赶紧建好机库，便可大显身手！哪承想，事前以为没有任何难度的校内审批，竟会这样曲折难办！

陈腐的陋习，如同一方过期无用的旧闻占据着头版头条，谁看谁厌却又无可奈何。

“我回来五年了，我现在这些成果也好，或者说进展也好，我在国外也许一年就能达到。我非常不满意，但是又没有办法！”

一波未平一波又起。

这天，几位大爷大妈打破地质宫的寂静，吵吵嚷嚷地上楼来，一个瘦高个往前一指：“这，就是黄大年的办公室。”

黄大年闻声走出来：“你们有什么事吗？”

几个人根本不听劝，以挡光为由，你呼我喊，跳着脚，指着黄大年的鼻子，连训带骂，一起群攻。他们三番五次闹到学校，工作根本做不通，没有办法，只得在地质宫旁边的空地上强挤出一小块地方。

被挤跑的还有时间。折腾到10月，东北封冻季节已大举逼近，总算批下来机库手续，在东北最不适宜施工的季节破土动工。

黄大年分身无术，便请先期去北京进修学习无人机技术的退休教师“动手大王”王永泉组织施工。

王永泉相当敬业，天天盯在工地，严格按要求施工。黄大年自己拿出千把元钱给王永泉，每天给施工人员买吃的，熬红糖姜水暖身子，又叮嘱道：“王老师，如果施工太晚，就请大家吃顿饭，钱不够千万跟我说。”

黄大年一有时间就来工地检查质量。冷风飕飕刮，和大家一起顶着零下20多摄氏度的严寒，给工人们递工具，帮忙搬建材。冷得抗不住，他便找来棉大衣，套在羽绒服外。

2015年3月，眼见机库就要竣工，机库临街的大门上贴了一张告知书：限该建筑所有权人于2015年4月2日前自行拆除。逾期不拆除我局将依照有关规定申请管辖权的人民政府依法强制拆除。

于显利看到告知书立刻报告给黄大年。黄大年当即向学校作了汇报，又给有关部门打了报告：这是搞科研的临时建筑，用后我们会自行拆除。主管单位回复“收到了”，黄大年感到已经转危为安。

这天正午刚过，一位学生慌慌张张地推开507室的门：“黄老师，有人要拆机库！”

黄大年跑下楼时，一辆大铲车正轰隆隆威武地奔向机库。

黄大年一下冲上去：“不能拆，我们打过报告的！”

“我们不知道什么报告，这是违建，必须拆！”

眼见大铲车饿虎扑食般向前冲，黄大年突然大步向前，“腾”地倒在地上，直挺挺地一躺，司机慌忙狠踩刹车、停住，车头前盖悠悠地抖动。

我们的大科学家就这样躺在冰冷的地上，迎着刺眼的阳光，以满腔报国志和装满顶尖科学知识的肉体对抗大铲车……

工人们傻眼了：原来这个“帮手”是位大科学家啊！

悲哀啊！黄大年看似“意外”的举动，却在“情理之中”。这等杂事用得着一个大科学家以命相抵吗？这事该由谁来干？为什么拖了大半年，却遭遇如此境地？用这样的效率赶超国际先进，“我们来得及吗？”

无人机库保住了，黄大年却被人称作“疯子”。黄大年毫不理会：“中国要由大国变成强国，需要有一批‘科研疯子’，其中有我，余愿足矣！”

“能让中国立足世界民族之林，有一帮人在拼命，不是我一个人。”

黄大年甘当铺路石：“为了理想，我愿意做先行者。我已经50多岁了，生命也就这么几年了，能做出点儿事情，让后来人有一条更好走的路。”

没有这样的“科研疯子”，怎么带领中国物探科技“弯道超车”？

## 五、提速：实现“弯道超车”

不是棒槌的敲击，而是水的载歌载舞，才使鹅卵石如此光彩亮丽。

2011年，作为国家“863计划”资源环境技术领域的主题专家，黄大年负责策划协调和组织中科院、高校等高科会资源形成高科技联合攻关团队，承接科技部“863计划”航空探测装备主题项目，开发军民两用技术研究。

满天的翅膀都在飞翔，多而有序；多条激流奔腾向前，各抒豪情；一条线串引多个风筝，在严谨的约束里豪情万丈……

黄大年将时间的油门踩到底，高速前进。在首都北京，在南国广州，在北国哈尔滨，在巴蜀四川，在江南苏州水乡，在大西北新疆乌鲁木齐……在英国伦敦，在美国华盛顿，在澳大利亚悉尼，在日本东京，到处都有黄大年的身影。他与探测仪器专家合作研发深地探测装备，与计算机专家合作研发地球物理大数据处理与解析，与机械专家合作研发重载荷物探专用无人机，涉猎地学、信息、军民融合等多个领域。

攀登科学高峰的距离在缩短，地质宫507室的灯光在延长；他与家人日渐疏远，乘坐最后一个航班的频次在加密；睡眠的时间迅速减少，吃药、晕倒的次数日益增多……

每一个迷失又找到归宿的科研数字，每一组由生疏到默契的科技组合，每一次从抽象到具象的艰难裂变，都像瓜儿累秧一样在耗损母体，侵蚀着黄大年的健康……

黄大年团队的科研进度震惊了世界，超高精密机械和电子技术、高温和低温超导原理技术、纳米和微电机技术、冷原子干涉原理技术、光纤技术和惯性技术等多项技术进步显著，快速移动平台探测技术装备研发也首次攻克瓶颈，突破国外封锁。

令人兴奋的是，黄大年的团队在航空重力测量研究上有重大突破，重力梯度仪已研制出工程样机。在数据获取的能力和精度上，我国与国际的研发速度相比至少缩短了10年，而在算法上，则达到国际先进水平。“航空移动平台探测技术装备是精确探测的高端技术装备，我们用5年时间完成了西方发达国家20多年所走过的艰难路程，取得的进展成果填补了我国空白，将意味着中国又成功抢占了一个国际前沿科技制高点，对推动国防安全建设和深地资源具有支撑作用和重要意义。”

黄大年在国际同行中威望极高，有着非凡的影响力。有一次，黄大年带队考察，国外的研究机构为了专门接待中国考察团停止工作半个月，不惜成本将处于零下200摄氏度的产品解冻，并拆开细部让中国考察团仔细观察。随行考察团的中国科学院院士罗俊震撼又感慨：“我从事这项工作这么多年，这是第一次受到西方发达国家如此隆重的接待。”

深探专项答辩进入最后的倒计时，黄大年和团队主力们连续奋战3个通宵，黄大年还在紧张地工作。他清楚，这是团队苦干了6年的项目，决不许有丝毫错误，必须来个漂亮的冲刺！

去北京答辩前，黄大年看还有一点富余时间，关上门，在沙发上躺了20分钟，才匆匆赶往机场。晚上11点到北京，黄大年把师生们汇总的材料拷贝出来，一头钻进房间，又熬个通宵！

瘦月弯成一把老镰刀，收割着仅仅剩下的那点余晕。黄大年敲完最后一个字，插上筒状“渔网”一样的U盘，新组建的“科技军团”整建制挥师前进……

第二天答辩前，黄大年像压子弹一样吞服几粒速效救心丸，步入答辩席。历时两个半小时的答辩发言，黄大年仍像刚刚加足油的赛艇，马力正旺。

惊骇世界的伟大超越性结论，终于写在专家组的鉴定书上：项目成果整体达到国际先进水平！

这是国内同类项目评审中的最高评价！

这标志着中国重型探测装备技术研发实现了弯道超车，完成了跨代飞跃！

晚上，很少沾酒的黄大年一口气喝掉半瓶白酒，在微信朋友圈中写下深情的感言：“我和我的团队成员5年多来没轻松过，最后一段时间没睡好过，有累倒的，有因委屈而忧郁的，有半道放弃的，还有失去家庭生活的……我在最后一刻也终于没撑住，终于倒下，是吃着速效救心丸上验收场的，别人替代不了。但是，正是这些项目能为吉大培养出一帮‘疯子’和‘狂人’，一批能打硬仗的精兵。”

迅猛刮起的“大年旋风”，以第九项目的结题为标志，深部探测能力已达到国际一流水平，局部处于国际领先地位。国外专业期刊艳羡而惊异地报道：中国已正式进入“深地时代”！

7年间，黄大年带领400多名科学家创造了多项“中国第一”：地面电磁探测系统工程样机研制取得显著成果，为产业化和参与国际竞争奠定基础；固定翼无人机航磁探测系统工程样机研制成功，填补了国内无人机大面积探测的技术空白；万米大陆科学钻探工程样机“地壳一号”横空出世，超深井大陆科学钻探工程向前迈进；无缆自定位地震勘探系统工程样机研制突破关键技术，为开展大面积地震勘探提供技术支持……

黄大年清楚，在大宗矿产资源领域，中国的矿产资源探明程度仅为1/3，那么，没有探明的2/3究竟在哪里？自己办不到，依赖进口又严重威胁国家安全。明明知道陆地下500米至4000米乃至更深的地方有矿产资源，就是找不到！“在入地探测装备上，如果说人家是导弹部队，我们还是‘小米加步枪’啊！”黄大年能不着急？

董树文说：“美国人管这个叫地球重力武器，对中国是绝对封锁的，探测深度很大。比如，在阿富汗战场上，重力梯度技术可以找到所有的洞。”这个“千里眼”能看穿地下每一个角落。

2009年4月22日，第40个“世界地球日”到来之际，我国“深部探测技术与实验研究专项”正式启动，该项目计划设置九大项目49个课题，集中了国内118家机构，1600多名科学家和技术专家，破天荒地叩响“地球之门”，吹响了中国地学界嘹亮的“集结号”！第九分项首席科学家黄大年，有多少事要做啊！

2016年9月，在黄大年的倡议下，经过一年多的酝酿讨论，吉林大学新兴交叉学科学部筹备初期工作宣告完成，一个辐射地学部、物理学院、汽车学院、医学部、机械学院、计算机学院、国际政治学院等的非行政化“科研特区”初步形成。黄大年当选为吉林大学新兴交叉学科学部学部长。

专业扶摇而上，黄大年的健康却每况愈下。

2016年11月29日凌晨两点，救护车急促地响着警笛直接开进机场，北京飞往成都的最晚的航班刚一落地，医护人员便七手八脚地将黄大年抬上车。

半个小时前，黄大年突然满脸是汗，浑身抽搐，连忙塞嘴里几粒速效救心丸也无济于事。晕厥前，他叫来空姐："如果我不行了，你要将我怀里的笔记本电脑交给国家，里边的资料很重要。"

躺在救护车里，他怀里还死死地抱着笔记本电脑。

他被抬进成都市第七人民医院的急诊室内，黄大年做的第一件事仍是告诉医生保护好他怀里的笔记本电脑。

1968年12月，科学家郭永怀在青海基地急于将重要的数据带回北京研究，便搭乘了夜班飞机。不料飞机在北京坠毁。大家从机身残骸中找到郭永怀，吃惊地发现他同警卫员牟方东紧紧抱在一起。烧焦的两具尸体中间，紧紧夹着装有绝密文件的公文包，完好无损！

无须多言，这一个细节，足以感天动地！

人们想不到的是，第二天，黄大年又出现在会场。他塞嘴里几粒药当"后盾"，英姿勃发地发言，精神爽朗，看上去毫无倦意。

"拼命黄郎"将自己的生命发挥到了极限，昏厥和痉挛的频率日益加快，同事们劝他去体检，他总以"太忙"一推再推……

2014年7月，在水下通信和水下网络领域备受瞩目的吉大校友崔军红从美国回来探亲时，朋友引荐认识了黄大年。

"中国水下国门洞开。"黄大年直言不讳，"祖国特别需要这类人才。咱们学校的新兴交叉学科部正在筹备，你可以申报'千人计划'，回国创建智慧海洋研究中心，大家集中合力，一门心思把这件事做好。”

崔军红内心波翻浪卷。在美国，她的平台已足够大，回来要是和黄大年联手前景可期，可她已在美国生活16年，回来能否适应国内环境，她心里没底。黄大年热情地邀请她看自己团队的项目成果，崔军红仍有疑惑：“黄老师，咱们要搞海洋探测，可是吉林没有海啊？”

“这没关系啊，”黄大年胸有成竹地说，“哪里有出海口我们就向哪里去啊！”

崔军红被黄大年的爱国情怀和智慧所深深感染，2016年6月，她作为“千人计划”专家，签约吉林大学。

“地壳一号”是我国完全拥有自主知识产权的“庞然大物”。将它从四川运到黑龙江大庆时，用了50辆六轴大货车运送，一举创下了6000米钻探的亚洲纪录，并且还在向地心进发。被国外一直垄断的设备终于换上“中国芯”，中国成为继俄罗斯、德国后，世界上第三个掌握地下万米钻探技术的国家。这让太多“老外”刮目相看。同行友善地送他个外号，叫“黄大牛”。

“深部探测关键仪器装备研制与实验”，是为黄大年量身定做的。他回国后，在前八项“名花有主”时，追加了第九项。董树文召集几家单位共同商定，时任中科院地质与地球物理研究所所长朱日祥院士同意请黄大年主持这个项目。

谁料，在掌控专项第九项目的首次讨论会上，黄大年一张口就引起一片哗然。“既然我们落后很多年了，就不能从零开始，而是要把国外最先进的设备买过来，对关键部位和插件进行升级改造，让我们的‘蓝军’直接进入‘红军’的心脏，一举站在巨人的肩膀上。”

黄大年所说的“红蓝军路线”，就是通过红军、蓝军之间的比拼，借用西方已有的技术升级换代，再一举超越西方。

尤其是“把人家的后台数据库买过来，进行插件升级再卖回去”的想法，可谓惊世骇俗。黄大年却毫不在意众人异样的目光，从容地说：“好比一场马拉松，别人已跑了半程，中国要从头起跑，恐怕很难赶上，我们也等不及，必须另辟蹊径！”

黄大年翔实的调查和数据，深深感染了董树文，他相信“从大年嘴里说出来，一定有着深远的考虑”。

2014年下半年，黄大年主持的第九项目传来捷报，移动平台综合数据处理解释一体化平台的24组插件全面完成，整个系统实现了升级换代。“大年童话”逐一实现……

由“大年童话”孕育的“科研特区”，即将拉动上千亿元的产业项目。人们又有猜测：“挖黄大年的地方太多，吉林大学留不住了。”

“我没想走啊，”黄大年说，“要不这样，我直接签到退休。”第二次签约，黄大年在一次聘任书签五年的基础上又延长两年，一直签到退休。

## 六、经停：为了祖国的未来

爱因斯坦指出：“如果把学生的热情激发出来，那么学校所规定的功课就会被当作一种礼物来领受。”

在黄大年看来，学生们都是“待飞客”。他们飞得高不高、远不远，起飞冲力大不大，有没有长劲，遇到突发难题有没有办法，“问题在现场”，根源却在教育方法，在引路的导师。

有着“慈父”和“严师”形象的黄大年格外器重他的学生：“作为老师，不能亏待了孩子，不能耽误了人才。”实验室和科研平台位于地质宫大楼的顶层，冬天冷夏天热，黄大年自费给每个房间配备了电风扇和电暖气；伏天，师母张艳亲手做了绿豆汤为学生们祛暑；雾霾天，黄大年给学生们买口罩；周末和五一、十一、端午、中秋，几乎每个节日，学生们都是在黄大年家里度过的。黄大年还尽量挤时间，和学生们打羽毛球，徒步走，在南湖沿岸走，鼓励学生们多多锻炼身体。

“我的成长离不开那么多国内外好老师的关怀、指引，我的成长道路经历让我对学生有着特殊的感情。”

“优秀人才的成长，必须以优秀的传统文化、爱国情怀为补充，一代代的经历或许有差异，但是血液中流淌着的自强不息、勇为人先的民族精神却得以延绵不绝。”

教育的本质意味着，一棵树摇动另一棵树，一朵云推动另一朵云，一个灵魂唤醒另一个灵魂。

在黄大年眼里，每一个学生都是一块璞玉，只要因材施教都能成才。在为学生设计研究方向时，他都要以学生的前途和国家的发展为重，而不仅仅只是从他个人的项目考虑。

碰上同频的一块儿共振，碰上异频的也要指引他频共振，这才是好导师。

这与当代中国普遍的“唯分至上”的误导式教育大相径庭，明明是千人千面的人才，各有其长，为何只上一条“流水线”，把社会所需的各式各样人才“拘”成“千人一面”？

面对比比皆是的高分低能、低分高能的现状，我们的教育工作者情何以堪？

黄大年首次招研究生，居然不问考试成绩，而是依据每名同学的个性和兴趣爱好，为他们一对一量身打造专业，制定学业的远景规划。

每一条道路都寄生在一个人的身上，一一对应。道路使我们感到谦卑和惶惑，我们必须选择其中一条。选择太重要了，我们面对的是均等的机会，而一旦作出决定，就会押上整个人生。

关键时刻，黄大年就是那个因人而异的扳道岔，精准点拨的人。

黄大年让学生们接触世界前沿技术。他为吉林大学引进了世界上技术最前沿的地球物理综合分析平台，剑桥与斯坦福大学的参观访问学者看过这套软件后十分震惊，因为就连这两所世界顶级的学府都没有引进如此先进的软件。对学生，黄大年有自己的评价标准，入学时根本不看分数，而是了解学生有哪些专长。入学后，绝非仅仅以论文和学分为标准，更关心学生们学到了什么，具备哪些能力。

每个青春都有一副好牌，不会出，照样会输掉。

“要树立远大的抱负，不要只以国内的佼佼者为目标，真正的对手在发达国家的一流大学。要开阔视野，做‘出得去，回得来’的科学家。”

社会犹如一条船，每个人都要有掌舵的准备。

但是，当有学生作业“欠火候”时，黄大年决不迁就，批评严厉。学生们知道，他的话像一股冷风掠过，然而感觉却是暖的。

学生耿美霞说：“第一次与黄老师见面的情景就像在昨天，敲了您办公室的门，您正在书架上找资料，回头看见我，脸上绽放出温暖和慈爱的笑容，这个笑容一直陪伴着我至今。还记得博士毕业离校那天，您给我各种叮嘱，从工作到生活，您说这里永远是我们的家！”

移动平台团队的肖峰说："是黄老师给了我机会，帮我规划好方向，引领我走入软件开发领域；当程序调试遇到瓶颈，他拿出自己珍贵的手稿，给我讲解原理和概念；当遇到挫折想中途退出，他和我促膝长谈，打开了我的心结。"

姚永新道："黄老师针对我跨学科的特长，利用丰富的知识底蕴把我带入了航空地球物理探测的领域。从那一刻起，我就坚定了从事航空平台研究的方向。黄老师，我一定继承您的遗愿，不忘初心，在移动平台和交叉学科的道路上拼搏一辈子！"

周文月早已泪花闪闪："他走进实验室，总会先问我们'吃饭了没有'；他怕我们节假日想家，邀请我们去他家里做客；他出差的时候，都会带着我们的作业本，远程指导我们学习；他住进医院重症监护室，还在嘱咐我们好好学习。"

马国庆和李丽丽家在农村，黄大年看好他们的专业潜质，创造各种机会送他们学习英语、参加国际交流。两人谈恋爱，他帮他们争取留校。毕业结婚，他帮他们张罗租房。

周帅痴迷无人机操控，黄大年觉得他是个"好苗子"，当即把他选入"重载荷物探专用无人机"项目做操控手。尽管进步很快，但还需深造。到更高的平台需要2.4万元费用，周帅拿不出来，"不用为钱的事发愁，"黄大年说，"你只管安心学习。"黄大年掏出3万元钱，让他去北京学习。两个月后，黄帅成为国内第四个获得了100公斤重量级无人直升机机长执照的学员，黄大年得知消息后开心得像个孩子！

这天，黄大年闻知一名学生的母亲住院，却怎么也凑不上十几万元的手术费用，他立刻拿出自己的工资卡，领着这名学生去银行取出20万元，让学生的母亲及时办理了入院手续。医生们得知手术费是老师的工资垫付时，万般感动，他们“爱心接力”，想办法为患者节省医疗费用。

黄大年早在少年时代就侠肝义胆。那时物资短缺，一年也吃不到几次肉。商店偶尔有肉了，黄大年和弟弟黄大文在天黑蒙蒙时就赶到商店排队，凭肉票一次买上半斤肉。非过年过节，根本吃不上肉。

母亲见孩子们太熬苦了，这天，一狠心买回来一只烤鸭。全家人“点到为止”只吃半只，留下半只。傍晚，黄大年在地矿局大院里玩，碰上同学被母亲打后，躲在防空洞里，已经饿了大半天肚子，黄大年立刻跑回家，取来半只烤鸭送给同学。母亲回家后见烤鸭没了，问哥儿俩谁吃了烤鸭。弟弟黄大文说没吃，“火力”便集中在黄大年身上：“肯定是你哥哥吃了！”黄大年称自己也没吃时，母亲生气了，狠狠打了大儿子。黄大年没有退路，这才实话实说……

2014年国庆节，黄大年和学生徒步走，发现张代磊、张冲和周帅有心事，知道他们在为学费的事发愁，第二天就让秘书王郁涵交给他们每人一万元钱，说是从经费里节省出来的。他们第二年的学费也是这么解决的。直到黄大年去世，学生们才知道，这钱是老师自己的工资。

我在前面说过，得知“李四光班”的学生多数家在农村，经济条件普遍太差，他就为学生们每人买了一台笔记本电脑。

黄大年的办公桌旁有两把椅子、两台电脑。这是专门为学生们准备的。学生们坐在黄大年身边，一人一台电脑，高效又方便。每逢学生们碰上公式或计算方面的难题，黄大年随手拉过一把椅子，手把手地教了起来。

黄大年非常繁忙，时间“用秒来计算”，可无论他走到哪里，心里都装着他的学生。他在笔记本电脑里为每个学生建了学习笔记和读书报告文件夹，利用开会休息时间通过邮件进行批阅。他还经常利用出差的午休时间召开电话、视频会议，给学生们解答问题。出差回来的第一站永远是实验室，检查学生们的学习近况，答疑解难。

有人觉得黄大年太累了，劝他带学生别管那么细。黄大年认真地回答："我们国家需要人才。现在多用点心，他们中就有可能出大师。"

黄大年深知育人比教书更重要，这关乎人生的"大战略"和祖国的"大战略"，时刻把祖国利益放在首位。

在黄大年手术前一天的凌晨一点钟，周文月意外地收到了黄老师的微信，说他已经向剑桥大学发送了邮件，推荐她去攻读博士学位。周文月眼泛泪光，一遍一遍地告诉别人黄老师的叮嘱："你们一定要出去，出去了一定要回来；你们一定要有出息，出息了一定要报国！"

同学们的耳边，始终回响着黄大年的话："科学家要有骨气，报效祖国的科学家才是我们的榜样。"

谁能忘？黄大年老师讲述的科学家的故事——李四光绕道回到祖国；美国高官当年阻挠钱学森放出"狠话"：钱学森无论走到哪里，都等于5个师的兵力，我宁可枪毙他，也不让他回到红色的中国！

邓稼先26岁便以优异成绩成为美国最年轻的博士，博士毕业第九天便放弃优厚待遇回到一穷二白的中国。"只带回国内没有的尼龙袜，和一脑袋核武器知识"。钱三强找他，请他领衔设计核武器制造方案。因为要保密，邓稼先只能告诉妻子许鹿希："工作要调动，又不能说是什么工作，不能照顾家和孩子，通信也困难。"从此便销声匿迹8年，过着单身汉的生活。中国成功爆炸的第一颗原子弹，就是由他最后签字确定了设计方案。

一次航投出现事故，原子弹坠地摔裂。周围的人要上前，邓稼先知道核辐射很危险，首次以院长的身份下命令：“你们还年轻，你们不能去！”邓稼先亲自去安装雷管，因辐射患癌症离世。

黄大年眼含热泪继续讲述：“去世前，组织上为他个人配备一辆专车，他只是在家人的搀扶下，坐进去并让人开车转了一小圈，表示已经享受了国家所给他的待遇。邓稼先终生报效祖国和人民，不图任何个人私利。你们能想象得到吗？这位‘两弹元勋’只有20元奖金，原子弹10元，氢弹10元。”

钱学森、钱三强、王淦昌、郭永怀、彭桓武、朱光亚、邓稼先等一大批“老海归”，在罗布泊无人区“干惊天动地事，做隐姓埋名人”，没有他们，我们的国家和我们的人民，将无法在世界挺直腰杆！而今，这些巨星一个一个陨落，我们仍在享受他们留下的福祉！

黄大年告诫他的团队和学生们：“报效祖国，才是最大的成功。”这不是一句空话，而是身体力行、以身作则的行动。榜样的力量如此之大，黄大年的学生们同样有情有义，都装有一颗“中国芯”。

2016年12月5日下午，黄大年出差回来，同学们和往常一样排队去问问题，排到王泰涵时，已是晚上9点多钟了，见黄老师神态十分疲惫，身体紧靠椅背，王泰涵不忍心再劳烦老师：“老师，您回家休息吧，我明天再问。”“没事。”黄大年向他摆摆手，示意王泰涵过来。一个多小时后，四个问题解答了两个，“剩下那两个问题我再思考一下。”黄大年问：“你吃饭了吗？我请你吃饭吧。”王泰涵这才意识到，老师从机场回来就讲课，到现在还没吃饭呢。

黄大年入院的第二天，点名让王泰涵过去。王泰涵以为是让他去陪护，刚一进病房，打了一天点滴的黄大年就从床上坐起来："我这两天一直在思考你那后两个问题，现在就在这儿给你讲讲。"

黄大年手腕还埋着针管，胳膊也有些颤抖，因体虚而不停地喘着粗气，仍坚持给学生讲课……

黄大年总是千方百计地让学生接触世界前沿技术，他出资让26人出国参加学术会议，邀请国外优秀专家来学校交流访问。2016年10月，黄大年带着学生乔中坤去美国达拉斯参加SEG国际会议，这是地球物理领域的高端会议，黄大年成为"热点专家"，多国专家围着他讨论问题，乔中坤极为振奋，那一刻他特别骄傲，感觉自己是和高山站在一起！

7年来，黄大年指导了18名博士研究生、44名硕士研究生，共有14人获得省部级奖励，8人获得国家奖学金，3人获得"李四光奖"，其中马国庆多次获得省部级奖励，现在接过恩师黄大年的教鞭，留在吉林大学任教并被破格提拔为副教授。耿美霞曾在国际顶级专业期刊发表多篇学术论文，美国地球物理勘探学会邀请她去做报告，获得国家全额奖学金，已赴加拿大留学深造。

近看，黄大年把学生当成"自己的孩子"，慈父一样爱着他们。远看，黄大年把他们当成祖国的明天，未来的大科学家，他有责任将一块块璞玉雕镂成精品。学生们也一样，感情上，把黄大年当成慈祥的恩师。事业上，把黄大年当成专业上的舵手、人生的航标。他们尊敬恩师，热爱恩师，也依赖恩师。从未想到，他们最敬爱的恩师会突然离开他们……

新华社记者去采访，黄大年说："你看我们家，没什么东西，空空的。我生活很简单，我的钱都用在什么地方？用在学生身上，资助他们出国，干科研的事情。那么大的项目，吉大一分钱也没有，我一分钱也没有，你见过吗？首席科学家一分钱也没要，别看项目上亿元。我就是喜欢这个事情，就是一种享受。钱什么的没多想，国家给我的够用了。”

2017年1月4日傍晚，于平教授的一条微信如原子弹爆炸一样惊骇了同学们：大家都快来医院！

刹那间，医院的四面八方都响起急切的脚步声，大路、小道和宿舍边，都有同学们奔跑的声音。每个人的心都快要跳出来，他们边跑边为黄老师祈祷：“苍天哪，保佑我们的黄老师！”“我宁可替黄老师遭罪，放过黄老师吧！”“黄老师，您可要挺住啊！”

同学们守候在重症监护室门口，重症监护室的门突然开了，医生说黄老师马上需要手术，一刻也不能耽误！

同学们见他们敬爱的黄老师戴着呼吸机，眼睛半闭半睁，哮喘得非常厉害……大家心都碎了，多想扑上去抱住心爱的老师，告诉他，我们在门外等他醒过来！多想告诉他，我们真想替他接受手术，让他歇歇啊！可是，同学们什么都做不了，只能眼睁睁地看着他们心爱的老师孤单单地承受生死考验……

同学们担心控制不住要扑上去的冲动，只好手攥着手，紧紧的，紧紧的。此刻静极了，没有一人说话，没有一点声音，有人咬着嘴唇，有人攥疼了同学的手，个个泪流满面，在撕心裂肺的疼痛中，每个人都在心底呼唤：“老师，您一定要平安地回来啊！”“老师，我们等您呢！”“老师，您身体那么好，一定能渡过难关！”

黄大年进入手术室后，上百名学生到场，没有一人离开。走廊窄小，他们便到别的楼层，在楼梯口、在大门外等候……

等待老师手术的时刻，每一秒都是一把刀，一刀一刀刺在同学们的心上。每一小时都是重锤，锤锤敲在心窝……

结局如此残酷，黄大年整整昏迷了四天，同学们敬爱的黄老师再也没能醒来！

2017年1月8日，得知黄大年老师去世的消息，已经离开的学生再次赶到医院，边跑边哭。黄大年的遗体尚未送走，不知谁泣不成声地说："黄老师，我给您磕个头吧！"病房前的走廊便响起一片"扑通""扑通"的声响，学生们跪了一大片，刹那间，整个走廊一片唏嘘。所见之人，无不动容……

每个学生专业不同，年龄不同，性格也不同。相同的，却是对黄老师的透心彻骨的沉痛和深深的感恩，"黄老师，我还没报答您，您就走了啊！""黄老师，您说过，还有一身本领要教给我们。""黄老师，我连声谢谢都没说呢，您就突然离开了！""黄老师，别丢下我们，求求您醒过来吧！"……

## 七、强气流颠簸：国殇

螺丝已经拧紧了，还在加力、加力；油门已经踩到底了，还在加速、加速；肩膀上的负重已经到极限了，还在加高、加高……

步入地质宫507室，我一下就被北墙上的巨幅日程表所震撼。像将军的作战指挥图，上边画了密密麻麻的图表。地球是圆的，任意一点都是中心。黄大年就是以此为原点，以赤道为半径，放眼世界，胸怀祖国。

他的办公桌像个巨大的飞行器，上面的两台液晶电脑，则像一双展开的翅膀，从这里起飞，飞向深地，飞向深海，飞向深空……

“作战图”上每一日的格子里，都有密集的工作安排，北京—宁波—长春—北京—长春—北京—长春—北京—成都……

最后填写的是：2016年11月29日“第七届教育部科技委地学与资源学部年度工作会”，至此记录戛然而止。

2016年11月29日，黄大年在北京至成都的飞机上晕倒。会后回到长春，在同事们的强烈要求下，他入院检查。

检查结果阴云密布，病情令人惊骇。第二天，黄大年又去北京出差。

黄大文告诉我，手术方案确定后，哥哥给他打了电话：“大文，我这边要做个小手术，需要家属签字，你能不能请假过来一下？”

“行，我过去。”黄大文回答。2016年12月12号，黄大文飞抵长春。黄大年见了弟弟和妹妹很高兴，告诉他们自己没什么大事，小毛病。

黄大年精神极好，病房里喜气洋洋。如果不是在病房，如果不是手臂上插满了管子，这里跟地质宫507室功能相同。

13日上午，黄大文几乎没能在病房落脚，插不上话，也插不上手。病房已经变成办公室，讨论科研，部署工作，检查学生作业，给学生讲课，在一沓一沓文件上签字，黄大年一刻不停地忙碌。就连助手于平、秘书王郁涵也爱莫能助，想要劝黄大年休息，根本靠不了前。黄大文告诉我，哥哥进病房那天，第一句话便是：连通互联网，把电脑架上。人家本来是来看望他，他却主动跟人家谈工作，话题一个接一个。第二天就是残酷的风险莫测的大手术，黄大年却像“没事人一样”。

下午，黄大年偷偷跑回地质宫工作。任波和几位老师去看他，劝他早点回医院休息，黄大年说还有些工作没有忙完。

回到病房，马芳武和王献昌两位“千人专家”到医院看他，黄大年将他们让到沙发上，自己却坐在小板凳上，聊了两个半小时“交叉学部”，黄大年热烈激昂，新创意火花四溅，两位专家也忘了他是一位即将要被推上手术台的病人。

黄大年对秘书王郁涵说：“小王，来，这件重要的事，要交给你来办。”他从枕头旁边拿出一个硬盘，递给王郁涵，“这里面是一些需要妥善保管的资料，收好了。万一我不在了，要把它交给学校，交给国家。”

“黄老师……”王郁涵当即红了眼圈，赶紧低下头掩饰，“您身体这么好，医生说手术很简单，您别多想，不会有事儿的。”

病房很快又热闹起来，焦健、孙勇等来看他，黄大年又热情地聊起工作来，分别布置任务。一聊就是两个多小时，焦健怕黄老师累着，张罗着离开病房。

黄大年说：“你们别走，我想和你们在一起。”

护士进来要做术前肠道准备，黄大年又催着大家：“回去吧，明天手术完了又见面了。”大家相拥而去，黄大年顿感寂寞，他痴痴地看着窗边学生们送来的鲜花若有所思。

晚上，黄大年开车将弟弟送回家，妻子张艳和妹妹黄玲早已将一桌美食准备好，一家人吃了个团圆饭。黄大年谈笑风生，丝毫没有“怯阵”的感觉，只是专门嘱咐家人，不要把他手术的消息告诉女儿黄潇，小外孙即将出世，他怕女儿担心。饭后，黄大年自己开车回医院。

医院静极了，黄大年内心却翻江倒海，身在医院，心系科研，惦念学生，辗转反侧想着心事。他在微信上告诉黄忠民，嘱咐王献昌跟通讯学院的学生见个面，他们在无线电认识上有些想法，“我住院了，你代我去跟他们聊聊。”他又叮嘱道，“聊了以后千万不要来看我，你也别来。”

每隔两小时来做例行检查的护士长谷玥，觉得黄大年“可真不一般，人缘好”。

“黄老师，您是不是哪里不舒服？”护士长谷玥问。

“没事，我就是有点儿急。”

“急？您急什么呢？”谷玥不解地说，“明天就要手术了，从上海请了最好的肝胆外科手术大夫来主刀，您的病一定会很快好起来的。”

“我知道，我说的不是这个。我手头，还有很多事情没有做……”

“您别急，黄老师，您出院以后很快就可以继续工作了。”

黄大年向谷玥笑了笑。

半个多小时后，完成了两次灌肠，一切又安静下来。

晚上7点59分，黄大年在朋友圈感慨道：“人生的战场无所不在，很难说哪个最重要。无论什么样的战斗都有一个共性——大战前夕最寂静，静得像平安夜。无聊中翻看我的第一页微信相册，记录了2009年圣诞节后，把英国剑桥10多年的家移到长春南湖的日子。在湖边的上班路上奔忙，一晃又要到第七个圣诞节了。脑子里满是贺卡、圣诞歌、圣诞礼物、圣诞树，是忙碌后的放松感和浓浓的节日气氛。它提醒在职场拼搏的人们，事业重要，生活和家庭同样重要，但健康最重要！”

晚上8点53分，黄大年在朋友圈中又写了一句话：“谢谢大家鼓励，明天上午开始，暂时失联一小段时间。”

凌晨1点，人们大多已进入梦乡，黄大年却还想着他的学生。他给周文月发去微信，说他已经给剑桥大学发送了邮件，推荐她去攻读博士学位。

黎明时分，黄大年用最喜欢的《再别康桥》中的诗句，改写了微信的签名档：

“轻轻的我走了，正如我轻轻的来。”

这一夜没有睡好，黄大年知道病情后，隐隐有些不安。肿瘤是恶性还是良性，要术后切片才知道。

14日上午九点半，手术室离病房很远，黄大年快步走了20多分钟，连他身后的弟弟黄大文都跟不上他的步伐。黄大年脚步噔噔有声，精力旺盛，神态威武，毫无大病将至的感觉。黄玲和王郁涵将黄大年送进手术室。

手术室的大门即将关上那一刻，黄大年突然和医生说：“再看看我的学生们。”他又回到门外，跟他们一一握别。

手术室的门像个立式铡刀，将他和亲人们切开。

手术室外、走廊里，很多人在焦急地等待。好多领导、专家和朋友都在关注黄大年，期盼手术成功，期盼黄大年早点康复。

时间一分一秒地过去，分分秒秒都那样揪心！

3个小时过去了，手术室的门紧紧关闭！

5个小时过去了，手术室的门紧紧关闭！

7个小时过去了，手术室的门仍紧紧关闭！

妻子张艳的心都要跳出来，在走廊里来来回回走。

妹妹黄玲、弟弟黄大文坐立不安。

于平、王郁涵和团队的其他伙伴以及学生们，都在“候场”，一刻都不离开。更多的学生和同事、朋友们互相打电话，焦急地等待手术结果……

手术进行了8个小时！

晚上6点，手术室的门终于徐徐打开，医生们将黄大年推出来，数十双眼睛刹那间扫过去，焦急而充满渴望……

当医生悄悄地告诉大家“手术很成功”，人们当即长长呼出一口气，笑容灿烂，张艳紧紧拉着黄玲的手，两人喜泪缤纷。

一片云彩散了！

天晴了！

听医生说，黄老师的身体很好，住几天院就可以上班了。手术的第三天，弟弟黄大文和妹妹黄玲离开长春回到南方。

2017年元旦，黄大年手术的第18天，病房里洋溢着喜气。黄大年胳膊上插了很多管子，正在青年教师焦健的帮助下专心收看习近平同志的新年贺词。头一天晚上，黄大年嘱咐护士将这段视频录下来，存进自己的笔记本电脑。

2016年是中国科学扬眉吐气的一年，“中国天眼”落成启用，“墨子号”飞向太空，“悟空”号已经顺利运行一年，神舟11号和天宫2号遨游星汉……

聆听着习近平同志的讲话，黄大年很激动，回想在北戴河曾意外受到习近平同志的亲切接见，他说：“国家对科学创新这么重视……有了国家的决心……我们的技术马上就要派上用场……你们都要准备好，加油干哪！”

一阵剧烈的咳嗽，黄大年满脸通红，泪光闪闪。

焦健忍着泪，出了门才哭出声来。病榻上的黄大年，无时无刻不想着让中国赶超科技前沿、超越极限啊！

2017年1月4日，黄大年突然内脏大出血，转氨酶升高、肝功能快速衰竭、屏幕上呈现的心电图线条动荡起伏……

于平赶紧打电话，黄玲和黄大文再次连夜从南方赶来，黄大年再次转入重症监护室。只一会儿工夫，医生刘凯走了出来，没等人们问他，他就像个孩子一样“哇”地哭出声来：“希望很渺茫了！头一次感觉到自己不想当医生了！我从来没有这么难受过，看到黄老师这样一个大科学家走到这一步，自己却一点办法都没有……”

医生们热泪奔流地按压、按压……丝毫不见效，准备放弃，黄玲见医生摇头了，“嘭”地跪下了：“我求求你们，求求你们了！一定还有希望的！”

几位医生继续轮流按压，奇迹却躲得远远的……

此刻，在万里之遥的欧洲英格兰，黄潇在临盆的阵痛中挣扎。或许这个混血小外孙急着向姥爷报到，伴母亲一起努力，终于降生了！

“快！”虚弱的黄潇不顾大汗淋淋，告诉她的英国丈夫，“拍一张孩子的照片，赶快给我爸爸妈妈发过去！”

黄潇知道，爸爸最关心这孩子，早就把名字起好了，叫“春伦”，长春的春，伦敦的伦。这是黄大年最牵挂的两个城市，“春”和“伦”像两颗星，一颗亮在长春，一颗亮在伦敦。可是，世事太残酷啊！小春伦的照片传过来时，姥爷黄大年的手机正静静地躺在病房的柜子里。

黄玲听到柜子里“嘟”地响一下，见到春伦照片的第一时间，立刻冲进了抢救室，把手机举过去：“哥，哥！你快醒醒啊，潇潇生了，是个男孩子……”

黄大年已经失去意识，脸色苍白，双目紧闭，毫无反应。

“哥，哥——，你快睁眼看看啊，这是春伦，你的外孙啊！”

黄大年沉沉地睡去，仍然毫无反应。

上次手术后第三天，黄大年已经正常进食，弟弟黄大文便回到广西。哥哥病重他又赶回长春，见哥哥已经病危，黄大文术前签字的手都抖了，一连签了10多张单子，满脸是汗。张艳毕业于吉林中医学院，知道丈夫的病情已经很难回天，一下子蒙了，她接受不了这突如其来的打击，不吃不喝，目光呆滞，站都站不稳。

于平含泪发出一条微信：大家都快来医院！

学生们正在食堂吃饭，赶紧扔下筷子跑向医院，万般焦急地守候在重症监护室门口。他们神情紧张，大气都不敢出。突然，重症监护室那道神秘的门开了，医生说黄老师的病情严重，一分钟都不能耽搁！随后，黄老师被医护人员推了出来。看见心爱的老师戴着呼吸机，眼睛半闭着，呼呼哮喘，学生们的心都要碎了！他们自觉地退后一步，手攥着手，为老师拉起一道通向手术室的保护人墙。

目送黄老师进了手术室，一种不祥的预感袭上心头，学生们万般心痛，却只能在心底呼唤：黄老师，您一定要醒过来啊！您不能丢下我们啊！

我们要向您学习您的满身本事！

我们要报答您的恩情！

我们要做个像您那样的科学家！

可是，他们敬爱的黄老师一直昏睡不醒！

1月7日，时逢“千人计划”联谊会换届。施一公介绍完候选人黄大年的基本情况后，忍不住说了一句：“大年病危，正在和病魔殊死搏斗。”全场立刻肃然，唏嘘一片，大家不约而同高票推选黄大年为副会长，每一票都是祈祷，每一票都是挽留啊！

1月8日13点38分，人们惊悉噩耗，敬爱的黄大年老师永远离开了！

妻子张艳听了医生的通报，立刻傻了，脸色蜡黄，仿佛一脚踩在棉花上，身体摇晃随时要散架。黄玲大声号哭着一把扶住她，感觉嫂子瘦弱的胳膊瞬间冰凉冰凉。

突然，张艳使劲挣脱开，疯了般冲进抢救室，一头扑在丈夫身上，紧紧抱住他，脸贴在他的胸膛上："大年，你不能走，别丢下我！"

为了丈夫，她放弃了自己的医学梦；为了丈夫，她将心爱的女儿独自留在英国；为了丈夫，她甘愿独守空房；为了丈夫，她为他弹琴……可这一切都是值得的，她边哭边说："为了你，我什么都愿意！可你……你不能丢下我啊——"

张艳是长春人，她在医学院上大学时认识了黄大年，两人一见钟情。从此天南地北，海角天涯，这对伉俪从未分开过。

"大年啊……"张艳悲痛欲绝，一次一次地重复着，"你……你不能离开我……"

悲伤漂光了色彩，此刻，全世界都是黑白片。

张艳特别牵挂丈夫，也曾心生埋怨，饭做好了，大年不回来。盼到后半夜，大年仍然不回来。在朋友圈中偶然发现丈夫的一条微信，只剩下感动："可怜老妻一再孤独守家，周末、节日加平时，空守还是空守，秋去冬来，在挂念中空守，在空守中老去……我6年前安慰她，再有一年就忙完，再有一年就是剑桥的生活节奏……"

有人提示要不要将黄大年去世的消息告诉黄潇。"不要发，"黄玲阻止道，"潇潇还不知道。"可是，黄潇已经看到了！

坐在产床上，黄潇疯狂地拨打父亲的电话，她要“证实”这不是真的！

“为什么不告诉我真相啊！”黄潇号啕大哭，“我为什么相信你一直在出差啊……”

上一次和父亲见面，还是在自己的婚礼上。父亲请假匆匆赶到英国。那一天，父亲既高兴又不舍，他搂着穿洁白婚纱的女儿，在优美的旋律中父女翩翩起舞。很久没有这样近距离看女儿了，原来女儿已经长大了，漂亮了，要嫁人了。女儿感动地看着父亲含泪的微笑。他送给女儿一块老旧的手表，那是父亲和母亲结婚时姥爷送给他们俩的传家宝。父亲亲手把表给女儿戴上，便匆匆回到中国。

黄潇非常喜欢爸爸送的礼物，她知道，“父亲是想让我永远记住根在中国”。黄潇把手表调成“北京时间”，心便与祖国“同步”。她将手表放在耳边，“能听到祖国的心跳”。

谁知，这竟是最后一面，太痛心了！

黄潇一口东西都不想吃，可又担心幼小的孩子。丈夫哄她，喂她饭，黄潇味同嚼蜡地下咽，脸上热泪双流……

妹妹黄玲和秘书王郁涵到家里整理黄大年的遗物，打开床头柜，她们愣住了：三个抽屉装满了肝病药。“他早就知道……”王郁涵几乎泣不成声，“黄老师啊，您把我们都骗了！”

熟悉黄大年的人都知道，他从不在钱上计较。大哥离开，妹妹黄玲拿着卡去银行销户才发现，几个卡加起来才几十万元，要知道，他可是手里有“特权”，经手几亿元大项目的科学家啊！在一旁的于平见了吃惊又感动，泪流满面。

若非亲眼所见，谁能相信，在利益至上的时代，在有人为了钱可以“不顾一切”的时代，竟然还有这样的人？

黄大年去世，牵动着千万人的心。

在军方引起很大的震动！因为，他所做的事情“太大了”！顶尖战略科学家、高科技团队领袖突然去世，国家的损失太大了！

在企业界引起巨大震动！黄大年领衔的高科技“前卫军”有的进行过半，有的刚刚开始……

在科技界引起巨大震动！黄大年协调组织了400多人的科技攻关团队，许多项目都是“半截子工程”啊！

与黄大年朝夕相处、共同打拼的科学家和学生们，悲痛得肝肠欲裂，不敢相信这是真的……他们不相信体育健将黄大年老师会倒下，“一定是太累了想歇一歇，他不会丢下我们不管，他一定能醒过来的！”

1月8日将黄大年的遗体送往殡仪馆，至出殡前六天，学生们一直陪伴着老师，昼夜坚守。许多学生明显挺不住了，撵都不走，一直在坚持。“连我都内疚。”黄大文告诉我，“我实在坚持不住了，还回去歇歇。学生们一直在昼夜坚守。他们发乎真情，每来一个都为我哥磕头。”

1月12日，在长春长白山宾馆，全国各地来了很多人。多数人从未见过黄大年，完全是慕名而来，送大年最后一程。

北京大学的教授们，那些交叉学部的合作伙伴，从未与黄大年谋面，更没有直接联系，也来送别这位科技界的领袖式人物。

1月13日送别黄大年，苍天却用寒冷“考验”人们，零下23摄氏度的严寒，冷风呜咽，举世哀伤。天若有情，大片大片的雪花飘飞起舞，像洁白的纸钱，像化身的精灵，每一朵都是深情的悼文，字字入心；每一朵都是象征，赞美黄大年的清纯、清透和清洁……

焦健和黄玲捧着黄大年的遗像从黄家出发，按照当地民俗，青年教师焦健以“长子的身份”，把火盆高高举过头顶，冲天大喊一声：“黄老师，一路走好！”“咣”地摔在地上，泪水瞬间奔涌而出。

许多人都在擦拭眼角，仿佛摔碎的不是火盆，而是他们的心！

眼泪是透明的水，掉在地上也会破碎。不破的是映在泪里的灵魂。

送行的人涌向长春市殡仪馆，任缤纷泪雨和雪花扑簌簌坠落，在头顶、肩膀、手上、袖头绽放冰花。800多人神情肃穆，素色衣服的胸前白花垂首，像星星缀满夜空。哀叹、痛惜、啜泣，如暗夜中翻卷的悲伤旋涡……

学生们知道黄老师生前爱吃烤苞米，特意摆在遗像前。

国失栋梁，学术界失去领军人，科研团队失去领袖，学生们失去导师……

张艳面容憔悴，已经瘦脱相了，仿佛几根骨棒支撑着衣服，随时要倒的样子，所见之人无不垂泪……

不知谁失控哭出声来，多少个压抑的悲伤瞬间决口，这里决口，那里也决口，刹那间许多处决口连成片，一派汪洋……

主持黄大年追悼会的马芳武说：“大家一定要忍住，不要哭。黄老师离开我们，大家觉得非常悲伤，非常痛心。但是如果我们哭成一团的话，这个场面就不好控制了。现在，让我们一起唱他生前最喜欢的歌曲《我爱你，中国》。”屏幕上播放黄老师生前的照片、视频，黄大年正在生龙活虎地游泳，激情澎湃，动作潇洒，一遍一遍地播放……仿佛黄大年就在身边。

歌声代替了哭声，动感代替了宁静，可人们大声唱着歌，却热泪如洗！有人边哭边唱……

“我爱你森林无边/我爱你群山巍峨/我爱你淙淙的小河/荡着清波从我的梦中流过//我爱你中国/我爱你中国/我要把美好的青春献给你/我的母亲/我的祖国……”

唱着这首歌，人们感觉黄大年没有走，就在身边。祖国的崇山峻岭里有他，祖国奔腾的江河上有他，祖国一马平川的大地上有他，祖国辽阔的海洋中有他，祖国的彩云高天之上有他……

追悼会上，清华大学副校长、中科院院士施一公满含热泪如泣如诉的演说再发一枚“催泪弹”：“从2010年认识起，我和大年学长就经常沟通交流，每一次接触，我都能真切地感受到他对祖国和科学事业深深的热爱。在祖国需要时回国，毅然决然、义无反顾。他是一名赤胆忠心的海归科学家，为推动祖国科学的发展全心全意、殚精竭虑；他是最单纯的科学家，单纯到为了祖国、为了祖国科学事业的发展不计个人得失，倾注全部精力。大年学长将是我永远崇敬、怀念的榜样和典范！他是一代人的楷模，是中国知识分子的楷模，是460万留学生的楷模！他的精神感染、激励和鼓舞的绝不仅是一个团队、几届学生、一所学校，而将是一个领域、一批学子、一代人。大年兄是我的好兄弟，是当代的邓稼先！”

最后的离别即将到来，黄大年团队成员和学生们更加悲痛，每一秒都是锉，一下一下锉着亲人的心。人生最大的悲伤莫过于不想离别却又不得不离别，而且是永不见面的诀别！

当程序进行到家属们作最后的告别时，马国庆说了声“我们就是黄老师的家属”，便站到家属行列。很快，一个、两个、二十个、五十个……很多学生加入家属队伍，唏嘘一片……

黄大年团队的青年副教授马国庆，是黄大年回国带的第一批博士研究生之一，也是学生们的师兄。最后时刻，马国庆泪流满面：“我们都是黄老师的学生，现在我们向老师作最后的告别，跪——”

“轰”的一声巨响，几百双膝盖同时砸在水泥地板上，惊天动地！

“哐！”“哐！”“哐！”几百个前额同时砸在地板上，连砸三下……

目睹之人无不震惊，无不动容！

刹那间，整个大厅号啕一片——

“我多么希望这是一场梦啊，我多么希望用我生命的十年、二十年乃至后半生来换回您！”

“让我真诚地叫您一声——‘爸爸’！”

“做您的学生真的很幸福，来生我还做您的学生！”

“老师，一日为师，终身为父，我这辈子都是您的孩子，您未完成的事业有我们帮您完成，老师您好好休息吧，我们不会让您失望！”

……

在同一个时刻，曾做过大手术的吉林大学植物科学学院副院长李荣茂，正高烧40摄氏度，病榻上得知黄大年不幸去世，当场号啕大哭，他浑身发抖，脸上虚汗淋漓，仍坚持创作了抒情长诗《黄大年，一盏永不熄灭的爱国明灯》，他在诗中呼唤：“请上帝带我走吧，留下大年兄！”

在同一个时刻，36位从全国各地专程赶来的“千人专家”垂泪如雨，忍不住抱头痛哭。

在同一个时刻，网友们感慨“黄大年是浮躁年代的定心丸”“让我们认识了一位伟大的科学家”“国之大匠”“已看哭，民族脊梁”“游子绩高如浮萍，归乡报国根泥深”……

马克思一个世纪前似乎早有“预见”：“我们的事业并不显赫一时，但将永远存在；而面对我们的骨灰，高尚的人们会挥洒下热泪的。”

## 八、续航：再出发

一叶红枫飘落，引爆整个秋天。

中共中央总书记、国家主席习近平知道黄大年的事迹后，当即号召全国人民学习黄大年心有大我、至诚报国的情怀。全国“时代楷模”、全国道德模范、全国优秀教师、全国“至诚报国楷模”等数十项荣誉实至名归。全世界有上千名华裔科学家受到震动，纷纷踏上报效祖国的归途。

“黄大年热”迅速升温。

2017年1月13日，刚刚告别黄大年的当天，于平和其他两位团队成员不顾疲惫和忧伤，连夜坐火车去北京申报课题。那是黄大年生前就布置好的，一定要完成。申报顺利通过，三人去了黄大年生前常去的一家米粉店，点了五碗米粉，另两碗留给老师黄大年。饭店依旧是老样子，人还是这些人，唯独缺了黄老师。他们紧紧盯着那两碗热气腾腾的米粉，静静地等待，仿佛黄老师还能回来……

黄大年的话又在耳边响起：“吃东西可以汤汤水水，但做事千万不能汤汤水水，唯有认真对待每一个细节，才能成就最好的结果。”

“你来不来都一样，感觉每朵莲都是你。”王郁涵每星期都会修剪黄老师办公室中的绿植。黄老师看到哪片叶子枯萎会不开心，认为花长得不好，不是花的问题，而是养花的人没用心；事情做得不够好，同样是因为做事的人没有全心投入。

在地质宫大楼，507室的灯光再也没亮，黄大年团队办公室的灯光却早早亮、晚晚熄。同事和学生们把怀念黄大年的悲痛化成勤奋的攻关行动。这样，他们会离黄老师近些。

马国庆一口气领了多个科研项目，要像老师一样，拼尽全力科技报国。

黄大年曾经工作的英国科研团队领衔人说："黄大年教授虽然离去，但我们承诺他的科研项目不会终止，我们全力支持黄大年的团队。"

中国工程院院士、吉林大学校长李元元郑重承诺："学校将在人力、物力、财力等方面全力支持黄大年同志生前所在学院的团队，围绕国家重要需求和科技创新，将他未竟的科技事业全力推进，争取在短时间内，将黄大年同志所开辟的重要方向和课题实现重要突破。"

"千人计划"特聘教授殷长春领衔的移动平台探测技术研发中心，2017年度国家级科研项目申报再次取得重大突破；李桐林教授负责的国家"十三五"重点研发计划"深地资源勘查开采"重点专项"移动平台地球物理探测技术装备与覆盖勘查示范""航空重力梯度仪研制"项目，已经正式实施；杜晓娟教授负责的国家"十三五"重点研发计划"深地资源勘查重点专项"等多个课题顺利启动；刘财教授、李桐林教授、于平教授、冯晅教授、于显利副教授和马国庆副教授各自负责的高端项目都层楼更上，令世界瞩目。

黄大年生前"建设一流学科、一流平台、一流团队"的设想，正开足马力，全力冲刺，向国际顶尖科学高峰攀登。

黄大年的学生们有的入职全国各大科研机构，继续项目研究；有的放弃优越的工作机会，像黄老师一样在吉林大学任教。

那些已经散布在世界各地的学生，他们按照黄大年结合每人特点设计的专业特长、兴趣方向，种子一样播在科研土壤里，期待破土萌发，让祖国下一代多学科交叉研究的科研人才茂盛成长。

出国的学生们所学不同，异居各地，但有一点是相同的，他们永远牢记恩师黄大年的教诲：“你们一定要出去，出去了一定要回来；你们一定要出息，出息了一定要报国。”

原载《北京文学》（精彩阅读）2018年第7期

# 中国之蒿

## ——屠呦呦获诺贝尔奖之谜

陈廷一

北京时间2015年10月5日，中国女科学家屠呦呦获得诺贝尔生理学或医学奖，成为自诺贝尔奖诞生100多年来首位获奖的中国大陆科学家，令人瞩目！屠呦呦素无博士学位、无留洋背景、无院士头衔，被称为“三无科学家”。可她是如何一举摘取诺贝尔奖桂冠的？她有何成功秘诀？让我们跟随作家陈廷一的笔触，走进屠呦呦神秘的人生之旅……

青蒿，古名“菣”。春生苗，叶极细，嫩时人亦取，杂诸菜食之，至夏高四五尺，秋后开细淡黄花……根、茎、子叶并入药用。此蒿生挪敷金疮，大止血，生肉，齿疼痛良。

——摘自［宋］苏颂《图经本草》

## 一、走近屠呦呦

仿佛横空出世，“屠呦呦”这个名字突然间在中国的媒体上铺天盖地地闪亮登场，盖因上了被誉为诺贝尔奖“风向标”的拉斯克奖名单之后，中国女科学家屠呦呦又荣获诺贝尔奖。

呦呦鹿鸣，食野之蒿。

2015年注定是属于中国人的光辉年，从科幻小说《三体》获得国际文学大奖雨果奖，到中国70周年抗战胜利纪念大阅兵，世界的目光无不聚焦迅速崛起的中国。

多喜临门，在国庆节后的第五天又传来一则好消息：10月5日，中国女科学家屠呦呦获得诺贝尔生理学或医学奖。

从小就低调的屠呦呦长大后仍然不喜欢热闹的场面，即使在名扬天下后，对于一般的邀约也是能推则推。我幸运地通过同事拨通屠呦呦的手机，与她取得了联系，她终于答应接受采访。

踏着北京初冬的第一场瑞雪，迎着凛冽的寒风，走了半天的冤枉路，我终于寻到屠呦呦居住的社区。应该说这是北京城里的老旧小区，与周边崛起的千奇百怪的高楼大厦相比，这幢10多年前的建筑，显得有些陈旧。不过小区整洁、安静，冬青长青，绿化到位，每幢单元楼之间的间距也很大，走在里面十分惬意、舒服。

在屠呦呦家的单元楼门口，坐着一位身穿绿大衣的保安，这是其他单元楼没有的“配置”。很明显，他是小区专门安排在这里的“屠呦呦挡客”。我说明了来意，坐电梯到了屠呦呦居住的楼层。

这一层共有6户人家，3户贴着对联，另外3户的门面干干净净，哪一户是屠老家？我还不清楚，我所了解到的信息，只精确到老人所住的楼层。

少顷，隐约传来一个人打电话的声音，贴着门缝仔细听了听：“对，对，这几天来看我们的人太多了，谢谢你！”淡淡的宁波口音，我想就是她了。

刚要按门铃，屠呦呦的丈夫李廷钊打开了门，我作了自我介绍。对方说：“进来吧，我家老屠已经推掉了很多采访。”

屠呦呦的家宽敞整洁，进门的书柜中摆满了老人获得的各种奖牌、奖杯，其中最醒目的是2011年国际医学大奖美国拉斯克奖授予她的临床医学研究奖。细看房间很干净，偏中式的装修，家具的色调以棕红色为主。客厅的钢琴上摆着两小盆波斯菊，一盆红色，一盆黄色。客厅与阳台被大大的落地玻璃门隔开，阳台上，安静地躺着8个大花篮，都是这几天收到的。

屠老穿着红色的上装，精神矍铄，完全不像85岁高龄的老人。

她从沙发上慢慢站起来，满脸笑容地迎接我。我送去了对她荣获诺贝尔奖的祝贺，她淡雅地笑了，自我调侃地说："我是呦呦鹿鸣，食野之蒿。这个青蒿素是传统中医药送给世界人民的礼物。青蒿素的发现是集体发掘中药的成功范例，获奖是中国科学事业、中医中药走向世界的一个荣誉。这可不是我一个人的功劳。"

我问，什么时间到瑞典领奖去？她说，按照流程，12月10日得去瑞典领奖。但她又说："要看我这条老腿让不让去了。"她指了指自己的膝盖："好疼。"

2011年，她在丈夫李廷钊的陪伴下，从美国领回了有"美国诺贝尔奖"之称的拉斯克奖，而这一次，她觉得去瑞典有点困难了。

在2015年6月，她又获得了哈佛大学颁发的医学院华伦·阿尔波特奖，"是我在美国的女儿代我去领的"。这个奖还没拿回来，就传来获诺贝尔奖的消息了。

屠老说消息来的时候，她正在洗澡，一个接一个的祝贺电话打到家里，"我还以为是哈佛的那个奖"。

我们的采访持续了一个多小时，临近10点时，屠呦呦的老伴李廷钊抬头看了看墙上的挂钟示意我说："还有领导要来。"

从屠老的单元楼下来，太阳已经从东面转到头顶，望着我投射在地上的身影，我默默在想：屠呦呦的名字不仅因"呦呦鹿鸣"而雅致，而且因"食野之蒿"将被人类永远记住。当她把名字中所蕴藏的人文密码认定为一生的职业宿命时，"青蒿素"的神话故事便成了中国科学界的诺贝尔传奇—— 一个鲜为人知的密码。

这篇文章将带你走近屠呦呦的心灵深处，走进中国医药科学走过的半个多世纪历程，揭开诺贝尔奖之谜，以及她留给当代人乃至后人的启示……

## 二、“呦呦鹿鸣”，诗意一般的名字

翻开地图，你可以看到宁波是一个海港城市。

宁波的历史可以追溯到7000年前的河姆渡文化。夏时，宁波所在地区称为鄞。唐朝，称宁波为明州。同时，宁波依赖地理优势成为全国最大的开埠港口，与日本、高丽均有非常频繁的贸易往来，对外贸易的进一步发达使得宁波成为海上丝绸之路的出发地。元代，宁波已经成为南北货物的集散地和全国最为重要的港口之一。清代，宁波出现了全国闻名的著名学派——浙东史学（又称“浙东学派”），与西方的交流也日渐频繁。鸦片战争后，1844年，宁波开埠。外资的进入使得宁波本土经济受到重创。此时，宁波商帮开始转变为近代商人，并将新兴的上海作为主要活动地点，对上海的城市建设和文化发展产生了重要的影响。民国时期，宁波经历战乱，经济发展起伏很大。1916年8月底，孙中山考察宁波，在当时的浙江省立第四中学（今宁波中学）发表讲话，鼓励商人积极经营并敦促宁波改善市政。但是，在同一时期，军阀混战也给宁波带来了动荡。1917年，军阀蒋尊簋、周凤岐等人宣布宁波“自主”，与浙江省督军杨善德军队交火，周凤岐溃军进城抢掠。1927年1月至2月，国民革命军击败孙传芳部军阀，进入宁波。同年3月至7月，由于国民党清党，宁波也发生了一系列国共之间的冲突，其中的一些冲突直接由蒋介石导致。这些动荡直到20世纪30年代方才有所缓解。

屠呦呦正是在这个动荡的年代在宁波降生。

1930年12月30日黎明时分，宁波城的上空还响着稀疏的枪声。居于宁波市开明街508号的屠家，传来了婴儿“呦呦”出世的声音。

这是屠家迎来的继3个儿子后终日所盼的唯一的“千金”。

呦呦哭声，犹如鹿鸣。

呦呦的声音使呦呦的父亲屠濂规沉浸在呦呦到来的幸福之中。他随口吟诵出《诗经·小雅》中的著名诗句“呦呦鹿鸣，食野之蒿……”

“女诗经，男楚辞”是中国人古而有之的取名习惯。于是，当家的父亲便给小女取名呦呦，呦呦之声永远地荡漾在父亲的听觉之中，以表示他对于女儿的喜爱、庆贺，以及未来神话般成长、发展的期待。应该说，屠呦呦的传奇人生正是沿袭父亲神话般的期待走下来的，无可复制，完美无缺。

父亲在吟完“呦呦鹿鸣，食野之蒿”后，意犹未尽，又对仗了一句“青青蒿草，报之春晖”。似乎这才富含哲理，这才对仗完美。这四句充满童话般的诗，使呦呦度过了幸福诗意的童年和人生。

尤其是“青青之蒿，报之春晖”，竟使呦呦一生在冥冥之中与青蒿结下了不解之缘。

整个孩提时代，屠呦呦一直生活在宁波开明街——这片地处中心城区的“莲桥第”区域，令屠呦呦从诗意童年起就浸染于旧时宁波最为精致、最为小桥流水、细雨朦胧的江南气息中。

江南，本就是人之向往的地方，而江南的宁波古镇更是非去不可的地方。那里的人美丽、温婉，那里的水清清、细腻，让人陶醉其中，不想离开。

这里八面来风，五方交会。风情万种的《夜上海》《夜来香》等民国歌曲，光怪陆离的古老中幡、肚皮拉车等民间杂耍，拍案叫绝的皮影戏、木偶戏等民间戏剧，如火如荼的斗鸡、斗狗表演，一一精彩纷呈、叹为观止。漫步于商业作坊街，体验濒临绝迹的造纸、酿酒、榨油、打铁等传统行当。进入民间小吃坊，江南小吃姜糖、打年糕、老嫩豆腐也应有尽有。尤其是清晨街边的叫卖声，清脆悦耳，让您乘兴而来，尽兴而归，在娱乐中感受民国沧桑，在休闲中领略百业精彩。这给屠呦呦的童年时期留下了永不泯灭的记忆。

从这片水乡美景向东步行3公里左右，则是1930年宁波城的另一处精华所在——三江口。姚江和奉化江，一个由北而下，一个由南而上，相汇于此处，然后合二为一，投身甬江，经镇海的招宝山入海口后，向着东海奔腾而去。一时间，宁波人可以将大半个中国纳入其贸易视野。与此同时，三江口的江厦码头也一度兴盛不已，千帆竞发，百货流通……于是便又有了那句俗话："走遍天下，不及宁波江厦。"

不过，在屠呦呦的儿时记忆里，三江口的繁华，一定不如距家不到两站地的天一阁更具有吸引力——这是城中最大的图书馆，她在这里博览了她喜爱的群书。

同时，天一阁顶层的藏书楼，里面还收藏了两本关于屠呦呦家族的宗谱：一是父辈《甬上屠氏家谱》，二是母辈《鄞县姚氏宗谱》。两本宗谱记录着两家数百年的家训，共同向我们昭示着家族兴盛之道——重学重教、礼义传家、踏实做人，传递着关于立身处世、治家持业的谆谆教诲。翻阅宗谱，屠呦呦家族重教兴义、累仁积德的家风跃然纸上。

在宁波，屠家称得上名人辈出、家学深厚，而屠呦呦母系所在的姚家也是书香门第。两家皆为名门望族。

宁波文史研究者袁良植介绍，屠家祖先在南宋庆元年间从江苏常州府无锡县迁居至宁波，至今绵延达800余年。中间出过包括吏部尚书、太子太傅赠太保屠滽，文学家和戏曲家屠隆，博物学家屠本畯等，既有高官显贵，又有文人墨客。

历史总有惊人的巧合之处。

在屠家宗谱里，屠本畯这个名字让人惊奇。数百年前，他就从事着生物药品研究工作，著有《闽中海错疏》《海味索引》《闽中荔枝谱》《野菜笺》《离骚草木疏补》，其中《闽中海错疏》成书于明万历丙申（1596年），是中国最早的海产动物志，在江浙一带闻名遐迩。

重读书，好探究，时间跨越数百年，屠家两位生物药品研究者在冥冥中产生了一次神奇的交集。在祖国医学史的星空中，屠呦呦和她的祖宗屠本畯，相映生辉，光彩照人。

再说宁波开明街26号姚宅，是屠呦呦外婆家，它像“外婆的澎湖湾”一样承载了屠呦呦另一段少年时代的记忆。

这是开明街旁当下仅存的一幢典型民国建筑，已成文物，由屠呦呦的外公姚咏白兴建。

这幢坐北朝南的建筑，由前厅、大厅、正楼、后屋组成。前厅和大厅为三间二弄的二层楼房。饰车木栏杆，廊楼板端面有卷草纹雕饰。正楼为面阔三间一弄、进深五柱的高平屋，五脊马头山墙。后屋为三间一弄硬山式高平屋。穿过空荡荡的大厅，可见一个不宽敞却温馨的小院子。一株高大的乔木用繁茂的枝叶遮蔽了正楼的面貌。深秋时节，红叶会悄然铺满院子，像一幅《秋实图》刻印在屠呦呦的脑海里。

在素有尊师尚道之风的宁波，姚咏白曾任上海法学院、复旦大学、厦门大学教授。给呦呦最深的印象是外公身穿长袍、脚蹬布鞋、满脸慈祥的形象。

在屠呦呦父亲屠濂规的个人档案中，还记载着他早年工作于上海太平洋轮船公司，后来又做了银行职员。屠呦呦幼年，父亲常年在上海工作，两地分居，所以屠母带着她住进了外公外婆家。在这座大宅门内，屠呦呦与众多亲人一起，共同度过了那段动荡的岁月，常常听到日机的轰炸声和吓人的防空警报声，声声灌耳。

姚宅的周边邻居中，曾会集大批名人，包括元代“甬上第一学士”袁桷、一代邮票设计大师孙传哲、宁波帮巨子李镜第……堪称文人荟萃、望族云集。

在屠呦呦之前，姚宅内最出名的当数她的舅舅——著名经济学家姚庆三，是影响民国的英雄人物。

生于1911年的姚庆三，1929年毕业于复旦大学，随后留学法国，毕业于巴黎大学最高政治经济系。归国后，1931年起他开始任职于上海交通银行总管理处，投身中国货币研究。1934年，姚庆三的专著《财政学原论》出版，这也是中国最早的财政学教科书之一。

1934年6月，美国通过购银法案，使国际银价上升，中国白银大量外流。对此，南京国民政府即使开始征收白银出口税，也未能解决问题。这在当时的经济学界、金融学界也爆发了一场有关白银问题与改革币制的大讨论。持不同观点的经济学家马寅初与支持实行货币改革的姚庆三等学者展开了舌战，震撼了民国学界。

直至1935年11月，姚庆三等学者的观点被采纳，法币改革开始，这是中国货币体系现代化过程中迈出的关键一步。

姚庆三与西方经济学大家凯恩斯也缘分颇深。

可以说，将凯恩斯学术思想引入中国，并留下中国第一批研究凯恩斯理论文献的人，正是姚庆三。

1953年起，姚庆三开始在新华银行香港分行任职，并于1979年调到中国建设财务有限公司（香港）任职至1985年。这两家机构，皆为香港中银集团的前身，从42岁到75岁，姚庆三始终为祖国海外金融事业的繁荣贡献良多。同时，姚庆三也是屠呦呦父亲进入银行界的引领人。

这个出色的舅舅使呦呦敬仰一生，成为她一生的榜样。

如今她已八旬高寿，离开宁波60多年了，仍是一口的宁波腔，她对宁波的记忆犹新，可见她对家乡、故人的眷恋程度和家国情怀。

## 三、“呦呦”哭声，注定她生不平庸

屠呦呦爱哭。

在襁褓时，她就常哭，渴了也哭，饿了也哭，黑天也哭，白天也哭，动不动就哭，而且哭得没完没了，闹得四邻不安。都说屠家生了个“哭叫子”，呦呦鹿鸣，是鹿的转世。

父亲屠濂规听了这话，暗暗窃喜，他笃信玄学，再加上囡囡的哭声很似鹿鸣呦呦，他认为小女名字起对了，从她发出的第一声哭啼，就是这种鹿鸣的感觉，难怪街坊四邻亦这样说。

父亲屠濂规很欣赏这种“呦呦”的哭声，像是一种音乐，洋溢在他的心田，有一种醉醉甜甜的感觉。这种声音弥漫在屋里屋外，里弄院外，他不认为这是扰民，而是一种和谐美满的幸福。他能在这种“呦呦”的音乐声中眠而不醒。

而母亲姚氏并不这样认为，她认为这是一种不祥的预兆，是一种病理的反射。小女每一场长时间的哭泣之后总是眼泪汪汪的，这让做母亲的心急如焚。她抱着孩子去医院看大夫，大夫说哭是孩子的天性，爱哭不是坏事，注定你的爱媛生而不平凡。说得母亲破涕为笑，揩去眼中幸福的泪花。

出身于书香门第的屠呦呦，5岁时被父母送入家门前的幼儿园，转年进入宁波私立崇德小学初小，扎着鹿角辫，成为一名小学生。11岁起就读于宁波私立西小学高小，13岁起就读于宁波私立器贞中学初中，15岁起就读于宁波私立甬江女中初中。

民国初年，女孩放脚、求学、走向社会，男女平等之风已如冰山开化。尤其是上海的宋氏三姊妹，花光了她们的嫁妆钱，被父母送到大洋彼岸的美国求学，大学毕业后三朵金花纷纷回国，光鲜耀人，一个嫁给广东的孙中山，一个嫁给了宁波的蒋介石，一个嫁给了山西的孔祥熙。她们的榜样风范在江浙一带被人高歌、效仿。犹如一股暖流，抑或一股旋风在江浙风行。与整个宁波重教之风相应，按照父母的安排，屠呦呦开始了求学之路。女孩也要去读书，这更与屠家对子女教育一贯的重视密不可分。屠呦呦的父亲屠濂规也受这股风的影响，特别重视女孩的读书和教育。作为家中唯一的女孩，屠呦呦从小就开始接受了完整的教育。

不幸的是，屠呦呦的学生生涯到1946年戛然而止。

这一年，16岁的屠呦呦经受了一场灾难的考验——她不幸染病，高烧不退，被迫中止了学业。

起初，大夫诊断是疟疾发作。

这种病民间叫“打摆子”，发病有规律，时热时冷，在我国南方发病率居高不下，北方也有，全世界都有，尤其是东南亚国家更是重灾区。得病快，治愈率低，死亡率高。

大夫经过仔细观察，又否定了疟疾，最后确诊为肺结核，闹得家人虚惊一场。倘若是得了疟疾，在当时是没有救的，因为当时还没有青蒿素这种救命药。现在是有了，那应是屠呦呦的功劳。我们在采访中询问屠老，屠老自我调侃地笑说：“我之所以不是得疟疾而是肺结核，主要是青蒿素这种救命药还在等待我去研究、发现。倘若说我真正得了疟疾倒下，就不会有今天的青蒿素问世了。看来这是上天在冥冥中的安排。”

正是那场突如其来的病急乱投医，使16岁的少女屠呦呦第一次听到“疟疾”二字。这个吓人的病魔，在当时是与死亡画等号的。她也为自己最终没有被确诊为“疟疾”而庆幸不已。同时，反而使她下定了决心——“我要学医，拿下疟魔，救死扶伤，贡献社会”。

应该说，一代大药学家的原始起点，抑或诺贝尔生理学或医学奖的因子，就是源自这种“救死扶伤”的朴素愿望。

家教的熏陶，也让屠呦呦对医药渐生了极大的兴趣。

父亲屠濂规平时喜好读书，也影响了女儿。家中楼顶上那个摆满古籍的小阁房，既是父亲的书房，也是屠呦呦最爱的去处。父亲看书时，屠呦呦也会坐在一旁，装模作样摆本书看。虽然看不太懂文字部分，但是中医药方面的书大多配有插图，既读书也识字，何乐而不为呢？

乐趣是在学习中建立的。那个小阁房成为少年屠呦呦的阅览室。多本医学古籍如《黄帝内经》《神农本草经》《伤寒杂病论》《千金方》《四部医典》《本草纲目》《温热论》等，都曾在那段时间与屠呦呦“亲密接触”。

屠呦呦记得，当时年纪小，识字不多，但是在磕磕绊绊中，认得了几百种中草药的名字。接着她又读了本家屠本畯的著作——《闽中海错疏》《海味索引》《闽中荔枝谱》《野菜笺》《离骚草木疏补》等，她立志要像先祖一样，成为一名药物学家。

在我采访她的时候，她说父亲是支持她学医的，家族的支持又给了她新的动力，添加了新的翅膀。

## 四、疾病来袭，中途辍学两年

时间到了1948年秋月。

因肺结核休学两年，病情好转，青葱岁月的屠呦呦开始进入宁波私立效实中学高中班就读。

“长得还蛮清秀，戴眼镜，鹿角花辫，一个宁波小姑娘的样子。”这是老辈的家乡人对少年屠呦呦的印象。

效实中学是宁波名校，早年父亲屠濂规也从这里毕业。和屠呦呦一班的同学李廷钊对她的到来有着新鲜感，以至于后来默默地暗恋着她。

创立于1912年2月的效实中学，由中国早期物理学家何育杰以及叶秉良、陈训正、钱保杭等一批著名的科学家，联手宁波当地实业家李镜弟共同创办。学校以“以私力之经营，施实川之教育，为民治导先路”为宗旨，创校之初就提出了“教育之事，贵有适性，与人适意志，与地适风尚，与时适际遇”的教育理念。

学校办至1917年时，早已声名鹊起。名校上海复旦大学及圣约翰大学皆与效实中学订约，凡效实中学毕业生皆可免试，直接保送入学。

1948年2月，当屠呦呦以同等学历进入效实中学读高中一年级时，学校刚刚从抗日战争的战火中走出不到3年。在1941年4月宁波沦陷后，直至1945年10月25日，效实中学才得以复教，这一天，也成为后来的宁波效实中学校庆纪念日。

这所以"忠信笃敬"为校训的中学，有着令人啧啧称奇的院士校友群体。迄今为止，这里已走出了15位中国科学院院士、中国工程院院士。与天津的南开中学、北京的四中、汇文中学颇为相似。

在1955年，就有3位从效实中学走出的科学家当选中国科学院院士——化学家纪育沣，1916年肄业于宁波效实中学旧制第三届；实验胚胎学家童第周，1922年毕业于宁波效实中学旧制第九届；土壤农业化学家李庆逵，1930年肄业于宁波效实中学高中部。1980年，又有5名曾经的效实学子——地球物理学家翁文波、土壤化学家朱祖祥、遗传育种学家鲍文奎、核物理学家戴传曾、医学家陈中伟，当选为中国科学院院士。1995年，则有5位当年的效实学子，包括材料科学家徐祖耀、电磁场与微波技术专家陈敬熊、核技术应用专家毛用泽、无机化工专家周光耀、核武器工程专家胡思得，分别当选中国科学院院士和中国工程院院士。1997年，又有两位效实校友——电子信息系统工程专家童志鹏、土木结构工程和防护工程专家陈肇元，当选为中国工程院院士。

这15位"产自"效实中学的院士，也成为宁波作为"院士之乡"的最大的骄傲。

虽身在名校，高中阶段的屠呦呦整体学业成绩并不算拔尖。当年，这位在效实中学学号为A342的女生，高中学籍册和成绩单中清晰地列着——语文平均成绩71.25分，英语平均成绩71.5分，数学平均成绩70

分，生物平均成绩80.5分，化学平均成绩67.5分。

生物成绩能如此突出，也源于屠呦呦对生物课的特别喜欢。每次生物老师在课堂上讲课，屠呦呦都听得津津有味。有一次，老师开玩笑似的说："如果其他同学都能像屠呦呦一样勤学好问，认真听讲，我即使再辛苦也开心！"

屠呦呦承认："那时的我很文静、很低调。"读高中时，她表现并不是很突出，但是读书却很认真。同学陈效中回忆："她很普通，衣服穿得也很朴素，不是特别引人注目，属于默默无闻型的。"

效实中学对于屠呦呦，除了学习，还有另一层渊源——她正是在这里和李廷钊成为同班同学。当时在班中交流甚少的二人，未曾想到，多年之后会成为夫妻。

1950年3月，屠呦呦转学进入宁波中学读高三，这是她在宁波求学生涯的最后一年。

屠呦呦就读于宁波中学时的班主任徐季子老师，曾给这名当时并不起眼的女学生写下鼓励的评语："不要只贪念生活的宁静，应该有面对暴风雨的勇气。"使她重拾医药救国信念，在她的报考志愿表中毅然决然地写下了"北京大学医学部药学系"，亦令当年同班同学、后来是北京大学常务副校长的王义遒，中科院院士石钟慈、著名学者兼出版家的傅璇琮，刮目相看。

## 五、向医而行，北大医学部的骄子

1951年，是新中国诞生的第三年，屠呦呦以优异的成绩考取了北京大学医学部药学系，成为共和国的第一代骄子。

收到录取通知书那天，父亲让母亲多做了呦呦爱吃的几个菜，请来了亲朋好友，以示庆贺呦呦的录取。父亲喝点小酒，在庆贺中又吟诵了他心中的诗：“呦呦鹿鸣，食野之蒿；蒿草青青，报之春晖。”接着他说：“我们的呦呦，考上北大药学系，研究《本草纲目》，食之蒿草，是真正的名副其实了。望你步步登高，永不退缩，爸爸妈妈就是你的坚强后盾，让我们共同干杯庆贺。”在一阵碰杯声中，呦呦表示了自己北去求医的决心，激起了大家的掌声阵阵……

在呦呦接到北京大学录取通知书的第二天，她隐隐约约听到，还有几个同班同学被北京高校录取，其中包括她未来的丈夫李廷钊同学，考进了北京工业学院，即今天的北京理工大学钢铁系。当时的李廷钊对屠呦呦来说还谈不上有什么好感。他们心仪相爱，则是以后的浪漫。

20世纪50年代的北京大学医学部，在这座千年古都中显得颇为洋气。设在北京市西城区西什库天主教堂附近的校园，学子们每天抬头可见的，是典型的西方哥特式建筑。在校期间，屠呦呦和同窗们的实验室和宿舍则设在附近的菜园胡同13号。

报到那天，屠呦呦是带着她对未来的自信和憧憬，抑或她的医学梦和父亲的期待——“呦呦鹿鸣，食野之蒿；蒿草青青，报之春晖”，昂首阔步走进大学校门，并在校门前留了影。

当年的同窗周仕锟回忆，他们这一班，按入学年份排序，称为药学第八班，全班一共七八十人。与屠呦呦同龄的周仕锟记得，他们在班上年龄相对较大，被称为学姐学兄，最小的同学比他们小3岁。

升入大四，各班分科，按照不同方向分为药物检验、药物化学和生药3个专业。这一班的学生中，选药物化学的最多，有40多人；选择生药的最少，只有12人，其中就有屠呦呦。

生药的英文为Crudedrug，意指纯天然未经过加工或者简单加工后的植物类、动物类和矿物类中药材。

屠呦呦从入学的那天起就像一只美丽的小鹿，闯进无垠的蒿海里，尽情地享受着“食野之蒿”，在父亲期待的路上奔腾、寻觅。据考证，蒿，即青蒿。呦呦这个名字和青蒿这种植物，跨越2000多年，以这种奇特的方式联系在了一起。这为一个科学家的故事增添了几分令人遐想的诗意。然而，现实中，这位传奇的人物的人生关键词里，基本是没有诗意这一层的。她是一个苦读生，在宽敞明亮的图书馆里，她翻阅了几乎所有的古医典，如《神农本草经》《黄帝内经》，张仲景的《伤寒杂病论》、孙思邈的《千金方》、陶弘景的《本草经集注》、宋慈的《洗冤集录》、许国祯的《御药院方》、刘完素的《素问玄机原病式》、张子和的《儒门事亲》、朱丹溪的《格致余论》、李东垣的《脾胃论》、李时珍的《本草纲目》、刘文泰的《本草品汇精要》、吴又可的《瘟疫论》、徐春甫的《古今医统大全》、叶天士的《临证指南医案》、吴鞠通的《温病条辨》、王孟英的《温热经纬》、薛生白的《湿热条辨》、王清任的《医林改错》《古今图书集成医部全录》《圣济总录》，等等。

在中华医学宝典的海洋里，她找到了青蒿的解释：“青蒿，古名‘菣’。民间又称作臭蒿和苦蒿。春生苗，叶极细，嫩时人亦取，杂诸菜食之，至夏高四五尺，秋后开细淡黄花……根、茎、子叶并入药用。此蒿生挪敷金疮，大止血，生肉，齿疼痛良。”

同时，她也觅到了青蒿入药治疟的妙方。中国最早见于马王堆3号汉墓出土的古书《五十二病方》，其后的《神农本草经》《补遗雷公炮制便览》《本草纲目》等典籍都有青蒿治病的记载。

有趣的是，诗云“呦呦鹿鸣，食野之蒿”一语成谶，千百年过去，呦呦爱蒿、学蒿、用蒿、吃蒿，因蒿出名，轰动了全世界，怎么偏巧正是这位屠呦呦呢？难道世间还真有冥冥之中的神话和预言吗？

当年与屠呦呦选择同一专业的王慕邹，退休前为中国医学科学院药物研究所研究员。他说，当时生药专业毕业的学生，更多的去向是做研究，而药物化学专业更多与全国各大药厂相关。对生药专业的屠呦呦而言，生药学课程就比其他专业课时多些，其主要内容就是学习各类原产中药材的分类、认识，以及通过显微镜切片观察其内部组织等。给他的印象是，屠呦呦搞实验一丝不苟，十分认真，有时近乎苛刻。

当时，开设生药学的是楼之岑教授，这位1951年刚刚回国的留英博士，也是生药专业唯一的教授。后来，楼之岑曾任中国药学会理事长，是中国现代生药学的开拓者之一。她对屠呦呦印象更深刻，说她是个低调又能吃苦的好学生。

当时屠呦呦大学学习的背景是1950年8月，第一届全国卫生会议召开。毛泽东提出的“面向工农兵、预防为主、中西医结合”是新中国卫生工作的三个基本原则。

1953年12月，毛泽东在听取时任卫生部副部长贺诚汇报工作时，给予中医高度评价：“我们中国如果说有东西贡献全世界，我看中医是一项。我们的西医少，广大人民迫切需要，在目前是依靠中医。对中医的团结要加强，对中西医要有正确的认识。”

把中医放到中国对世界的一大贡献的高度，足见毛泽东对中医非常重视。

1954年，毛泽东又专门针对中医药问题作出批示：“中药应当很好地保护与发展，我国中药有几千年的历史，是祖国极宝贵的财富，如果任其衰落下去，那是我们的罪过。中医书籍应进行整理。应组织有学问的中医，有计划有重点地先将某些有用的，从古文译成现代文，时机成熟时应组织他们结合自己的经验编出一套系统的中医医书来。”

屠呦呦正是在这个大背景下，完成大学本科专业的。时代的潮流追逐督促着她，在宁静的校园里，屠呦呦学习刻苦，勤勤恳恳，踏踏实实，但成绩并非十分拔尖，也并非不堪。她对课外文体活动不太热衷，做事为人非常低调。熟悉她的周仕锟与王慕邹都用了“非常普通”来形容对大学时代屠呦呦的印象。

1955年，是新中国第一个五年计划的第三年，经历4年的寒窗苦读，屠呦呦终于完成了大学学业。

正是在这一年，直属于卫生部的中医研究院开始筹建，也就是现在的中国中医科学院，从全国各地抽调一批名老中医到北京，充实中医研究的专家力量。作为刚刚毕业的大学生，头扎鹿角辫的屠呦呦，洋溢着青春活力，被分配到该院中药研究所工作。

1959年，参加工作4年后的屠呦呦，积极响应毛主席的号召，报名参加了卫生部举办的为期两年半的“全国第三期西医离职学习中医班”，开始系统全面地学习中医药知识。倘若说北大的求学偏重于西医专业，这次历时两年半的学习则是中医药学习，使她打下了坚实的中西医贯通的知识基础，为她以后发现青蒿素家族埋下了伏笔，抑或机遇留给有准备的人。

## 六、爱情敲门，助理研究员的传奇人生

大学时期的屠呦呦是“两耳不闻窗外事，一心只读圣贤书”。参加工作后的屠呦呦，却是一个工作狂。

1956年，全国掀起防治血吸虫病的高潮。她和自己的大学恩师楼之芩共同完成了对有效药物半边莲的生药学研究。1958年，这项研究成果被人民卫生出版社出版的《中药鉴定参考资料》收录；此后，屠呦呦又完成了品种比较复杂的中药银柴胡的生药学研究，1959年，这项成果被收入《中药志》……她收获了一项项科研新成果，可将近30岁了，感情上还是一张白纸。这可急坏了宁波老家的父母，可是远水不解近渴——干着急。呦呦给父母的回答是：不是我不找。爱我的人我不爱，我爱的人还没到。

殊不知，在熟悉她的朋友们眼中，屠呦呦是另外一个样子——她是一个粗线条的“马大哈”。

“屠呦呦生活上粗线条，不太会照顾自己，一心扑在工作上。”屠呦呦的高中同班同学、清华大学数学系老教授陈效中曾经讲过屠老生活中鲜为人知的故事。

“有一次，她的身份证找不到了，让我帮忙找找。当我打开箱子，吓一跳，我发现里面东西放得乱七八糟的，不像一般女生收拾得那么妥当。

“还有一次，我们几个人到宁波出差开会，她因为还要出席一个重要场合，多留了一晚，第二天单独坐火车回京。想不到，发生了一件非常好笑的事——火车停靠途中站点时，屠呦呦下车走了走。结果，火车开走了，她竟然被落下了。

“由于她过于专注于工作，她的爱情亦像是生活中的列车，也把她抛下站了。

“从一方面看，屠呦呦是失落不幸的，从另一方面看，有人在偷偷地暗恋着她，她又是幸福的。这个男人不是别人，正是宁波效实中学的同班同学——李廷钊。此时的李廷钊已是一位优秀的工程师。他从北京工业学院毕业后，被分配至马鞍山钢铁厂。后来，他又留苏学习钢铁冶金5年半，从钢铁实务、科研到管理，他的人生与钢铁结下了不解之缘，并在业内小有名气。他看好屠呦呦的做事为人，从中学分别后，一直在暗恋着她，从没有机会表白。

“且说分配到马鞍山工作的李廷钊，有个姐姐恰好在北京工作，因为都是同乡，屠呦呦也常会同李廷钊的姐姐会面，当在中学时就对屠呦呦有好感的李廷钊从马鞍山到北京看望姐姐时，也常会遇到老同学屠呦呦。姐姐看出他们间的爱慕，主动当起了红娘，远在千里红线牵，一来二往，两颗年轻的心，中学时代很少交流，大学时代断绝交流，而后犹如磁铁一样，渐渐变得相互欣赏、吸引，成了天生的一对。

“1963年，他们在北京重逢两年后，正式走进了婚姻殿堂。不久，又迎来了他们的爱情结晶——大女儿和小女儿的降生。”

有朋友戏称，李廷钊与屠呦呦的结合，是传统（中药）与现代（钢铁）的融合，他们的结合一定会碰出火花，耀眼世界。

屠呦呦自己承认，要让身边的生活琐事变得井井有条，“我依然不灵光，成家后，买菜、买东西之类的事情，基本上都由我家老李做”。屠呦呦口中的“老李”，是她的丈夫李廷钊。

婚后，两口子有共同的理想——为国奉献。

屠呦呦告诉我："我和我先生应该算是生在旧中国、长在红旗下的第一代。从小接受的教育，都是告诉我，服从组织，忠于组织，把自己献给组织，组织包管你的一切。组织里的领导找下属谈话，最典型的一句话是，你只管好好工作，努力完成组织交给你的任务，你的个人问题，组织会替你考虑。交给你任务，就要努力工作。只要有任务，孩子一扔，就走了。"说起往事，屠呦呦显得很淡定，那时，她被派去海南岛试药，老伴李廷钊则被派去云南的五七干校。为了不影响工作，他们咬牙把不到4岁的大女儿送到了托儿所，把尚在襁褓中的小女儿送回宁波老家。由于长时间的骨肉分离，以至于大女儿被接回来的时候都不愿叫爸妈了。

在小女儿李军的朦胧记忆里，自己第一次对母亲有清晰印象，已是3岁多。那天，在外公外婆家门前的小巷口，李军远远就瞧见一个阿姨，拎着行李快步走来，张开双手，嘴里不停地叫着自己："小军、小军，我是你的妈妈……"

小军却下意识地往后退了好几步，那一刻，在小女孩的脑中，已经没有"母亲"的记忆，她不知道，眼前这个风尘仆仆的阿姨，就是自己脑中想象过无数次的母亲——屠呦呦。长大后的小军至今也纳闷，母亲那时如何能认出自己。

3年至4年才能有一次的母女相会，一直持续多年。于是，女儿李军在很长时间里无法理解母亲，认为母亲抛弃了自己。

每次都颇为"陌生"的母女相会，也让屠呦呦暗暗怀疑过自己当初的选择。她的选择，在现在看起来有些不近人情，对于如今家中摆满女儿和外孙女照片的屠呦呦和李廷钊而言，那是迫不得已，是那个年代的人都理解的——服从组织，别无选择。

像父母当初的选择一样，如今两个女儿也都以父母为榜样，选择了自己奋斗的人生，她们皆是成功者。

## 七、光杆司令，“523”课题组组长

地球的旋转，旋转的地球。

当时间定格在1969年的时候，正是“文化大革命”的第三个年头。

大乱到大治，全国革命派的大联合汹涌澎湃……中医研究院是“文化大革命”的重灾区。大字报贴满全院各个角落，科研几近处于停止状态。

然而，这一年的1月21日，助理研究员屠呦呦迎来了她科研人生的重要转折。

这一天，中医研究院来了两个神秘的人，一高一矮，一位穿军装，一位穿便装。他们自称是中央“523”办公室的人。

“523”很新奇，有何秘密？

屠呦呦脑子转了几圈也想不明白，后来才打听到，原来这是一个素未听闻的全国大协作的疟疾科研项目——“523”为其秘密代号。

疟疾，中国民间俗称“打摆子”，在今天的中国已基本绝迹。多数人对它的认知来自反映战争年代或者更久远年代的影视剧或文学作品。疟疾病人发起病来如坠冰窟，颤抖不止，冷感消失以后，面色转红，发绀消失，体温迅速上升，通常发冷越显著，体温就越高，可达40摄氏度以上。高热患者痛苦难忍。有的辗转不安，呻吟不止；有的谵妄，甚至抽搐或不省人事；有的剧烈头痛、顽固呕吐；患者面赤、气促。通常持续2～6小时，个别达10余个小时。症状处间歇性，死亡率极高。

在历史长河中，将疟疾列在蹂躏人类最长时间疾病的榜首可能都不为过。早在公元前二三世纪，古罗马的文学作品中，已经写到出现了疟疾这种周期性疾病。在我国，现存最早的中医理论著作——成书于先秦时期的《黄帝内经》中也有对疟疾的详细记载。

古时人们对这种传染疾病束手无策，甚至认为是神降于人类的灾难。苏美尔人就认为疟疾是由瘟疫之神涅伽尔（Nergal）带来的，古印度人则将这种传染性和致死率极高的病称作“疾病之王”。古希腊的亚历山大大帝和文艺复兴初期的意大利著名诗人但丁，均死于这种凶如猛虎的疟疾。

但丁虽然死了，在《神曲·地狱篇》却留下了他对疟疾恐惧的深度描绘，看了令人发指。他说：犹如患三日疟的人临近寒战发作时/指甲已经发白/只要一看阴凉就浑身打战/我听到他对我说的话时就变得这样/但是羞耻心向我发出他的威胁/这羞耻心使仆人在英明的主人面前变得勇敢。

在中国的兵书征战史上，疟疾也是一名常客。

汉武帝征伐闽越时，“瘴疠多作，兵未血刃而病死者十二三”；东汉马援率八千汉军，南征交趾，然而“军吏经瘴疫死者十四五”；清乾隆年间数度进击缅甸，都因疟疾而受挫，有时竟会“及至未战，士卒死者十已七八”。

值得人们关注的是，当时正在进行的是美国发起的越南战争。

越南战争，简称越战，是美国等资本主义阵营国家支持的南越，对抗社会主义阵营国家支持的北越和越南南方民族解放阵线的一场战争较量，发生在冷战时期的越南、老挝、柬埔寨。越战是第二次世界大战以后美国参战人数最多、影响最重大的战争，美军投入兵力最多时为65万人。最后以美国战败告终。

长达二十年的越战，给越南等国人民造成了巨大的伤害，越战是那几代越南人心中永远无法抹去的恐惧。经过一场激烈的战斗，城市变成了废墟，遍地是伤亡的市民和士兵。随着战事升级，美越双方伤亡人数不断攀升。

很快，战场上出现了比子弹、炸弹更可怕、更恐惧的“敌人”——抗药性恶性疟疾，一染即亡。美、越两军在亚洲热带雨林苦战，疟疾像是“第三者”插足，疯狂袭击交战的双方军力，大大高于战斗性减员，令双方苦不堪言，它比敌人更可憎。

据河内卫生局统计，越南人民军1961—1968年伤员比例除1968年第一季度伤员多于疟疾病员外，其他年份都是疟疾病员远远超过伤员；抗美援越的中国高炮部队也深受其害，据说减员达40%。再据美军有关资料表明，在越南战争中，1964年，美军因疟疾造成的非战斗减员比战斗减员高出4~5倍，更是天文数字。1965年驻越美军的疟疾发病率高达50%。美国也在寻找有效药，但欲速不达。

越南地处热带，山岳纵横，丛林密布，气候炎热潮湿，蚊虫四季滋生，本就是疟疾终年流行的地区。而当时的抗疟药——氯喹及其衍生药，因其抗药性，对越南流行的疟疾已经基本无效。

能否抵抗住“疟疾”这个敌人，甚至成了越南战场上美、越双方“胜负的杀手”。

越共总书记胡志明了解这个情况后，心急如焚，亲自给毛泽东写信，派特使秘密到北京，请求中方支援抗疟疾药物和方法。

在革命战争时期曾感染过疟疾、深知其害的毛泽东，认真阅读了老朋友胡志明的信，对胡志明的特使说：“解决你们的问题，也是解决我们的问题。告诉老朋友，我会记在心上。”

送走了特使，毛泽东又把胡志明的信批转给周恩来。周恩来亲自布置了抗疟新药的研发。于是，这项研究又成了带有军事色彩的紧迫绝密任务。

1967年5月23日，这是个特殊的日子。

中国人民解放军总后勤部和国家科委在北京召开了抗药性恶性疟疾防治全国协作会议，组织60多家科研单位通力攻关，并制定了三年科研规划。防治抗药性恶性疟疾被定性为一项援外战备的紧急军工项目，以5月23日开会日期为代号，称为“523任务”，一直沿用下来。

由此，拉开了抗疟新药研究的序幕。

先是军方开路，后是地方跟进。随着时间的推进，先后有7个省市全面开展了抗疟药物的调研普查和筛选研究。至1969年筛选的化合物和包括青蒿在内的中草药有万余种，但未能取得理想的结果，使研究者一筹莫展，让人质疑研究进入了死胡同……

正在这个时候，两位“523”办公室的“神秘人”径直走进位于东直门内的中医研究院领导的办公室，亮明身份，开诚布公地说：“中药抗疟已做了好多工作，到流行地调查，收集秘方试验，有一定效果但不满意，用法、制剂等方面也存在问题。方子拿了不少，很多是大复方，这么多药怎么办？哪个方子好？什么起主要作用？我们经验少、办法少。根据首长的批示，希望贵院能加入此项科研活动。”

对方恳求的眼神，让院领导没有打磕巴就接受了任务。

“523”办公室的领导走后，院领导召开紧急会议，按照“523”办公室的要求——“谁能担当大任？”对本院科技人员逐一进行筛选，3个小时过去了，颇让中医研究院领导们有些犯难。

作为“文化大革命”的重灾区，当时的中医研究院，科研工作几近全面停顿，经验丰富的老专家有的被打倒，有的被下放到“五七”干校，有的“靠边站”，政治上不能委以重任。

他们反复筛选，最后有一人浮出水面，不是别人，正是37岁的屠呦呦。

她有两大优势：一是性格认真执拗，虽然职称尚是助理研究员，但来到中药所已14年，中西医贯通，基础扎实。二是她年富力强，正致力于研究从植物中提取有效化学成分，已经步入中药所研究第二梯队人选。

以当时中药所的现状，屠呦呦正是最合适的人选。自20多岁便与屠呦呦共事的中国中医科学院中药所原所长姜廷良回忆说，将重任委以屠呦呦，这是对的，在于她扎实的中西医知识和被同事公认的科研能力。

当晚，领导找她交代任务，屠呦呦爽快地应允了。

屠呦呦问：还有什么人？

领导告诉她：暂且你一人，其他人后定。

从此，人们便看到她像一个陀螺开始旋转起来。中药所里、资料室里、图书馆里、老中医的家里，多了个疯狂翻阅历代医籍，甚至连一封封群众来信都一定要打开看看的忙碌身影。

这就是37岁的屠呦呦，在被任命为课题组组长后，她正式走上抗疟寻药之路。

红运当头，重担压肩。

当时，谁也无法预料，院领导的这个决定，将是“523任务”取得重大进展、取得重要成果迈出的第一步。

说是课题组，在最初的阶段，屠呦呦是“光杆司令”一个，只有她一个人孤独地踏上了尝百草的寻药之路——归宿了“呦呦鹿鸣，食野之蒿”，对仗了“青青蒿草，报之春晖”。

## 八、次次失败，190 次后的成功

成功的花，人们只惊羡它现时的明艳，谁知道它当初的芽儿，却浸透了奋斗的泪泉，洒遍了牺牲的血雨！

从领导办公室走回自己的办公室，已经星斗满天。屠呦呦很激动，她觉得这是一副担子，重重压在了她还有些细嫩的肩上。她多年科研的梦想一下子成了现实，领导的信任，任务的紧迫，特别是越南战场上饱受疟魔折磨的将士们，睁大了求救的眼睛，一个个在乞望着她，她觉得时不我待，加快了研发的脚步。她不敢多想，就一头扎进《本草纲目》等古典药典，寻觅自己的灵感，抑或突破口。

“523”项目的任务十分明确，就是通过军民合作开发防治疟疾药物，同时对所开发防治药物的要求是高效、速效，预防药物要长效。

在采访中，屠呦呦告诉我们说：

“中西医知识的积累让我意识到，必须从古代文献中寻找解决方案。我开始系统整理古方。从中医药医学本草、地方药志，到中医研究院建院以来的人民来信，采访老大夫，等等，不放过任何一个机会。花了半年时间，最后做了2000多张卡片，编出640多种抗疟方药，作为我的基本功，考虑从中找到新药。”

一年过去了，两年过去了，时间伴随着她和她的团队忙碌的身影，在指尖中不知不觉流去。该做的实验都做了，从这2000多种方药中整理出一张含有640多种草药，包括青蒿在内的《抗疟单验方集》。可在最初的动物实验中，那时青蒿还没有进入她的视野，真如大海捞针，茫无头绪。但她一直坚持实验，有时累得呕吐不止，头昏脑涨，怀疑自己中了毒，结果一检查，是中毒性肝炎，大夫让她休息。她哪能休息呢？越南的炮火在催促着她，伤病员的眼神在乞求着她，怎能停下手中的实验工作呢？她吃下一把药，又走出家门，开始了失败后的重新筛选。

冬战三九，夏战三伏，有时累得吃不下饭，四肢无力，连走回几步之遥的宿舍的力气都没了。希望似乎化成了泡影，她也如死了一般。在这个时候，“失败是成功之母”在她脑海里划过，犹如彩虹映在她眼前，她又如触电一般地从床上弹跳起来，重新开始实验、筛选。失败，再失败，她一度怀疑她当初的选择。又是多少次失败，她始终坚信：乌云遮不住太阳，失败孕育着成功的阳光。说不准是多少次失败了，这个与她名字有着联系的青蒿，冥冥中闯进了她的视野。经过实验，青蒿的效果并不出彩，屠呦呦的苦苦寻找再度陷入了僵局。

问题出在哪里？屠呦呦再次翻阅葛洪的《肘后备急方》，企图在这本古典中再寻突破。书不知翻阅了多少遍，四角已经微微翘起，颜色愈加变黄。

这本古代医书究竟有何渊源？屠呦呦再次陷入作者的故事中……

《肘后备急方》由东晋葛洪著。凡举名医，必有一段艰难的求学历程，以其超人的毅力去探索和学习。葛洪自幼十分好学，沉着稳重，从不与别人嬉戏贪玩，经常写字、抄书至深夜。13岁时，他父亲去世了，家境败落，十分贫苦，就靠上山砍柴换取笔墨用来学习。《肘后备急方》由葛洪摘录自共100卷的医书《玉函方》中可供急救医疗、实用有效的单验方及简要灸法汇编而成，是我国第一部临床急救手册。之所以叫这个名字，是因为“可以放在手肘后面，带在身边，随时拿出来救急使用”。书中，他尤其强调灸法的使用，用浅显易懂的语言清晰明确地注明了各种灸法的使用方法，只要弄清灸的分寸，不懂得针灸的人也能使用。葛洪在《肘后备急方》序中说道：“况穷乡远地，有病无医，有方无药，其不罹夭折者几希。丹阳葛稚川，夷考古今医家之说，验其方简要易得，针灸分寸易晓，必可以救人于死者，为《肘后备急方》。”

此书共有8卷70篇。后经南朝梁时陶弘景增补录方101首，改名《补阙肘后百一方》。此后又经金代杨用道摘取《证类本草》中的单方作为附方，名《附广肘后方》，即现存《肘后备急方》，简称《肘后方》。该书主要记述各种急性病症或某些慢性病急性发作的治疗方药、针灸、外治等法，并略记个别病的病因、症状等。书中对天花、恙虫病、脚气病以及恙螨等的描述都属于首创，尤其是倡导用狂犬脑组织治疗狂犬病，被认为是中国免疫思想的萌芽。该书今有明、清版本10余种。1949年后有影印本和排印本。

《肘后备急方》中收载了多种疾病，其中有很多是珍贵的医学资料。这部书上描写的天花症状，以及其中对于天花的危险性、传染性的描述，都是世界上最早的记载，而且描述得十分精确。书中还提到了结核病的主要症状，并提出了结核病“死后复传及旁人”的特性，还涉及了肠结核、骨关节结核等多种疾病，可以说其论述的完备性并不亚于现代医学。书中还记载了人被疯狗咬过后将疯狗的脑子涂在人的伤口上治疗的方法，该方法比狂犬疫苗的使用更快捷、更有效，从道理上讲，也是惊人地相似。另外，对于流行病、传染病，书中更是提出了“疠气”的概念，认为这绝不是所谓的鬼神作祟。这种科学的认识方法在当今来讲，也是十分有见地的。书中对于恙虫病、疥虫病之类的寄生虫病的描述，也是世界医学史上出现时间最早、叙述最准确的。

屠呦呦的目光最终停留在《肘后备急方》:“青蒿一握，以水二升渍，绞取汁，尽服之。”突然她眼前一亮，获得了“诺贝尔奖级别”的灵感，马上意识到，以前的高温可能破坏了青蒿中的有效成分，她随即另辟蹊径采用低沸点溶剂进行实验。在190次失败之后，屠呦呦改用乙醚低温提取，终于成功了。

成功就在一念间。

1971年，屠呦呦课题组在第191次低沸点实验中发现了抗疟效果为100%的青蒿提取物。1972年，该成果得到国人重视，研究人员从这一提取物中提炼出抗疟有效成分青蒿素。

屠呦呦反复实验和研究分析还发现，青蒿药材含有抗疟活性的部分是叶片，而非其他部位，而且只有新鲜的叶子才含青蒿素有效成分。课题组还发现，最佳采摘时机是在植物即将开花时，那时叶片中所含青蒿素最丰富。

细节决定成败。

喜讯传来，屠呦呦和她的四人团队高兴得跳了起来。

姐妹们相拥而泣，多日的沉寂化成天边的云彩被风吹散，再苦再累也一扫而去，她们成功地破解了青蒿素的密码，像是打了一场大胜仗，1000多个日日夜夜，胜仗虽来得迟些，但毕竟来了，怎不让她们高兴呢?

清华大学医学院常务副院长鲁白告诉我，改用乙醚提取是关键一步，突破了瓶颈。此后，屠呦呦与中科院生物物理研究所、中科院上海有机化学研究所、中科院上海药物研究所等单位合作，对青蒿素里有效成分的化学结构进行了测定，并对其改造，最终获得抗疟疗效显著的蒿甲醚、青蒿琥珀酸酯。这两种化合物被国家批准成药，并在全球成功挽救了数以百万计的生命。所以她是“523”项目一个代表性的人物，是最大的功臣之一。

## 九、中国之蒿，世界之神药

青蒿，是中国南北方都很常见的草本植物，外表朴实无华，长年在山野里默默生长，随时准备在机会到来的时刻绽放自己的绚烂。一岁一枯荣。就是这普普通通的小草，却有着降妖伏虎的魔力，不声不响地隐藏着神奇，而到了今天才贵族式地华丽转身，成为走出国门、享誉全球的救命神药。有言道：中国一株小草，让千万人喜获新生。

阶段性胜利，没有让屠呦呦放慢脚步。很快，大家开始进行对青蒿乙醚提取混合物中有效成分青蒿素的分离、提取工作。殊不知，这也是一项十分艰难的工作。

由于北京产的青蒿中青蒿素含量只有万分之几，要大量提取青蒿素以供动物试验和临床观察用药，难度可想而知，她想到了求助南方的药物所……

回忆那段攻坚期，屠呦呦丈夫李廷钊很心疼妻子：“那时候，她脑子里除了青蒿还是青蒿，回家满身都是酒精味，还得了中毒性肝炎。”

那是“文化大革命”特定的时期，工厂都停工了，实验室都关门了，为了做实验，他们买了好几个大缸，在大缸里做隐秘的提取，人天天围着缸。为什么得肝炎？不是吃那药草得的肝炎，而是吸那个乙醚得的肝炎，不只屠老，当时课题组的人都是如此。

屠呦呦的肝炎是来自乙醚等有机溶媒的毒害。姜廷良回忆：“乙醚等有机溶媒对身体有危害，当时设备设施都比较简陋，没有通风系统，更没有实验防护，大家顶多戴个纱布口罩。”

日复一日，科研人员除了头晕眼花，还出现鼻子出血、皮肤过敏等反应……可这些都没有阻止她们的行动。

乙醚中性提取混合物有了，但在进行临床前试验时却出现了问题，在个别动物的病理切片中，发现了疑似的毒副作用。

经过几次动物试验，疑似问题仍然未能定论。

人与动物有差异，只有反复人体试服后才能为病人使用，即临床应用。

为了让191号青蒿乙醚中性提取物尽快应用于临床试验，被世人称作“中国居里夫人”的屠呦呦向领导提交了志愿试药报告。

领导不放心地问：“试药有风险，再说你刚得过中毒性肝炎。”

屠呦呦当仁不让：“不，我是组长，这是我的宝贝，我有责任第一个试药！”

当年，她的表态令很多人惊叹：这位戴着眼镜、斯斯文文的江南女子有着鲜为人知的女汉子的一面。

“在当时环境下做这样的工作一定是极其艰难的，科学家用自己来做试验，这是一种献身精神。她比英雄还英雄，让人崇敬。”清华大学原副校长施一公如是说。

屠呦呦的试药志愿获得了课题组两位同事的积极响应。

1972年7月下旬的一天，这是个让人难忘的日子。

屠呦呦等3名科研人员在家属的陪同下，一起住进了北京东直门医院，成为首批人体试毒的“小白鼠”。

不是战场胜似战场，不是出征胜似出征。

她们穿上病号服，向家人挥手告别，向死神宣战，更像一场大战前的出征，信心百倍地走进病房，静静地躺在病床上，接受大夫的药物注射，细心体验药物在身体中的反应……应该说这是一项严肃性的试毒体验，一旦有失，将是终身的遗憾。作为医药工作者，屠呦呦比谁都明白，但她和她的同事义无反顾地做了，可见她对科学的献身和追求比生命都重要，这多么让人崇敬!

还好，在医院严密监控下进行了一周的试药观察，未发现该提取物对人体有明显毒副作用。

为了充分显示醚中干提取物的安全性，科研团队又在中药所内补充5例增大剂量的人体试服。当临床试用效果不理想时，经过努力坚持，深入探究原因，最终查明是崩解度的问题。改用青蒿素单体胶囊，从而及时证实了青蒿素的抗疟疗效。

终于赶在这一年的8—10月，赶赴海南疟区试验。

所到之处，“有屋无人住，有田无人种，蒿草遍地，荒冢累累”，屠呦呦想起了毛主席的诗句——“青山绿水枉自多，华佗无奈小虫何。千村薜荔人遗矢，万户萧疏鬼唱歌。”屠呦呦亲自携药，寻找患者，验证她的新生“宝贝”对疟原虫的厮杀。

初次临床，必须慎之又慎。

更可贵的是，她亲自为病人端水喂药，用药剂量从小到大，逐步增加。屠呦呦根据自身试服的经验，分为3个剂量组。病人选择，从免疫力较强的本地人，再到缺少免疫力的外来人口；疟疾病种，从间日疟到恶性疟。屠呦呦亲自给病人喂药，以确保用药剂量，并守在床边观察病情，测体温，详细了解血片检查后的疟原虫数量变化等情况。

最终，在海南高温下，屠呦呦完成了21例临床抗疟疗效观察任务，包括间日疟11例，恶性疟9例，混合感染1例。临床结果令人满意，间日疟平均退热时间19小时，恶性疟平均退热时间36小时，疟原虫全部转阴。

这一年，还同时在北京302医院验证了9例，亦均100%有效。

1973年，新年的钟声刚过，屠呦呦发现青蒿奥秘的消息不胫而走，中药所就不断接到各地来信和来访。屠呦呦都亲自回信、寄资料，热情接待来访者，毫无保留地介绍青蒿、青蒿提取物及其化学研究进展情况。很快，云南和山东等数个研究小组借鉴了她的方法，对青蒿素的提取亦有收获。

1973年9月下旬，屠呦呦在青蒿素的衍生物实验中又有新的发现，青蒿素经硼氢化钠还原，羰基峰消失，这也佐证了青蒿素中羰基的存在，并由此在青蒿素结构中引进了羟基。经课题组同志重复实验，结果一致。此还原衍生物的分子式为$C_{15}H_{24}O_5$，分子量284。这个还原衍生物就是双氢青蒿素。

1975年，课题组对青蒿素、过氧基团去留、内酯环羰基还原、乙酰化等的构效关系进行了研究。证实了青蒿素结构中过氧基是抗疟活性基团，在保留过氧基的前提下内酯环的羰基还原成羟基（即双氢青蒿素），可明显增效，临床药效提高10倍；在羟基上增加某侧链，药效可进一步增加，提示修饰青蒿素的部分结构，能改变其理化性质，增强抗疟活性。

因此，双氢青蒿素的发现是屠呦呦及其课题组的又一个重要贡献。

时间到了1995年，这是一个传奇的故事。

故事发生在肯尼亚的疟疾重灾区奇苏姆省，有位怀孕的贵族妈妈得了恶性疟疾。大夫开诚布公地告诉她：如果用传统的奎宁或者氯喹治疗，即使母亲能活下来，胎儿也很容易流产或致畸。

她问大夫还有什么新药。

大夫告诉她，还有中国新药青蒿素“科泰新”，无毒副作用，只是我们医院这种药没有了。

于是，他们把眼睛投向千山万水之外的中国，寻求青蒿素的支援。中国班机在最短时间里把药物送达，在接受中国的青蒿素抗疟药“科泰新”治疗后，奇迹出现了，母子平安无事！妈妈一遍一遍地亲吻着胖胖的娃娃，父亲说“科泰新”救了孩子，孩子就叫“科泰新”吧，让他永远不要忘记中国神药的救命之恩。多么感人的话语啊！

20年过去了，如今的“科泰新”已长成标致漂亮的大姑娘了，真正意义上，她已成为“科泰新”的明星特使，现身说法，活跃在世界的舞台上。

由于双氢青蒿素药效高，用药量小，复燃率降至1.95%，进一步体现了青蒿素类药物“高效、速效、低毒”的特点。在很长一段时间里，“科泰新”甚至是中国国家领导人出访非洲必送的礼物，在当地被誉为“中国神药”。

作为“中国神药”，青蒿素在世界各地抗击疟疾显示了奇效。2004年5月，世界卫生组织正式将青蒿素复方药物列为治疗疟疾的首选药物。英国权威医学刊物《柳叶刀》的统计显示，青蒿素复方药物对恶性疟疾的治愈率达到97%。据此，世界卫生组织当年就要求在疟疾高发的非洲地区采购和分发100万剂青蒿素复方药物。

青蒿素横空问世，成为当之无愧的“救命药”。

如今，为进一步提高药效，中国科学家还研制出青蒿琥酯、蒿甲醚等一类新药。其中，青蒿琥酯注射剂已全面取代奎宁注射液，成为世界卫生组织强烈推荐的重症疟疾治疗首选用药，在全球30多个国家挽救了700多万名重症疟疾患者的生命。

由于青蒿素作用十分迅速，疟原虫根本来不及诱导抗氧化酶及抗氧化剂的合成。因此，红细胞与栖身其中的疟原虫，因缺乏足够的抗氧化活性物质保护，几乎不可能抵御青蒿素的凌厉攻势，一旦遭遇必陷灭顶之灾。

古老的“中国小草”正释放着令世界惊叹的力量。

40多年来仍然保持奇高的治愈率，在抗疟药中一枝独秀。

更神奇的是，正当抗氯喹疟原虫肆虐而让疟疾患者无药可救时，青蒿素有如“及时雨”般地横空出世，令世人叹为观止。

疟疾，与艾滋病和癌症一起，被世界卫生组织列为世界三大死亡疾病之一。全球有100多个国家、3/7的人口，约33亿人受疟疾威胁；每年发病人数3亿～6亿人，主要在非洲等发展中国家。

诺贝尔生理学或医学奖评委弗斯伯格说：“屠呦呦的发现对人类的贡献不可估量。每年约50万人死于疟疾，其中大多数为儿童……屠呦呦对青蒿素的发现引起对抗疟新药品的研制和发展，该药品已挽救上百万人的性命，将过去15年疟疾的致死率降低了一半。”

根据世界卫生组织的统计，全球有20多亿人生活在疟疾高发地区——非洲、东南亚、南亚和南美。自2000年起，撒哈拉以南非洲地区约2.4亿人口受益于青蒿素联合疗法，约150万人因该疗法避免了疟疾导致的死亡。

津巴布韦卫生部抗疟项目负责人姆贝里库纳什说，津巴布韦卫生部2010年至2013年进行的一项跟踪调查显示，服用青蒿素抗疟药物的疟疾患者治愈率高达97%。津巴布韦自2008年开始推广以青蒿素为基础的复方药物。21世纪初，津巴布韦疟疾患病率为15%；到2013年，这一比率已下降至2.2%，青蒿素抗疟药物的普及和推广在其中发挥了重要作用。

在南非的夸祖鲁纳塔尔省，中国的复方蒿甲醚使疟疾患病人数减少了78%，死亡人数减少了88%；在西非的贝宁，当地民众都把中国医疗队给他们使用的这种疗效明显、价格便宜的中国药称为“来自遥远东方的神药”……

世界卫生组织非洲区事务负责人特希迪·莫蒂说，青蒿素治疗疟疾的发现为世界人民的健康福祉带来巨大改变，“疟疾是非洲人民尤其是非洲儿童的主要健康杀手。多年来，青蒿素挽救了大量非洲人民的生命，对非洲实现联合国千年发展目标发挥了重要作用”。

利比里亚卫生部部长伯尼斯·达恩表示：“在我的国家，疟疾是人民健康的主要杀手。”此前，利比里亚一直用奎宁等其他药物对付疟疾，都有明显副作用。自从改用青蒿素以来，这些顾虑便消除了。

塞内加尔卫生部部长阿娃·塞克说，她曾在一线工作多年，有过治疗疟疾的经验，亲身见证过青蒿素的疗效，青蒿素研究成果给非洲所有受疟疾困扰的国家带来希望。

“我的国家每年都会暴发疟疾疫情，”尼日尔卫生部副部长阿尔祖马·达里说，“我很感谢中国长久以来对我们国家的医疗援助，尼日尔也在用青蒿素药物控制疟疾，并取得显著成效。”

加蓬卫生部副部长塞莱斯蒂纳·巴说，中国在公共健康领域付出了很大努力，抗疟药物青蒿素的发现对治疗疟疾有重要作用，尤其是在卫生条件有限的国家和地区。

自20世纪60年代起，中国就开始派遣医疗队前往非洲进行无偿的医疗支援和疾病防治。截至2009年年底，中国在非洲援建了54所医院，设立30个疟疾防治中心，向35个非洲国家提供价值约两亿元人民币的抗疟药品。

2015年10月23日，毛里求斯总统阿米娜·古里布—法基姆来华期间，专门访问中国中医科学院中药研究所。这位同时身为著名生物学家的女总统对屠呦呦获得诺贝尔奖表示祝贺。她说，屠呦呦研究员的工作让世界的目光重新聚焦到传统医学上，不仅对中国非常重要，对于发展中国家和世界传统医学也有非凡意义。对中医药有着浓厚兴趣的她同时表示，非洲的传统医药资源非常丰富，迫切希望与中国建立起传统医药领域的合作关系，以此拓展“南南合作”平台，毛里求斯将成为中医药走向世界的窗口。她还希望与中国一起在五千年的中华医药宝库寻找出更多的神药。

## 十、诺贝尔奖风波的由来及反思

2011年9月，犹如一道闪电划破长空，从大洋的彼岸——美利坚合众国传来81岁屠呦呦获得拉斯克奖的消息。

这是中国发明青蒿素30多年后获得的国际认可的最高奖项。评审委员会成员露西·夏皮罗评价发现青蒿素的意义时说："人类药学史上，像青蒿素这种缓解了数亿人的疼痛和压力、挽救了上百个国家数百万患者生命的科学发现，并不常有。"

但是，在美国拉斯克奖为中国青蒿素赢得了国际声誉的同时，也重新在国内点燃了青蒿素的发明权之争。屠呦呦又荣获诺贝尔生理学或医学奖后，抑或称之"诺贝尔奖风波"，一面是热情和盛赞，一面是争议和不解……

坦率地说，举国之力、参战之多的"523"大会战项目，始自1967年，结束于1981年，长达14年之久。神药——青蒿素家族的横空出世，大协作的抗疟新药研发计划徐徐谢幕，也为"神话造神"的时代画上了句号。

这时，毛泽东、胡志明已经谢世。更为讽刺的是，从疟疾中站起来的越南人民军恩将仇报，掉转枪口，对准中国，一场中越边境自卫还击战刚刚谢幕，明日黄花，朋友已变敌人。改革、开放如同车的双轮隆隆地行驶在中国大地上。

应该说"523"项目的谢幕比较仓促，甚至说连"最后晚宴"都没有来得及吃，就匆匆散伙了，一切并不像最后"那份文件"所希望的"排除争议达成一致"。当年"523"研究小组的600多名专家流着眼泪作出的种种牺牲和让步，却让这段历史在此后几十年里依然十面埋伏、扑朔迷离、剑拔弩张、争议不停。

且说1986年，屠呦呦和中医研究院中药所用所有发明单位共有的研究资料单独向国家卫生部申请了新药证书，此事就炸了锅，立即引起一场不小的风波，另外几家发明单位向国家科委、卫生部和国家医药管理局写报告抗议，后来还引发了官司，婆说婆有理，公说公有理，最终伤了和气，不了了之。

应该说这场官司被认为是青蒿素历史中“一个极不和谐的杂音”，对国内艰难起步的青蒿素产业造成了严重的负面影响，也给原来大协作群体内部造成了不小的伤害，尤其是对当年的大协作精神提出了挑战。

时间向前推进，集体英雄年代不再。

再说20世纪80年代，当年“523”项目发起人、组织者周克鼎先生到重庆出差，专程去看望当年的贡献者罗泽渊夫妇，并对他们说：“‘523’不会忘记你们夫妇对青蒿素的贡献。”但罗泽渊没有想到，当年参与“523”项目的老领导、老同志为澄清这段历史真相，还在奔走，风餐露宿。

2005年，四川中药研究所教授万尧德给科技部的一封信《还历史的本来面目》，让波澜再起。据他回忆：1975年大会战的关键时期，屠呦呦曾通过“523”办公室派了两个同志到四川中药所来学习。短短21天，化学室的刘鸿鸣协助中医研究院中药所提取了800克的纯青蒿素。紧接着，他们又花1万元钱到四川中药研究所买了1000克青蒿素。此后仍三番五次通过“523”办公室向四川中药研究所索要青蒿素。“四川‘523’办公室的领导都是老革命，教我们不能有自私之心，人家要，我们就给人家。说老实话，知识分子都是有所顾忌的。”

回首往事，万尧德有些愤愤不平地说：“既然屠呦呦早就提取出青蒿素，为啥还要派人来学，又求爷爷告奶奶地买？这不是开玩笑吗？”

2006年，原“523”项目组织人张剑方、周克鼎、傅良书等老一辈“523”项目成员编写的《迟到的报告：五二三项目与青蒿素研发纪实》一书问世。用大量的数据讲述了青蒿素的发现及研究过程，讴歌了数以千计在“文化大革命”中无私奉献的知识分子，告诉人们如今享誉世界的青蒿素属于我们伟大的祖国、伟大的军队和参加此项研究的“523”战士。

其实，在屠呦呦获奖前，美国科学院院士米勒·路易斯曾在公开场合说：“青蒿素的发明是一个接力棒式的过程——屠呦呦第一个发现了青蒿提取物有效；罗泽渊（云南省药物研究所）第一个从菊科的黄花蒿里拿到了抗疟单体青蒿素；李国桥（广州中医学院）第一个临床验证青蒿素疗效。”这一说法得到在场大多数“523”老科学家的认可。米勒·路易斯也是这样主张排名申报美国拉斯克奖的。

而一个值得一提的细节是，在推荐拉斯克奖的提名人时，李国桥推荐的是罗泽渊。李国桥认为：“青蒿里有7种结晶，只有一种结晶是青蒿素。”他多次表明：“我是用云药所的黄蒿素完成了首次临床验证工作的。”

没想到几天后，拉斯克奖的结果公布于世，这三个相互传承的“第一”全部归功于屠呦呦一人，这顿时让问题复杂化。正如中国“大锅饭”时说的俗语那样：“外国有个加拿大，中国有个大家拿，不要白不要，不拿白不拿。”面对巨额美元奖金，谁不心跳？

对于屠呦呦获奖，当年的亲历者大多心情复杂。“你问我到底感受怎么样？我说一点不难受是很虚伪的。我难受的不是我没有得，我是觉得奖一个人太不合理了。”罗泽渊说，“如果这个奖给我，我也承受不了，它的确是一个大集体的作品。”

云南省药物研究所成立50周年时，罗泽渊应邀作了一个关于青蒿素的专题报告。“在场很多‘523’课题组老同志都流泪了，因为那是大家亲历过的往事。”罗泽渊如是说。

屠呦呦获奖后，中国科协主席韩启德说："青蒿素的发明，一直是我国引以为豪的科技成果，但仅仅由于难以确定成果归宿，而一直没有得到足够的表彰和奖励。"

有研究者说："青蒿素是一个奇迹，一个波谲云诡的传奇，它只会在中国发生……"

坦率地说，"拉斯克奖风波"实质上是中西方国家认识上的偏颇，抑或误差。就像过马路时，西方是车让人，我们则是人让车；看到梨在桌面上滚动时，西方人想的是万有引力，我们想的则是孔融让梨；看到蜡烛快燃完时，西方人想的是快换一支，我们想的则是能省则省，等完全燃尽再换。难道不是这样吗？

屠呦呦能获拉斯克奖，应该说与美国国立卫生研究院的两位科学家米勒·路易斯和苏新专的大力推荐有直接关系。

有业内人士称，2007年，米勒·路易斯和苏新专特意来中国调查了青蒿素的研究历史，并写了《青蒿素：源自中草药园的发现》一文。对于美国人为何将拉斯克奖颁给屠呦呦，身在美国的苏新专说了心里话。他说，拉斯克奖评奖委员会共有24名评委，他们都是美国人，其中半数是诺贝尔奖获得者，都是知名科学家。最终的评奖结果就是由这24名评委投票决定。

此次评奖关键看三个方面：一是谁先把青蒿素带到"523"项目组，二是谁先提取出有100%抑制力的青蒿素，三是谁做了第一个临床试验。

屠呦呦第一个把青蒿素引入"523"项目组，第一个提取到100%活性的青蒿素，第一个做临床试验，这三点中的任何一点都足够支撑她得这个奖。

美国人颁奖，注重科学发现的思维，而不在乎是谁做的。美国人不会把奖颁给一个具体做事的人，而是会颁给告诉你做这件事的人，这与国内的标准不一样。也许有其他人在屠呦呦的小组里做过实验，某种意义上他才是亲手做这件事情的人，但他是屠呦呦的手下，实验的想法是来自屠呦呦的。

拉斯克奖毕竟是对中国医学的首肯，同时它又是诺贝尔奖的风向标。

时间过去了四年，到了2015年10月5日。

中国科学家屠呦呦继拉斯克奖后又获得诺贝尔生理学或医学奖，终于实现了中国科学家获诺贝尔奖零的突破！中国人为此欢呼雀跃，媒体将此置于消息头条，《北京晚报》破天荒地出了号外，全版套红予以庆祝！可以看出中国人的喜悦之情。

但是，在人们高兴的同时，疑问也随之而来：为什么一个土生土长未出国留学、不会英语的科学家，没有博士学位、未获院士称号的科学家，没有发表过SCI论文（国际期刊）的所谓“三无”科学家，能获得诺贝尔奖？这些疑问同屠呦呦获奖的消息一起在网络上传播，一些主流网站如人民网、凤凰网等刊登了相关文章，而微信公众号上相关的文章更是被广泛转载，风光一时。

对于屠呦呦无博士学位和留洋背景，人们倒是可以理解，这是“文化大革命”前的历史条件所致。但对于她几次被提名参评院士但均未当选，则需要探究。这些文章还举出像“杂交水稻之父”袁隆平、中科院上海系统所研究员李爱珍等，这样作出国际认可的重大科学贡献却落选院士的科学家，而相当比例的政府高官和企业高管却当上了院士，这说明中国的科技体制，尤其是院士制度值得检讨，抑或反思。

作为过来人，香港大学李嘉诚医学院金冬雁教授心平气和地说：“我本无意凑热闹参与有关屠呦呦教授的讨论。对于中国的院士选举和学术评审，我过去曾作出过强烈的批评。根据现在掌握的文献材料，我认为屠呦呦教授对青蒿素的发现有重大贡献，是够格当院士的，屠呦呦的落选再次说明中国的院士选举制度确实荒腔走板。由于我过去同中国学术界的联系，对屠呦呦当年的落选有一些了解，现在根据自己对陈年旧事的记忆提供一点背景资料供大家评论。我个人认为，屠呦呦当时落选最主要的原因——屠呦呦在发现青蒿素过程中的关键性贡献有一定争议，由屠呦呦一人将其发现整碗端去确有不妥，而更要命的是屠呦呦本人自我介绍也确是言过其实。尽管如此，我个人认为她对发现青蒿素还是有原创性重大贡献的，但提出乙醚提取的原始思路、独立分离到活性单体及测定结构的同事，功劳也不在其下。在当时组织大协作的历史背景下，协作组起到任何个人都起不到的作用。作为个人本应更加积极地肯定其他作出重大贡献者的。这方面周维善老师在2008年的访谈中就做得至少要比屠好一些。我记得当时领导是作过认真调查的，不但开会，而且私下也广泛听取了中医研究院内内外外、方方面面人士的意见，特别是参加协作组对内情有所了解的学者。但听到的几乎无一例外全是负面的评价，有人指其贪天之功为己有，有人指其压制他人，有人指其愚昧和学识不足。当时领导得出的结论是，选屠呦呦作为当年协作组的代表难以服众……根据当时中国院士选举的惯常做法，屠呦呦也就注定要落选，并非有什么特定的权威人士一定要拉其下马。科学家活在同行的心目中，没有任何奖项比同行心中的形象更重要。一个科学家如果只说自己如何伟大而别人如何渺小，是很难赢得同行尊重的。现在有些人大造舆论，发动新的造神运动，将屠当成新的偶像来崇拜，是其所是而非其所非，其实并不公正。”

金冬雁说：“由屠呦呦的落选（院士）可以看到，中国院士选举的一个弊端就是过于注重学术贡献以外的问题，有时达到吹毛求疵的地步，甚而包括做人个性的审判。如何将焦点放在学术成就之上，将之作为压倒性的评选标准，应是两院今后的努力方向。人无完人，评院士主要应该评正面的贡献，不应扒粪和揪小辫。评院士的标准不应随心所欲，而要尽量客观。强调学风是对的，但抓住一点小事不放就过分了。正如我过去所指出，中国院士选举或其他学术评审的荒腔走板，是与中国社会风气和中国科学家的个人素质修养密不可分的。院士选举是民主的，是完全由现有院士们的意志所决定的，舍此别无他法。两院领导应大力说服现有院士多从国家大局出发、从科学出发，充分考虑对从事科研的年轻人的影响，选出真正对国家学术发展有重大贡献的新院士。有关青蒿素发现的具体细节，都带着过去时代深深的烙印，要用历史的观点与角度来解读。”

最为滑天下之大稽的是，正如周海滨所说的那样——中国竟有人联名投书诺贝尔奖评奖委员会“拿下”屠呦呦，言下之意她不是我们选的。说什么没有征得基层同意，没有一层一层上报，甚至连国家科委、卫生部可能都不知道，便把载入史册的科学最高荣誉授给了中国人屠呦呦——一个连英文都不懂、院士都不是、论文都没几篇的中国老太太，你们错了！

应该说，获得诺贝尔奖在让中国人备感荣耀与惊喜的同时，也让一些中国人感到了难堪。早在四年前，屠呦呦被美国的拉斯克奖砸中时，国内就有人把酸犯到了太平洋对岸。有人公开表态说，“这个奖不是我报的，也没有征求我的意见。我不赞成她一个人得奖，我赞成国家科委批准的发明单位都应该得奖。”甚至有人联名给诺贝尔奖评奖委员会写信，“阻截这个奖项的评定”。

但是，诺贝尔奖是不按某些中国人所认同的“程序正确”来办事的，也不是按照地位高低、论资排辈来分果果的。诺贝尔奖委员会成员汉斯如是说：“我们是把奖项颁给受传统医学启发选出新药的研究者。”

宁可不要这个诺贝尔奖，也不要屠呦呦一个人独享。这个看上去正义感很强的呼声，可能符合中国特定环境下的某种思维定式，但看来这并不符合拉斯克奖、诺贝尔奖的评判标准。价值与价值观的区别，在屠呦呦的人生际遇中昭然若揭。

在诺贝尔奖评委会看来，屠呦呦作为青蒿素发现过程中起了关键作用的“发现者”，人类有必要记住她的名字，记住她的贡献。但在一些中国人看来，这份荣誉只能属于祖国，属于集体，属于中医。这是可以拿上台面来犯酸的理由。而台面底下的犯酸，实际上却是犯难。真正的心态在于，中国第一个真正意义上的“纯本土”诺贝尔科学奖得主，不是在数以千计的中国院士中出现，而是任由一个“三无科学家”被墙外之士捧得这么高，这让那些中国正统意义上的科学家、拿着巨额科研经费的“领军科学家”情何以堪？也因此，一些肚肠酸翻了天的人士甚至怀疑，这诺贝尔奖的评委要么是有意搅局，要么是集体看走了眼。

诺贝尔奖不是完美无缺的。但诺贝尔奖挑剔的目光，在今天看来远没有中国的院士评审制度来得更挑剔，也远没有中国科学界一些自以为出自正统的人士更挑剔。如果不是诺贝尔奖，完全有可能，单凭一封慷慨陈词的联名信，屠呦呦这个名字在今天很难被中国人拿到台面上来说事。

诺贝尔奖没像少许中国人所期待的那样，把屠呦呦的名字从获奖名单上拿下来。这就像诺贝尔奖没像许多人所猜测的那样，把桂冠递给分子生物学的研究成果，而是落在寄生虫研究这个相对“小众”领域一样，诺贝尔奖的“任性”，是不以人的功利诉求而妥协的。

现实就是这样严肃，有的人一辈子都在押题，但他们能够押准上司在想什么，押准自己的哪句话、哪个行为方式能够精准地迎合上面的需要，押准科研项目和经费，押到了职称、职务，押到了这奖那奖，却押不到诺贝尔奖。他们风光了大半生，眼见着人世的风光一下子被这个不善交际、个性直率的“三无科学家”给独占了去，心里差点酸出了血来。

心里酸，是因为屠呦呦的行政职位、教育背景、学术地位与自己不相匹配，是因为屠呦呦实话实说、口无遮拦的个性与这个正统的圈子文化不般配。他们看重的不是一个人的发现，不是这个“只是一个牵头人、参与者”最后的研究成果救了成千上万人的生命，而是在这个环境中能够兜得转的被各方认可的“八面玲珑”。

屠呦呦注定是不会合群的。这个登不上中国科学领域“大雅之堂”的女人，不是能力与贡献问题，而是不会说英语，不会写论文，不会说顺话。她有能力改变人类生存的机体抗争力量，但她无法改变圈子化了的傲慢与偏见。她是孤独的。这个被中国正统学术所边缘化了的女人，自20世纪70年代初提出用乙醚提取青蒿素后，在长达40年时间里，只有1977年署名“青蒿素结构研究协作组”的一篇论文、2009年的一本专著，在中国的医学界刷着仅有的一份存在感。直到2011年，这个很特别的中国名字，被拉斯克奖砸中，才被人们注目。

倘若我们今天不愿面对这些现实、这个结果，我们的科学技术就会伴随着更多的“张呦呦”“王呦呦”被冷落，而在自欺欺人的麻醉中继续犯酸，继续沦落。

外界的声音传到屠呦呦的耳朵里，她只能让“各种各样的说法”存在，“我姑且听之”。在科研事业的黄金时期，屠呦呦并未收获太多的名声。她的沉默和国际医学界的忽视一直存在。如今，公众对诺贝尔奖的热情在85岁的屠呦呦身上栖身，但她本人对于年事已高的无奈才是内心中最真实的情感。

“我都已经风烛残年了，还能管一辈子？就是这么回事嘛。”一句无奈、没有底气的话，为争论画下了个重重的、大大的惊叹号！

## 十一、永远的屠呦呦

2015年10月5日，瑞典首都斯德哥尔摩，卡罗琳医学院诺贝尔大厅。

这是一个富丽堂皇的大厅。

全世界都将关注的目光投向瑞典，聚焦这个金色大厅，专注地倾听着诺贝尔奖的“心跳”。

诺贝尔奖年度颁奖大会，关乎世界人类前沿科学的今天和未来，历来备受世人瞩目。

来自世界各国的记者，身着五颜六色的服装，早早地聚集在这里，抢好位置，架好摄影机、照相机，长短不一、高低有致，像在打一场“战争”，把镜头的“枪口”对准了大厅的主席台，单等那一刻的到来。

高高的穹顶上巨大的金色吊灯，将中央大厅映射得金碧辉煌。在这个金色的大厅里，灿灿的金橘、火红的杜鹃、绿色的叶兰和天冬与几百名中外记者一起，迎来了重要的历史时刻——上午11时30分。

音乐骤起。众目睽睽之下，诺贝尔生理学或医学奖评委会常务秘书乌尔班·林达尔和3位评委优雅地缓步走上主席台——发布诺贝尔奖新闻。

乌尔班·林达尔面带着微笑，先后用瑞典语、英语宣布，将2015年诺贝尔生理学或医学奖授予中国药学家屠呦呦以及爱尔兰科学家威廉·坎贝尔和日本科学家大村智，表彰他们在寄生虫疾病治疗研究方面取得的成就。诺贝尔奖评选委员会用“成果无法估量”来评价2015年的获奖成果：“由寄生虫引发的疾病困扰了人类几千年，构成重大的全球性健康问题。屠呦呦发现的青蒿素应用在治疗中，使疟疾患者的死亡率显著降低；坎贝尔和大村智发明了阿维菌素，从根本上降低了河盲症和淋巴丝虫病的发病率。今年的获奖者们均研究出了治疗‘一些最具伤害性的寄生虫病的革命性疗法’，这两项获奖成果为每年数百万感染相关疾病的人提供了‘强有力的治疗新方式’，在改善人类健康和减少患者病痛方面的成果无法估量。”

就在林达尔宣布获奖名单的同时，他身后的大屏幕上，随即出现获奖者的照片和简介。照片中的屠呦呦戴着眼镜，嘴角微微带笑，简介中写着“生于1930年，中国中医科学院，北京，中国”。

此时，是北京时间2015年10月5日下午5时30分。已成为全世界媒体都在寻找的采访对象，85岁的屠呦呦尚浑然不知，她正洗澡时，在客厅看电视的老伴突然告诉她：“你获奖了！”

起初，屠呦呦并未在意。很快，贺信和鲜花纷至沓来，一拨拨记者竞相约访——诺贝尔奖获得者的身份，让屠呦呦迅速处于一种她并不习惯的热闹之中。所有人都在为屠呦呦的获奖而兴奋异常，因为历史已因她的这次获奖而改写——中国首次获得诺贝尔奖的女科学家、中国医学界迄今为止获得的最高奖项、中医药成果获得的最高奖项。

北京时间2015年10月5日，屠呦呦获奖的当天，中共中央政治局常委、国务院总理李克强致信国家中医药管理局，对中国著名药学家屠呦呦获得2015年诺贝尔生理学或医学奖表示祝贺。

北京时间2015年10月6日13时，屠呦呦接到乌尔班·林达尔的正式致电，通知她获奖的消息，表示热烈祝贺，并诚挚邀请屠呦呦于2015年12月赴瑞典参加诺贝尔奖颁奖大会。屠呦呦一如既往地淡定，耄耋之年的她在回应时，着重提及的是“这不仅是个人的荣誉，更是国际社会对中国科学工作者的认可”。

三天后的2015年10月8日，中国科学技术协会主办了“科技界祝贺屠呦呦荣获诺贝尔医学奖座谈会”。

一个多月后的12月6日，应诺贝尔奖委员会邀请，屠呦呦乘机到达瑞典领奖。12月7日出席2015年诺贝尔奖得主新闻发布会，并发表主题演讲《青蒿素的发现：传统中医献给世界的礼物》，激起大家长时间的掌声。她在半个小时的演讲中10次提到“中医药”。她在结束演讲时说：“我想再谈一点中医药。中国已故领导人毛泽东的话，强调‘中国医药学是一个伟大的宝库，应当努力发掘、加以提高’。青蒿素正是从这一保护中发掘出来的。通过抗疟药青蒿素的研究历程，我深深地感到中西医药各有所长，两者有机结合，优势互补，当具有更大的开发潜力和良好的发展前景。”

12月10日是诺贝尔逝世纪念日，是每年的诺贝尔奖隆重颁奖典礼的日子。庄严素雅的瑞典首都斯德哥尔摩音乐厅，再次布置一新。

当地时间16时30分，身着亮紫色长套裙的屠呦呦，显得格外精神、漂亮，与其他领奖人逐一登上领奖台就座。诺贝尔基金会主席卡尔·亨里克·赫尔丁首先致辞，欢迎获奖者来瑞典参加颁奖仪式。

在诺贝尔生理学或医学奖评选委员会的代表介绍了该奖得主屠呦呦的获奖成就后，瑞典国王卡尔十六世·古斯塔夫向屠呦呦颁发了诺贝尔奖证书、奖章和奖金。颁奖现场回荡着嘉宾表达祝贺的掌声。

2015年诺贝尔生理学或医学奖奖金共800万瑞典克朗（约合92万美元），屠呦呦将获得奖金的一半，另外两名科学家将共享奖金的另一半。

2015年诺贝尔物理学奖、化学奖、文学奖以及经济学奖的获奖者也在颁奖仪式上获颁各自的奖项，瑞典王室成员、政界领导人及其他各界人士1300余人出席颁奖仪式。

屠呦呦载誉而归。

在北京，她又接受了记者的采访，屠老十分风趣、幽默、率真，像位老顽童，现场掌声雷动。

记者开口问道："您一直在申请院士资格吗？"

"是的，一直申请。"

"为什么没有当选呢？"

"因为诺贝尔奖一直等着我！"

现场爆发出热烈的掌声，人们为老人的乐观精神和机智语言喝彩。

记者接着问："您获得了诺奖，可直接晋级院士，您愿意吗？"

"不，我不愿意，因为院士们要活下去！"

现场又是一阵掌声。

"您今年85岁高寿，经常喝牛奶吗？"

"不，我不喝牛奶。因为我也要活下去！"

现场更是哄堂大笑。记者最后说："谢谢您接受我的采访！"

老人答道："别客气，我知道，你也要活下去！"

现场哄堂大笑声、掌声、欢呼声，经久不息！

追星当追屠呦呦。

诺贝尔奖，不仅是一个巨大的世界荣誉，更重要的，这是为屠呦呦坚守几十年的沉默作了一个最佳的注脚，抑或诠释。

人生如烟，几十年的坚守、沉默，化成天边的彩虹，永远定格在共和国的星空，与日月同辉，变成历史的永恒。这种永恒正像恒星一样，给中国科学界带来了渴求多年的荣耀与自豪，更为中国后继的科学研究者点燃了强大自信，为实现科技复兴民族之梦注入了无穷动力。难道不是吗？

2015年12月22日，习近平总书记致信祝贺中国中医科学院成立60周年，他表示，60年来，中国中医科学院开拓进取、砥砺前行，在科学研究、医疗服务、人才培养、国际交流等方面取得了丰硕成果。以屠呦呦研究员为代表的一代代中医人才，辛勤耕耘，屡建功勋，为发展中医药事业、造福人类健康作出了重要贡献。中医药学是中国古代科学的瑰宝，也是打开中华文明宝库的钥匙。当前，中医药振兴发展迎来天时、地利、人和的大好时机，希望广大中医药工作者增强民族自信，勇攀医学高峰，深入发掘中医药宝库中的精华，充分发挥中医药的独特优势，推进中医药现代化，推动中医药走向世界，切实把中医药这一祖先留给我们的宝贵财富继承好、发展好、利用好，在建设健康中国、实现中国梦的伟大征程中谱写新的篇章。

在北京中科院，陈凯先院士接受了我的采访。他说，屠呦呦的成就可以说是中国科学繁荣发展的缩影，也让我们再次认识到中医药的作用和潜力。其实早在20世纪50年代，毛泽东就提出中医药是"伟大的宝库"，同时他又提出“中医药要出国”，为人类作贡献。这也证明了毛泽东的先见之明。

屠呦呦站在中医及中医古籍著作上而成功，就像一面镜子，让多少对中医妄自菲薄以及认知浅薄的人无地自容，也让当代国人好好地上了一堂传承老祖宗智慧的一课，这其实比获得诺贝尔奖还重要。

习近平总书记曾有对于中医药传承创新的讲话，精彩纷呈，颇令人深省。他说“以古人之规矩，开自己之生面”，体现出国家对中医药的发展给予重大的重视和发展导向。

在去采访的途中，我一直在回忆，有人一叶障目，不见森林，割裂5000年历史，抛弃中医药文明，让人惊骇不已。实际证明，我国中医药文明史已经创造了许多世界第一。倘若放在今天，这些成就都应该获得诺贝尔奖。君不见华佗是世界第一个从植物中提取麻醉剂用以开刀手术的；君不见葛洪的《肘后备急方》，除了提到青蒿素，同时他还记录把疯狗的脑组织取出来，涂在被疯狗咬伤的地方，可以治愈狂犬病，殊不知这是1200年后巴斯德发现的秘密；君不见我国古代医圣孙思邈，用葱来做导尿管也早了西方数百年；君不见中国人最早提出口鼻是传染病之源……屠呦呦的获奖，昭示着古老的中医药文明之花，孕育着很多诺贝尔奖的因子，它像报春的红梅，也昭示着后人——屠呦呦获奖了，我坚信还会有第二个、第三个像屠呦呦一样的人跟上来。就像屠呦呦是站在古人的肩膀上去摘取诺贝尔奖王冠一样，后人还会站在屠呦呦的肩膀上去摘取更多的王冠，为人类，亦为这个地球村作出更大的贡献。难道这还是一个永远的梦想吗?

当今世界还有很多顽疾需要去战胜，5000年的中华医药宝库为我们提供了开门的密码，抑或钥匙。马克思说：“在科学上没有平坦的大道，只有不畏劳苦沿着陡峭山路攀登的人，才有希望达到光辉的顶点。”屠呦呦也寄语中国的年轻学者们为人类造福。她说：“我希望这次获得诺贝尔奖，能够产生一种新的激励机制，让年轻人更努力，做到有所发现，有所创新。传统中医药是个伟大的宝库，我们应该继承发扬，努力提高，为人类造福。”亲爱的青年学子们，请记住他们的话，身体力行，忧天下之忧，乐天下之乐，去破解更多的不为人知的密码，再添一页人类的文明！我坚信，明天瑰丽的彩虹，就是你！

原载《北京文学》（精彩阅读）2016年第3期

# 一个中国公民的航母梦

## ——中国第一艘航母『辽宁舰』的前世今生

李忠效

举世闻名的中国第一艘航母“辽宁舰”，跟一个证券公司老总扯上关系，这不是传说，而是事实，是一个“伟大的错误”。这位老总为什么不专心做买卖，反冒着个人风险不顾一切去折腾买“辽宁舰”的前身“瓦良格”号？他怎样变成了航母发烧友？“瓦良格”号是怎么买的，又是怎样从遥远的乌克兰拖回到中国的？假如没有这位老总当初“胆大包天”的冒险，中国今天是否会拥有让国人引以为傲的航母呢？

# 引子

## 航母的“中国速度”

2017年4月27日上午，我国第二艘航空母舰下水仪式在中国船舶重工集团公司大连造船厂举行。据媒体报道，这艘航母代号为001A，由我国自行研制，2013年11月开工。目前，航空母舰主船体完成建造，动力、电力等主要系统设备安装到位。出坞下水是航空母舰建设的重大节点之一，标志着我国自主设计建造航空母舰取得重大阶段性成果。

众所周知，中国第一艘航母是“辽宁舰”，“辽宁舰”的前身是2002年3月来到中国的乌克兰报废航母“瓦良格”号。要讲述“瓦良格”号航母来中国的故事，有一个人是绝对绕不过去的，他就是华夏证券公司原董事长兼总经理邵淳。

一个证券公司的老板，怎么会和购买航母的事情扯上关系呢？一般人很难理解，一个证券公司买什么航空母舰？

当年，邵淳作为国企老板“擅自”参与“瓦良格”项目，无疑是一个“错误”的选择，但在今天看来，他实在是犯了一个

“伟大的错误”。如果没有他这个“伟大的错误”，很难说中国的航母事业会在什么时候才能正式起步。没有“瓦良格”，就不会有“辽宁舰”，也不会有刚刚下水的001A型舰。001A型舰从开工到下水，仅用了3年8个月，未来还需要一两年时间进行舾装。这意味着，中国第一艘国产航母从开建到交付使用，也就用了5年多时间。这个速度在世界上恐怕只有中国能做到。印度的“维克兰特”号航母从2006年11月开工，至今已经过去了11年，还没有出厂，预计要到2023年才能交付使用。

中国国产航母的“中国速度”，无疑是工业部门的“超常发挥”而创造的，然而中国有句名言：树有根，水有源。中国航母的“根”和“源”是“瓦良格”。中国还有句俗语：照葫芦画瓢。如果没有“瓦良格”这个“葫芦”，“辽宁舰”和001A型航母这两扇“瓢”就不会这么快“画”出来。这一切，很大程度上源于邵淳的那个“伟大的错误”。

邵淳，1944年12月25日出生于北京，1962年考入中央财政金融学院（现中央财经大学）金融系，1966年毕业，1968年下乡到河北省衡水地区故城县农村劳动，1970年调入故城县文化馆任美术创作员，1980年到河北省农业银行工作，1984年任中国工商银行总行计划部副主任，1990年任华能集团财务公司经理，1993年至1999年，先后担任华夏证券公司总经理、董事长兼总经理。邵淳在华夏证券公司董事长的任上，作出了购买“瓦良格”号航母的“惊天举动”，并导致个人被查处，公司被“接班人”搞垮……

## 一、邵淳的“航母情结”

邵淳作为华夏证券公司老总，是怎么和“瓦良格”项目扯上关系的呢？

1998年7月的一天，邵淳的下属、华夏证券公司资产管理部总经理兼海南隆泰源实业投资有限公司董事长吴宇对他说：“有个香港老板想见你。”邵淳当时正在对公司进行整顿，工作很忙，本来不想见，吴宇补充道：“说是有个很好的项目。”

在商言商，好项目总是有吸引力的。邵淳应约来到钓鱼台大酒店，见到了香港创律公司董事局主席徐增平。

徐增平身材高大，仪表堂堂，西装革履，彬彬有礼。寒暄过后，徐增平切入主题。他说他在乌克兰买下了一艘报废的航母“瓦良格”号。

邵淳听到“瓦良格”三个字，不由得心头一动。就因为这“心头一动”，邵淳为国家办成了一件大事，也因此葬送了自己的政治前途。要想说清楚邵淳为什么会为“瓦良格”而心动，就要简单介绍一下他的经历和性格。经历决定性格，性格决定命运。

邵淳从小酷爱画画，尤其喜欢雕塑。他就读的北京第四十七中学原为中法大学附中，该校的校训是：独立思考，敢行我是。虽然这个校训在邵淳来校时已经取消，却在邵淳的记忆中打下了深刻的烙印，几乎影响了他的一生。该校的艺术教育很出名，几乎每年至少为中央美术学院雕塑系输送一名学生。1962年，邵淳在参加高考之前，通过一名校友向中央美术学院报送的雕塑作品得到美术学院教授的肯定，似乎进入中央美术学院已经没有问题了。可是命运与他开了一个天大的玩笑：由于三年自然灾害给国家带来重大经济困难，国家暂时停止了艺术院校的招生。此时距离高考只有两个多月的时间了，邵淳临时选择报考中央财政金融学院，并被其录取。

中央财政金融学院的校风和学风都很严格，在老师的眼里，邵淳这个学生偏重于艺术气质，有点“专业思想不稳定”。邵淳上大一时，曾在《人民日报》上发表了一篇散文《喜鹊娃子》，尽管此文“很讲政治”，但在老师看来，这属于“不务正业”。

时隔多年以后，回忆这段往事，邵淳笑称：“其实当时我在大学期间的计划还是有的，就是仍然要从事艺术事业，真没打算投身金融。”

当时全国只有一家银行，所有的贷款和计划都是事先确定好的，没有资本市场，没有金融中介，银行的存在似乎就是为了给国有企业提供资金支持。由于社会上没有需求，金融专业在当时十分冷清，这也是邵淳“没打算投身金融”的原因。

1968年8月，邵淳和6名同学一起，被分配到河北省衡水地区故城县农村参加劳动。1969年春节，他没有回家过年，向村里申请了10元钱，买了一些画墙报用的纸和笔，和几个同学一起举办了一期“农业学大寨展览”，过了一个“革命化的春节”。邵淳发挥他的美术和文学特长，将这个展览搞得图文并茂、有声有色，在故城县引起轰动，于是他“脱颖而出”，成为当地颇为知名的“知青”。

1970年，河北省要举办全省美术作品展览，故城县文化馆将邵淳调去当美术创作员，他不负众望，才气勃发，创作了人生第一幅木刻作品《战士与房东大娘》。他是一个完美主义者，想干的事情，就尽量把它干好。为了达到最好的艺术效果，这幅木刻作品他一共拓印了100多张，从中选出他认为最满意的一张送去参展。该作不仅参加了全省美展，还被省里选中报送全国美展。他在文化馆一待就是10年。这10年间，他的主要精力都用在美术创作上，他的木刻作品在河北美术界具有很大的影响。

1980年，国家成立农业银行，河北省也要成立省农业银行，邵淳作为“文化大革命”前的中央财政金融学院的毕业生，被作为金融专业人才调到省农业银行工作。一开始当办公室秘书，负责写各种材料，为行长写讲话稿，同时把放弃了10余年的金融专业知识重新拾了起来。3年后，中央提倡干部年轻化，邵淳被派往张家口市农业银行挂职当副行长。在他的努力下，该行的业务不到一年时间就转入正轨。

此后，他又在中国工商银行总行计划部和华能集团财务公司担任领导职务。1993年任华夏证券公司总经理。1996年晋升为华夏证券公司董事长。在华夏证券公司，他创造了一个又一个辉煌的业绩，带出了一支能干的队伍。他本人也被业内人士认为是中国证券业的领军人物之一。

如果不是他涉足了“瓦良格”项目，也许他的人生道路会是另一种走向。由于机缘巧合，把他的命运和“瓦良格”的命运纠缠在了一起，于是，他改变了“瓦良格”的命运，“瓦良格”也改变了他的命运。

邵淳是个充满艺术气质的人。他不但喜欢美术，还喜欢舰模，尤其喜欢看军事题材的文学作品，像美国作家赫尔曼·沃克的《战争风云》和汤姆·克兰西的《追踪红十月》等军事题材小说他都看过。

正是他的这种爱好和他的艺术家气质，决定了他比其他金融企业家更熟悉、更了解世界各国的核潜艇和航母，并在军事装备领域有所作为。

1993年，邵淳在《舰船杂志》上看到一篇题为《“瓦良格”号航母花落谁家》的文章，不由得想入非非：如果“瓦良格”能“花落中国”该多好啊！

1944年出生的邵淳，到1993年已经49岁了，而且是华夏证券公司的总经理，在风起云涌的金融市场上弄潮的他，在日理万机的情况下，居然还有精力阅读《舰船杂志》，关心“瓦良格”花落谁家。也许这就是冥冥之中注定他与“瓦良格”有缘吧！

在邵淳为“瓦良格”花落谁家而“想入非非”的两年之后，他又经历了一次“心痛之旅”。

1995年春天，邵淳趁出差的机会登上威海刘公岛，参观了甲午战争博物馆。此时，正值中日甲午战争100周年，他是怀着一种探秘的心情来到刘公岛的。在他的印象中，中国自明代以来，海军一直处于积贫积弱的状态，长期有海无防，因此才会有甲午海战的惨败和北洋水师的全军覆灭。但是他在参观博物馆的过程中，发现自己对中国海军近代史并不了解。甲午海战时的中国海军是亚洲第一，世界第六（也有说是第七），那艘在甲午海战中沉没的“镇远舰”，排水量为7220吨，航速为15.4节，续航力为4500海里/10节，战斗人员编制为329~363人。这样大的战舰，在当时全世界都不多见。100年前中国海军的装备实力让他感到震撼。然而中国海军最终还是战败了，当然原因是多方面的。清朝政府被迫与日本政府签订了丧权辱国的《马关条约》，使中华民族陷入苦难的深渊。

此次刘公岛之行，让邵淳增长了历史知识，也让他感到心痛不已。一个国家，没有像样的装备不行；有了装备，没有训练有素的将士也不行；有了训练有素的将士，没有坚强的人民群众做后盾更加不行。今日中国已经不是100年前的中国了，历史的悲剧绝不能重演。可是，自己不是将士，不是国家领导人，能为国家做点什么呢？这种要“为国家做点什么”的愿望一直萦绕在他的心头。

让邵淳没有想到的是，在那次“心痛之旅”三年之后，他又遇到了一件更让他心痛的事情。

1998年5月13日至16日，印度尼西亚爆发了针对华人的“五月骚乱”，近1200名华人遇难，上百名华人妇女遭强暴。当时邵淳和吴宇以及北京T科技发展有限公司董事长W等人在北京一家饭店吃饭，他们从中央电视台播报的新闻中看到了“印尼排华事件”的消息，他们为华侨在印度尼西亚的遭遇感到痛心，义愤填膺。邵淳说，美国遇到突发事件，总统就会问：“我们的航母在哪里？”中国要是有一个航母战斗群在印度尼西亚那里就好了，一是可以对印度尼西亚的暴徒产生威慑，二是可以用航母把华侨接走。

可是，中国的航母在哪里呢？

也许是命运的安排，“印尼排华事件”两个月之后，一桩与“瓦良格”号航母相关的生意，真的找上门来了。

听徐增平说他买了“瓦良格”，邵淳一下就想起了1993年《舰船杂志》刊登的那篇《“瓦良格”号航母花落谁家》的文章，以及看到“印尼排华事件”电视新闻时的感受，他立刻对这个项目产生了兴趣。他曾希望“瓦良格”能“花落中国”，没想到它“花落香港”了！一年前香港已经回归祖国，“花落香港”就是“花落中国”啊！邵淳心里有一点小小的激动。

徐增平介绍说，这个项目是“国家行为，民间操作”，他用2000万美元就把“瓦良格”买下来了。

2000万美元买航母？简直是天方夜谭啊！邵淳不大相信，因为他对航母的造价情况了解一些。

邵淳平静地说：“你这个价钱买航母，我有疑问。美国的‘尼米兹’级航母几年前的造价是33亿美元，这是对外公开的。33亿美元和你这2000万美元相比，差距太大了！当然，你这个‘瓦良格’没有它大，你是6万吨，人家是9万吨；你这没造完，人家那造完了。但你算他1/3的钱行不行？1/5的钱行不行？1/10的钱行不行？你毕竟造了2/3了，你怎么会是2000万美元？说不过去啊！”

徐增平说：“我们有投标的文件，我们已经搞定了。我们香港那边经济形势不好，资金有点缺口，也不多，就2000万元人民币，看你能不能帮帮？”

邵淳心想，钱倒不多，就说：“你把投标文件拿来，我先看看文件吧！”

徐增平说文件在香港，需要回香港去拿。

很快徐增平派人送来了投标文件，并强调，这个项目对外是保密的。邵淳认真研究了有关资料和徐增平同乌方签订的中标协议。

这些文件出自不同的部门，有的是打印在公文纸上的。邵淳注意到一个细节：其中有两份俄文文件上边的文件头，不是俄文，是乌克兰文。邵淳当年学过8年俄文，时隔多年，虽然已经看不懂俄文文件的全部内容，但他能分辨出俄文与乌克兰文的细小区别。如中文的“一”，俄文为“один”，乌克兰文为“odyn”，有点像英文字母，只是变了形。他知道，在苏联解体之后，乌克兰将乌克兰文恢复为官方语言的时间并不长，如果是文件造假，不一定能做到这么细致的程度。在中国香港做英文版的假协议很方便，做俄文版有一定的难度，做乌克兰文版就更难了，也不会有人注意到这个细节。文件上写的成交价还真是2000万美元！邵淳对此事的真实性不再表示怀疑，这才兴奋起来："这事儿太好了！对中国来说，这不是天上掉馅饼吗？应该支持！"

邵淳是一个具有爱国情怀的人。这种情怀是一种感情，也是一种力量。这种力量蕴藏得久了，就会在某个时候"爆发"。"瓦良格"项目，给了邵淳一个展示爱国情怀、表现爱国力量的机会。

徐增平告诉邵淳，所有手续都办好了，只要钱一汇到乌克兰黑海造船厂，航母很快启航，两个月之后就回来了。

邵淳爽快答应借给徐增平2000万元人民币，并且不要利息，不需做资产抵押。

邵淳为什么对一个以前从未打过交道的香港老板这样慷慨呢？实际上他的慷慨是针对"瓦良格"项目，针对自己的"航母情结"，不是针对徐增平的。既然国家需要，当然应该支持。2000万元人民币对于华夏证券这样的大公司来说，不算大钱。

可是，怎么支持这个项目呢？邵淳动了一番脑筋。按照徐增平提出的"保密性"原则，华夏证券公司是国企，最好不要露面。邵淳决定让他的下属吴宇来具体操作。吴宇是公司资产管理部的副经理，同时兼任海南隆泰源投资有限公司董事长，由隆泰源公司把钱借给北京T科技有限公司，再由T公司与徐增平的公司打交道。T公司是民营公司，公司规模也不大，一般不会引起外界的注意。

## 二、贺鹏飞“独出心裁”

世界上很多事情的因果关系是很难解释的，比如说“瓦良格”，好像冥冥之中就是为中国建造的。

“瓦良格”是苏联时期在乌克兰黑海造船厂建造的一艘航空母舰。据有关资料显示：“瓦良格”号航母是苏联海军第三代航母“库兹涅佐夫”级的第二条舰。1985年12月开始在船台上建造，1988年11月25日下水。到1991年11月，“瓦良格”的建造率已达68%，舰上机炉舱已安装完毕，后因苏联解体，“瓦良格”被迫停工，并被作为苏联“分家”的资产分给乌克兰。乌克兰无意发展航母，也没有能力继续建造，曾想作为半成品以4亿美元的价格卖掉。1992年至1995年，中国有关部门多次派人前往乌克兰黑海造船厂考察。1995年5月，时任海军司令员张连忠上将签署了引进“瓦良格”号航母的请示报告，呈报中共中央、国务院、中央军委。由于种种原因，这个引进计划没有被批准。

1996年年初，中船工业总公司得到消息，乌克兰要把“瓦良格”当废铁卖，时任中船工业总公司总经理王荣生想把它买回来，但是经请示，上级认为不符合中央精神，王荣生只好作罢。

不久，中船工业总公司副总经理黄平涛和该公司军工部主任胡基政参加海军一艘新型潜艇的交接仪式。海军副司令员贺鹏飞中将在仪式结束后把黄平涛和胡基政叫到会议室，对他们说：“听说乌克兰要把‘瓦良格’当废铁处理，你们能不能把它买回来？”

黄平涛不知道上级不同意购买“瓦良格”的情况，就痛快地说：“好啊！”

胡基政马上解释道：“前几天，王荣生总经理向上面请示过，上面的意思，船总是国企，你们买等于是国家买啊！”

贺鹏飞中将听了有些失望，接着又说：“能不能找一个香港的大老板，让他们先买下来？他们有的是钱。一旦国家需要的时候，就弄过来。”

黄平涛和胡基政都没有接这个话。后来发生的一系列与“瓦良格”有关的事情，都与贺鹏飞中将的这个思路有关。贺鹏飞中将是贺龙元帅之子，曾任总参装备部部长。1987年3月31日，时任海军司令员刘华清上将在海军机关办公大楼第一会议室向总部领导汇报海军装备规划问题。不知什么原因，总部领导都没来，只有总参装备部部长贺鹏飞代表总参领导，率装备部、作战部等相关部门人员来听汇报。刘华清上将说，“海军战略”涉及海军建设的顶层设计，海军发展有两大问题，一是航母，二是核潜艇。刘华清上将强调说：“这两项装备，不仅是为了战，平时也是为了看，看就是威慑！”点出了航母有战略威慑的作用。刘华清上将的这次汇报，在军方上层领导机关引起了关注。贺鹏飞后来出任海军副司令员，分管装备，他也是个“航母派”，想必是受了刘华清上将的影响。他曾多次前往乌克兰，登上“瓦良格”考察。他对该舰要比其他海军首长更了解，或者说更有感情。在高层不热心搞航母的情况下，大约也只有他这种出身和经历的人才会如此大胆地“独出心裁”，想出“曲线购买航母”的主意。但他委托的“有关人士”没有找到有钱的大老板，只找到一个没钱的小老板。这个“没钱的小老板”就是香港创律公司董事局主席徐增平。

1997年8月11日，徐增平成立澳门创律旅游娱乐有限公司。1998年3月，徐增平以澳门创律公司的名义与乌克兰黑海造船厂签订协议，出资2000万美元买下“瓦良格”号航母。徐增平为购买“瓦良格”立下首功。

他在交了200万美元的定金之后，便开始四处奔波，筹措买船资金。从3月到7月，徐增平找了很多银行、证券公司，都没有借到钱。协议规定的最后期限是10月底，剩下的时间不多了，如果不能按期付款，就意味着徐增平违约，滞纳金和靠港费将是一笔不菲的开销。若逾期仍不能履行协议，即为毁约，那200万美元的定金就“打水漂”了。徐增平做梦也没想到，在他走投无路的时候，居然遇上了邵淳这么一个慷慨大方的“金融大亨”。不但借钱，还不要利息，不需押金。到哪里去找这样的好事啊！真是山重水复疑无路，柳暗花明又一村！

## 三、徐增平“得寸进尺”

1998年8月下旬，徐增平收到由海南隆泰源公司经北京T公司转去的2000万元人民币。9月初，他又来北京找邵淳，说要再借6000万元人民币。邵淳心里有些不快，这不是“钓鱼”吗？

邵淳与徐增平初次见面是在钓鱼台大酒店。钓鱼台因800年前金章宗多次在此钓鱼而得名。800年后邵淳则在这里被徐增平施展了商场上的“钓鱼”。难道这是一种宿命？

商场上的“钓鱼”是商人最忌讳、最反感、最不齿的行为，事关诚信、道德和人品。邵淳想：如果你真需要8000万元，可以一次说清楚啊！何必要搞这一套！邵淳开始对徐增平怀有戒心了。

邵淳此时的心情很矛盾：“鱼钩”吞下去了，如果不按徐增平的要求办，很可能前面的2000万元就没了。又想：万一他真的就缺这6000万元呢？也许再支持他一下，事情就办成了。不过邵淳现在比较慎重了，就对徐增平说："6000万元，不是个小数目，你用什么做抵押？"

徐增平回答：我没有什么可以作抵押。我为"瓦良格"项目在澳门成立了一个公司——澳门创律旅游娱乐有限公司（以下简称澳门创律公司），你们可以占有这个公司的股份。

邵淳觉得，这倒是一个解决问题的办法。再借6000万元人民币给他，共计8000万元人民币，不到1000万美元。澳门创律公司的总资产就是那个2000万美元的"瓦良格"，便说："如果这样的话，8000万元人民币，占公司一半的股份了。"

徐增平说："我占51%，你占49%，怎么样？"

邵淳觉得可以。尽管他对徐增平的这种"钓鱼"式的借款行为很反感，但是他认为"瓦良格"确实是个好项目，对他具有巨大的吸引力。他答应再出6000万元人民币支持这个项目。继续由T公司出面与徐增平合作，他和吴宇都不出面。这时，邵淳已经由借钱支持"瓦良格"项目，到不得已参与其中了。正如股市上流行很广的那句笑话——炒股炒成股东。

过了几天，徐增平又提出：华夏证券公司出资8000万元人民币占有澳门创律公司"瓦良格"号航母49%的股份，太多。要不这样，整个项目合作，华夏证券公司占49%，香港创律公司占51%。

很显然，徐增平利用邵淳对这个项目"情有独钟"的弱点，开始"得寸进尺"了。

整个项目需要多少钱呢？买船的钱是有数的，2000万美元，还有拖带费、停泊费、过海峡费、物资供应费，以及徐增平前期在乌克兰疏通关系所花的费用等。

徐增平说："我忙了半天，也得赚点钱吧？"

最后把所有开销和徐增平的利润加起来，一共是6000万美元。

邵淳觉得，徐增平在乌克兰疏通关系，可能会花一些钱，但不会像他说的那么多，到底是多少，谁也说不清楚。如果参照美国“尼米兹”级航母33亿美元的造价，6000万美元买一个半拉子航母，还是划算的。

后来双方经过协商，最后确定，徐增平负责把船拖回来，买船的钱和拖带航母归航的钱都由华夏证券公司方面出。6000万美元的49%是2940万美元，按当时1∶8汇率计算，折合人民币2.35亿元（若按1∶8.5汇率计算，应为2.5亿元人民币）。这点钱对于华夏证券公司来说，真不算什么，邵淳也就没和徐增平计较。他的目的很简单，就是把事情办成，把“瓦良格”从乌克兰黑海造船厂拖回来。不过对于徐增平来说，用200万美元定金搞来的2000万美元的项目，船还没离开黑海造船厂码头就开始赚钱了。如果徐增平规规矩矩赚他的钱，邵淳也就认了。可之后发生了一些事情，使得这个本来很好的项目节外生枝，让“瓦良格”偏离了预定航向，让这艘本已命途多舛的航母又增添了几重磨难。

## 四、邵淳的“步步惊心”

自从有了“瓦良格”号航母这个项目，邵淳的生活就完全变了样。当时他每天的工作特别忙，但他即便再忙，也没有减少对“瓦良格”项目的关心。在他看来，公司的事情与国家的事情相比，那都是小事。他变成了“航母发烧友”，几乎每天的工作之余都在研究航母问题。可是不知为什么，他总觉得这件事哪里有些不对劲儿，心里不踏实，于是他开始在暗中了解徐增平所说的情况是否属实。

邵淳通过一个同学约见了部队一位高级领导。邵淳向这位领导询问关于国家购买乌克兰报废航母“瓦良格”的事情，领导说：没有听说过。并说，如果有人以此为由找你借钱，要慎重。这让邵淳心里更不踏实了。

1999年国庆节期间，徐增平为庆祝香港创律公司成立10周年，参加在香港举行的系列活动，邵淳、吴宇、W等人应邀赴港。邵淳也想借此机会考察一下徐增平的公司，再问问“瓦良格”的事情。

徐增平的公司设在香港世贸中心大厦内，一共租了两层楼面，一层有500平方米，两层总共有1000多平方米。下面一层全部用来摆放徐增平收藏的瓷器，上面一层用来办公。展厅里最大的瓷瓶有两米多高，最小的瓷瓶可放在掌上把玩，整体规模相当于一个瓷器商店。徐增平的办公室非常大，大约200平方米。屋内有多个工艺架，分别摆放着各种紫砂壶和高级烟斗，据说那些产自世界各地的高级烟斗都是用特殊材料制造的，价格不菲。徐增平还为公司纪念活动制作了一批纯金的、重达约一斤的纪念品，送给几十位贵宾。徐增平送给邵淳一份，邵淳没要。邵淳说，以他的身份，也不能要。

邵淳觉得，徐增平的公司过于奢华，出手过于大方，如果没有可观的收益，根本无法支撑公司的日常开支。

邵淳开诚布公地对徐增平说：既然购买航母是“国家行为，民间操作”，我要看红头文件。

徐增平说，可以。需要请示。转天又说，经请示，文件属于国家机密，不能出示。

邵淳有些不高兴：你不给我看文件，那我凭什么给你钱啊？邵淳后来得知，实际上根本没有这个文件，徐增平不过是在演戏。

徐增平说："领导面谈行不行？"

邵淳说："行。"

徐增平说："好，那我联系贺鹏飞将军见你。"

邵淳此时已经打定主意，如果没有红头文件或没有领导出面证实此事，他一分钱也不会再出了，已借出的钱也要收回。倘若徐增平所说为假，要坚决追究他的责任。

1998年10月21日，海军副司令员贺鹏飞中将在北京东城一家饭店与邵淳见面。

贺鹏飞中将没有提"国家行为，民间操作"这个话题，也没提什么红头文件，但是贺鹏飞中将的态度很明确，他很希望能把这艘船买回来。

贺鹏飞中将对邵淳说："把'瓦良格'买回来，是利国利民的大事，是中国海军的梦想，希望你们继续与徐增平合作。"

邵淳问贺鹏飞中将："既然是国家想要这艘船，为什么2000万美元还要民间操作？"

贺鹏飞中将说："航母立项很复杂。复杂到你们想象不到的程度。"

贺鹏飞中将告诉邵淳："海军想搞航母，真正的作用不在东海，在南海。你以为南海那是海？南海下面都是油田啊！南海的油质比进口的油质好，每年的产量达3000万吨，约占我国进口石油的一半。现在眼睁睁地看着被外国公司把石油开采走了，我们海军官兵看了心里难受啊！"

贺鹏飞中将还对邵淳说了航母在南海存在的军事战略意义。

贺鹏飞中将最后说："这次是中华民族唯一的机会。因为以前不会有人卖给我们，以后也不会有。这是最后的机会，如果错过，我连自己都不会原谅。"

后来邵淳在接受采访时告诉笔者，贺鹏飞中将当时很激动，甚至眼睛里闪着泪花。“我被贺鹏飞感动了，决定继续支持徐增平购买航母。”邵淳说。

笔者问邵淳：“你是否知道当时中央对航母问题的态度？”

邵淳坦言：“不知道。如果知道，我也不会那么冲动了。”

那次与贺鹏飞中将见面，邵淳决定了“瓦良格”号航母的命运，也决定了自己的命运。真可谓“成也萧何，败也萧何”。

邵淳向贺鹏飞中将表态：“贺副司令，你放心，我会尽快把款项凑齐，绝不会影响‘瓦良格’启航。”

贺鹏飞中将也被邵淳所感动，郑重地站起来给邵淳敬了一个军礼：“航母回来后，我为大家庆功！”

贺鹏飞中将还送给邵淳一套海军迷彩服。

见过贺鹏飞中将之后，邵淳心里踏实多了，尽管此前徐增平对他说了一些假话，但他善良地理解为：徐增平想把这件事做成，是不得已而为之。因此也就不再深究他此前的行为。

笔者曾采访邵淳的下属，他们对邵淳的评价是：邵总太善良，不像个商人。

笔者理解，他们这样评价邵淳，并不是说商人就不善良，而是说邵淳与那些过于逐利的商人有所不同。笔者认为，尽管邵淳身在商界，但他骨子里并不是个纯粹的商人，他还是一个艺术家。买航母是他的一个“行为艺术”。不然就很难理解他是一个很精明的人，怎么会固执地走上这样一条充满荆棘的险途呢？如果说他一开始是上了徐增平的“当”，懵懵懂懂陷入其中，那么，在见了贺将军之后，明知这不是“国家行为”（在国家立不了项，充其量是海军行为），为什么还要义无反顾地去冒险呢？只有一种解释：他是一个性情中人。这种性情属于艺术家气质，而非商人气质。这也是他的下属说他不像商人的原因之一。

一个证券公司，买什么航空母舰！他个人肯定有好处，10%是国际惯例啊！就连高层领导都误解了他——这是后话。

邵淳让吴宇继续筹措资金1.5亿元人民币，加上前期两次支付给徐增平的8000万元人民币，一共2.3亿元人民币（折合美元约2800万元）。根据双方协议，另有2000万元人民币将在航母拖到中国口岸后支付给徐增平。为了避免节外生枝，邵淳特别交代吴宇：隆泰源公司属于国企，只出钱，不出面，继续由北京T公司负责将经费转给徐增平香港创律公司在深圳的办事处。

邵淳这样做的主要目的，就是要以民营公司的面目出现，以免露出隆泰源公司及华夏证券公司的“蛛丝马迹”，给别人以口实。邵淳深知，这样做充满了风险，曾经有人劝阻过他，可他仍然“一意孤行”。

华夏证券公司资产管理部总经理刘素红是邵淳手下的一名精明强干的女将，平时邵淳是不瞒她什么事儿的。1998年10月下旬的一天，她到邵淳办公室汇报工作。当她走进邵淳办公室的时候，她看见邵淳把一个文件夹合上了，显然是不想让她看到里面的文件。她想：看来邵总是有什么重要的事情。在大公司做事讲规矩，领导不想让下属知道的事情，她决不过问。她汇报完工作，正准备转身离开，邵淳把她叫住了，对她说：“有个事，我想跟你说说。你可千万不能告诉别人。”

刘素红暗想：什么事情这么慎重?

邵淳说：“我买了一艘船，乌克兰报废的航母‘瓦良格’，让吴宇办的。”

刘素红很吃惊，不由得问：“这个事办到什么程度了？”

邵淳说：“前期的钱已经付了8000万元，但是后期的钱，包括拖船，都是问题。”

刘素红说：“你这么干是有风险的。”

邵淳点点头，说：“我知道。可是这个事是千载难逢的机会。”

刘素红问：“你为什么要干这个事？”

邵淳就把海军副司令员贺鹏飞中将讲过的那些话说给刘素红听，也讲到上半年“印尼排华事件”对他的触动，说起当时看电视新闻播报“印尼排华事件”时的情景，他说：“如果有这么一艘大船的话，咱们至于这么受气吗？”

刘素红惊叹道：“邵总啊！你是热血青年啊！只有热血青年才有这种冲动。这事该你去想？咱们做好自己的事儿就行了！”

邵淳摸摸自己的脸说：“是不年轻了哈！不过这个事还是要做。目前的想法是，先以澳门赌船的名义搞，很快就会拖回来。只要船拖到香港，咱们就可以把这个钱还上。”

事已如此，刘素红只好说：“香港方面需要我做什么的话，尽管说。”

邵淳说：“我跟你说这个事情，是因为这个项目是由吴宇操作，融资也是吴宇去融，我觉得让你完全不知道不大好，吴宇是你的副手，希望你给他提供一些方便。”

刘素红说：“我知道了。”

邵淳再次嘱咐：“这件事儿对任何人都不要说。”

刘素红说：“你放心吧！邵总。”

徐增平与乌方约定的最后付款时间是1998年10月31日。徐增平说，购船款项一到黑海造船厂，“瓦良格”11月初就可以启航。在此期间，也确实有一艘荷兰ITC公司的拖船，从荷兰出发，驶往乌克兰黑海造船厂。

在钓鱼台大酒店T公司的办公室里，有一张世界地图，每天有人根据荷兰拖船航行的轨迹，在地图上标注一个红点。那些日子，邵淳不论多忙，一下班就会赶到钓鱼台大酒店，去观看拖船的位置。明明知道拖船要航行10多天才能到达黑海造船厂，但他还是忍不住天天去看，和大家一起分享航母即将归航的喜悦。

可是，拖船到达黑海造船厂以后就停在那里不动了。怎么回事？过了一周，邵淳忍不住了，让人催问徐增平，徐增平反馈的信息是：乌克兰方面还要钱。邵淳不解，按照国际惯例，签了协议就要执行，哪有坐地涨价的道理？便问徐增平还要什么钱，徐增平支支吾吾。后来徐增平报来一大堆账单，其中很多是白条。这个咨询费，那个顾问费，动辄十几万美元、几十万美元。邵淳火了，一概不予认可。邵淳要看徐增平给乌克兰汇款的底单，徐增平迟迟不报。推迟了一个多月，才报来一大包乱七八糟的票据。

W负责审查这些票据，他最先发现了问题——徐增平付给黑海造船厂的购船款只有1000万美元，另外1800万美元去向不明。邵淳问徐增平钱哪儿去了，他只好承认挪作他用了。

邵淳大怒。

后来香港报纸刊登了徐增平因为欠债被债权人告上法庭和他购买豪宅“港版凡尔赛宫”的消息，邵淳这才知道徐增平将购买航母的钱拿去还债和买豪宅了。

在此之前，邵淳认为徐增平在为国家买航母，他不敢胡来，因此没有对他进行财务监督。没想到他胆大包天，竟敢挪用买航母的钱！

邵淳知道被徐增平挪用的巨款已无法追回，以后也不能再相信他、依靠他了，必须另起炉灶——选一家可靠的公司来取代徐增平。邵淳为选择“可靠的公司”设定了三条标准：一是能对“瓦良格”项目进行操作的，二是公司领导人是正派的，三是有军方背景的。

当初华夏证券公司与徐增平的分工是，华夏证券公司负责提供资金支持，徐增平负责把“瓦良格”拖回来。现在若把徐增平踢开了，邵淳就不得不考虑怎么把“瓦良格”拖回来的问题。如果事先不把关系理顺，即使将来“瓦良格”被拖回来了，入关都困难。澳门港口水深只有6米，“瓦良格”吃水超过10米，根本进不去。要进入大陆港口，就必须把入关手续办好。华夏证券公司是不方便出面办理这些事的。因此邵淳觉得，找一家有军方背景的公司来操作，将来可以让他们与海军等单位沟通，更顺理成章。

邵淳找到他在中央财政金融学院时的同学、当时任解放军总后勤部财务部部长孙志强少将，请他帮忙。孙志强将军推荐了一家符合邵淳要求的公司——北京东方汇中投资控股有限公司。该公司董事长高增厦是退役将军，曾任解放军总后勤部生产管理部副部长，1988年被授予少将军衔。退役后出任东方汇中公司董事长。东方汇中公司挂靠在国防交通协会下，属于民营性质。邵淳对退役将军有一种天然的信任感，而军人出身的高增厦对航母也有一种天然的亲近感，两人一拍即合。另外，东方汇中公司也需要华夏证券公司帮助他们解决一些投资项目的资金问题。双方本着互相信任和互惠互利的原则，很快签订合作协议。

双方签订协议之后的第三天，高增厦约邵淳见面，说有重要的事情商量。邵淳听对方的语气很急，就马上驱车来到东方汇中公司高增厦的办公室。

见面以后，邵淳发现高增厦神情严肃，不知发生了什么事。高增厦开门见山地告诉邵淳："我了解了一下，航母这个事，高层不同意。"

邵淳说："不会吧？咱们都能看出这是个好事，他们能不认为是好事？"

高增厦说："谁知道他们怎么想的啊！是不是怕美国、日本等国家有反应？"

邵淳说："老高啊！这个事儿咱们刚刚签协议，你介入得还不深，要不然你就退出去，别惹麻烦，因为你是军人。我再想办法。"

高增厦沉思了一会儿，说："不用。咱都走到这一步了，退是退不了了，不能退！咱还是想办法把它弄回来。弄回来了即使国家不用，咱摆在那儿也好，至少这个战略资源在中国手里头，免得叫别人拿走了！实在不行，咱们拆船，也能把本儿拆回来吧？"

邵淳说："这倒是。"

高增厦说："老邵，你放心，这个事既然签了协议，我就会做到底！"

邵淳说："如果是这种情况，以后就得步步小心，不能出任何的纰漏。"

邵淳和高增厦商量，成立一个"瓦良格"项目联合领导小组，邵淳和高增厦为并列组长，东方汇中公司副董事长王广平以及该公司总经理戴岳和吴宇为领导小组成员。有事，大家一块儿商量。小组成员的具体分工是：王广平负责协助邵淳和高增厦工作，戴岳负责与乌克兰黑海造船厂谈判，吴宇负责融资。

邵淳对高增厦说："关于这个船的情况，以前都是听徐增平说的，到底什么样啊，我们谁都没去看过。下一步，要尽快把股权的情况落实下来，然后派人去乌克兰看看，请懂船的专家去看。"

邵淳表示，愿意将华夏证券公司全资子公司隆泰源公司持有的澳门创律旅游娱乐公司股份全部赠予东方汇中公司。邵淳的目的是把"瓦良格”拖回来，华夏证券公司也不需要在这个项目上赚钱。与此同时，邵淳决定收购香港达程有限公司为华夏证券公司全资子公司，由该公司总经理张勇在香港办理“瓦良格”项目的有关业务。

邵淳派吴宇、W等人找徐增平谈判，让他用所持澳门创律公司的股份抵债。这是邵淳当时唯一可以采用的补救措施，但徐增平迟迟不肯出让股份。1999年4月初，黑海造船厂给澳门创律公司发来传真，要求在4月30日付清购船尾款800万美元、滞纳金和滞港费500万美元，共计1300万美元，否则视为澳门创律公司放弃购买权。徐增平无力支付这笔款项，只能依靠华夏证券公司。邵淳指示吴宇、W等人利用这个机会，迫使徐增平出让股权。当时邵淳希望能得到60%的股份，而W则提出要徐增平出让80%的股份。双方经过反复交涉，徐增平在走投无路的情况下，最后只得同意W的方案，在49%的基础上，再出让31%股权。

1999年4月29日，W受吴宇的委托，代表华夏证券公司与徐增平在澳门大律师楼办理了转股手续。至此，华夏证券公司共持有澳门创律公司80%股权，随后向乌方付清了购船余款、滞纳金和滞港费。

不久，华夏证券公司依据澳门当地有关法律，剥夺了徐增平在澳门创律公司的领导权。接着，邵淳和高增厦委派北京东方汇中公司总经理戴岳和香港达程公司张勇代表澳门创律公司多次前往乌克兰，处理“瓦良格”有关事宜。1998年10月24日，澳门创律公司与黑海造船厂签订了“瓦良格”号航母正式买卖合同，造船厂向澳门创律公司移交了船主证、造船证等10余份法律文件，终于完成了“瓦良格”的过户手续。东方汇中公司正式接手“瓦良格”项目之后，只用了6个多月的时间就把过户手续办完了，邵淳对此非常满意。在此期间，徐增平没有再做过一件对“瓦良格”项目有益的事情，并不像某些媒体报道的那样，他是一个“真正拥有‘瓦良格’的老板”。他不过是拥有澳门创律公司20%股份的小股东而已。真正的老板是华夏证券公司董事长邵淳。

在购买“瓦良格”的过程中，徐增平都干了些什么呢？吴宇为其做了精辟的总结：起头有他、私心太重、漫天要价。

“起头有他”，不需多说，徐增平自己已经说了很多。

“私心太重”，是说徐增平在项目运作过程中，私自挪用买航母的专款，一会儿买房，一会儿还债，未能及时向船厂付款，很多配套工作没有落实，延误了“瓦良格”归航的日期，也给邵淳等人带来了麻烦。

“漫天要价”，是指在“瓦良格”号航母被拖到大连两年以后，在2004年国家准备将其收购的时候，徐增平居然向国家开价32亿元人民币，阻碍航母正常移交国家。

徐增平到底给邵淳带来了什么麻烦呢？因“瓦良格”迟迟不能归航，所用资金迟迟不能归还，1999年11月，华夏证券公司内部有人举报邵淳“违规操作购买航母”。上级领导认为：一个证券公司，买什么航空母舰？他个人肯定有好处，10%这是国际惯例啊！并在举报材料上严肃批示：胆大妄为，严肃查处，以正国法，以儆效尤。

## 五、邵淳被停职调查

11月30日，邵淳得到消息，上级领导批示之后，一个由六部委牵头的“联合调查组”将进驻华夏证券公司，要对他进行“双规”。他想，“瓦良格”项目从没和夫人说过，马上就要被“双规”了，得让她知道怎么回事。

邵淳的夫人叫纪根云，是他的大学同学，大学毕业后一直在金融系统工作。在邵淳来华夏证券公司任职之前，她是华夏证券公司的总经理，后来调到别的单位去了。

邵淳晚上回到家里，对夫人纪根云说："有个事儿，得对你说。"

纪根云问："什么事儿？"

邵淳平静地说："过几天要来个调查组，我可能被'双规'。"

纪根云有些吃惊："啊？你怎么了？"

邵淳说："我买了个航空母舰。"

纪根云更为吃惊："什么？怎么回事？"

邵淳把过程简单说了一下，纪根云急了："这么大的事情，你都敢干！这又是政治，又是经济，又是军事，又是外交，该你干吗？"

邵淳说："是不该我干，但是这事碰到我头上了，我不干，它可能就没有了！你说我干不干？"

纪根云说："那你为什么事先不跟我说？出了事才跟我说！"

邵淳说："事先跟你说，这个事还干得成吗？你肯定反对啊！"

纪根云问："这里头你个人有没有问题？"

邵淳说："你想啊！"

纪根云想了想，说："也是，你不可能为了钱，这点我倒相信。这么着吧，反正要被'双规'了，明天我赶紧给你买药去！"

邵淳身体不好，有多种疾病，糖尿病、高血压、失眠症等。第二天，纪根云跑到药店买了很多药。为了减少体积，她把包装盒都拆掉了，还给丈夫准备了毛巾、牙刷、换洗的衣服，装了满满一包。

纪根云对邵淳说："我相信你没什么事儿，'双规'你，也得把你放出来。放出来咱就离婚！我跟你结婚这么多年，你这么对待我。这么大的事，你在家里不说，我还有什么位置！”

邵淳知道夫人说的是气话，也没往心里去，提着满满当当的大包上班去了。

12月3日，“联合调查组”人员浩浩荡荡进了华夏证券公司，并宣布：即日起，邵淳停职接受组织调查。

邵淳说：“你们来，我能理解。据说上边很重视，你们就严格检查吧！我一定积极配合。但是我有两个要求，不知能不能说。”

一个调查组负责人说：“你说吧！”

邵淳说：“第一，华夏证券公司是个好公司，你们调查的时候，一定注意工作方法，别弄得动静太大，让外界以为公司怎么着了，别把公司查垮了；第二，‘瓦良格’项目后期的操作，希望你们调查组接手，因为这艘船很重要，我认为是很重要的战略资源。你们来了，我们所有人被调查，我肯定不能继续操作了，现在这艘船还在乌克兰，我们原来和乌克兰谈了一个方案，现在不能兑现了，需要你们接过去，把它拖回来。”

调查组负责人说：“这个我们不管。”

邵淳说：“那你回去把我的意见报告给领导，这艘船不能扔在那儿，这要出了问题，谁负责任哪？今天以前，这艘船如果有问题，我负责。今天开始我不能管了，你们又不管，那出了问题怎么办？”

调查组负责人说：“那不是我们的事情。”

那天谈完话，调查组也没说要“双规”的事。邵淳很奇怪，就问：“那我就回家了？”

调查组负责人说：“回吧！”

邵淳回到办公室，又把装满药品和换洗衣服的提包拎回家了。纪根云见丈夫没有被“双规”，很奇怪：“哎哟！回来了！”

邵淳笑道：“人家没说‘双规’。”

邵淳后来得知，是调查组有人对“双规”邵淳提出异议，认为邵淳一向口碑很好，以前也没发现他有经济问题，如果草率“双规”，将来查不到问题就不好收场了。于是领导指示：先停职，查到问题，马上“双规”。

邵淳当时并不知道上层对航母的态度，尽管工业和科研部门还在对航母项目进行预研，而在中央和军队，已经上升到“政治问题”的高度。据邵淳回忆，当时调查组副组长找他谈话时说：“你一直是个业务干部，怎么就参与政治问题了呢？”

邵淳感到莫名其妙：“我怎么参与政治了？航母和政治有什么关系？是对国家不好还是怎么？”

邵淳说他没想到一不留神，一只脚踏到“政治旋涡”里去了。

调查组副组长问邵淳：“是不是海军副司令贺鹏飞叫你出的钱？”

邵淳说：“我们就吃过一顿饭，是我请他，因为我听说他上过‘瓦良格’号，我就问他‘瓦良格’上面的技术状况怎么样，这艘船能不能用，还能不能接着续建。我就问这个。”

邵淳既然知道航母问题是“政治问题”，他就不想把贺鹏飞扯进来。为保护贺鹏飞，他对调查组没有说实话。

原来的“国家行为”，现在变成了“个人行为”，这样一个天大的事情，忽然要由邵淳自己来扛，他一点心理准备也没有。但事已至此，他只有硬着头皮来扛了。

“联合调查组”花了半年时间，把华夏证券查了一个底朝天，结果查到最后，发现“瓦良格”这个项目的账目很清楚，除了被徐增平挪用的经费和项目运作经费外，其他所有的钱都汇到乌克兰去了，邵淳并没有按“国际惯例”拿“好处费”，一分钱都没有拿。

很多人不理解邵淳的所作所为到底是为了什么。调查组副组长带人找邵淳谈话，副组长好奇地问邵淳：“你为什么要办这个事儿？”

邵淳说：“因为这是军队的事儿，有这么个机会，让我帮帮忙，我也可以帮，就帮了。而且航空母舰这个东西，用贺鹏飞的话说，这次是中华民族唯一的机会。因为以前不会有人卖给我们，以后也不会有。他说，如果错过这个机会，我连自己都不会原谅。我是被贺鹏飞感动了。”

人们不理解邵淳，也不奇怪，因为他们没有邵淳那样的人生经历和爱国情怀，当然就不会理解他的行为了。在“一切向钱看”的社会风气下，人们已经形成了一种思维惯性：你不是为了捞钱，那你买这个东西干什么？你有病啊！

燕雀安知鸿鹄之志！

“联合调查组”经过长达半年的内查外调，没有查出邵淳从“瓦良格”项目中获取任何个人私利，调查组悄然撤出，没有宣布任何调查结果，也没有向邵淳宣布任何处分决定。从此，邵淳购买航母案，也就成了一个“悬案”。

调查组撤走以后，邵淳问夫人：“你不是要和我离婚吗？离不离啊？”

纪根云笑道：“你倒想离呢！”

## 六、“瓦良格”命运转折

自1999年12月邵淳被停职以后，“瓦良格”项目便处于无人监管的状态。本来“瓦良格”是邵淳的“心头肉”，现在却成了他的“心病”。船不回来，华夏证券公司投到这个项目上的3.6亿元人民币就没有着落，将来这艘船会是什么样的命运，难以预料。那些日子，他魂牵梦萦的几乎都是“瓦良格”。

2000年3月7日下午，邵淳从外面回到办公室，秘书王中告诉他，有一个叫王××的人留言，有重要的事情要见面谈。

邵淳问：“他没说什么事吗？”

王中回答：“说是跟那艘船有关的，非常重要。请你到他那里去，他有些东西给你看。”

王中把王××留下的名片递给邵淳。名片上的单位是一家航空工业公司的子公司，王××的职务是总经理助理。邵淳心中暗想：王××，这个人不认识啊！航空公司和船有什么关系呢？

他给王××打了电话：“我是邵淳。”

王××说：“邵总，我早就听说你的大名了。我有个急事，非常重要。电话里不方便说。”

二人约定第二天到王××所在的公司见面。

华夏证券公司距离王××的公司不远，邵淳带着王中去见王××。简单寒暄过后，进入正题。

“我知道你在做‘瓦良格’项目，也知道你现在正在被调查。东方汇中的人想把‘瓦良格’卖给台湾人。”

邵淳听了大吃一惊："有这种事？"

"他们和台湾公司谈了好几遍了，意向都定了，就要签协议了。"

"他们要把航母卖给台湾公司？"

"他们是向台湾公司借款，两亿美元，对方提出来要抵押物，他们同意用航母做抵押。"

邵淳知道，东方汇中公司接手"瓦良格"项目以后，公司自营业务受到一些影响，邵淳在位时，曾经借款3000万元人民币帮助他们解决难题；邵淳被停职以后，他们的一些投资项目面临资金链断裂的危险。可再困难也不能找台湾公司借钱，用航母做抵押啊！如果借款到期不能归还，抵押物就是人家的了！

王××接着说："现在船主证在东方汇中手里，就等乌克兰方面的评估报告了。据说，评估报告3月18日出来，他们已经订了3月17日的机票，要到乌克兰去签协议。"

邵淳听他说得头头是道，就忍不住问："你有什么证据？"

王××说："这有东西啊！"顺手拿出一个文件夹，递给邵淳，"你看吧！这是他们双方往来的邮件和传真，还有台湾公司的银行本票复印件、公司的登记注册资料。"

邵淳看了，不由得吓了一跳。那是一家国民党总部下属的公司，公司资料上面有国民党的党旗、党徽，有关购买"瓦良格"的报告是国民党主席吴伯雄签署的。把"瓦良格"从共产党手里卖到国民党手里，这可不是一个小问题。

邵淳看过材料，问王××："你给我看这些材料，目的是什么？"

王××说："我建议你马上报告上级。"

邵淳问："你怎么不报？"

"你是当事人，你的报告会引起上级的重视。"

"我根本就不可能知道这些事啊！人家要问我，这情况哪儿来的？这不是开玩笑吗？这么大的事，我又说不出消息来源。"

"没关系，你可以说，消息是我给你提供的。"

"你怎么能提供呢？"

王××说："那就不用你管了。你就说是我提供的，让他们找我核实。"

邵淳想，这么大的事，如果不赶紧采取措施，还有10天，戴岳他们就去乌克兰了。

从王××那里回来，邵淳一直在想：怎么处理这个事情呢？晚上，他决定向调查组报告。他给古树林打电话："古处长，有个紧急情况……"他在电话里把台湾与航母的事情简单说了一下，最后强调，"这是大事，我第一个向你汇报。"

古树林说："我不在北京，我在成都呢！我给你联系车书记吧！"

过了一会儿，古树林回话："明天上午9点，你到金融工委车书记办公室向车书记汇报。"

3月9日上午，邵淳带着秘书王中一起去见车书记。车书记听了邵淳的简要汇报，感到很稀奇："有这个事儿？"

邵淳说："有。我原来说，你们调查组把船接过去，你不接，现在要出问题了，大问题啊！"

车书记问："王××是什么人？"

邵淳说："我也不知道。前天他来找我，我不在，我昨天去见的他。

你们赶紧采取措施。”

车书记又问：“这条船，真给两亿美元？”

邵淳说：“那个不好说，也许比这个更值钱。”

车书记说：“他要出两亿美元，你着什么急啊？华夏公司的钱不就回来了吗？”

邵淳一听，差点没晕倒，但他耐着性子说：“车书记，这不是钱的事，这可关系到两岸的军力对比啊！关系到两岸的军心、民心啊！你想过没有？再说了，就算他们拿了两亿美元，也不可能给我们，他们在境外成交，两人到哪儿一藏，隐居了，你上哪儿找去？”

车书记听邵淳这么一说，神情才开始庄重起来。

邵淳说：“车书记，你赶紧和王××联系，你来核实我跟你说的情况，尽快核实，尽快采取措施，务必不能让那两个人出国，把所有的文件都收走，涉案资产的资料，你们为什么不收啊！”

车书记说：“行了，我知道了。”

邵淳焦急地等了两天，但毫无音信。邵淳对秘书说：“王中，咱得把向车书记口头汇报的事情一条条写下来，我怎么说，他怎么说，整个过程，不能遗漏。”

邵淳整理这份材料的目的是要留下一个历史文件，以免将来发生什么事情，空口无凭。

材料整理出来以后，邵淳就派人给车书记送去一份，一是送他备案，二是想催促他一下。

又过了一天，3月12日，还是没有消息，王××坐不住了，邵淳也坐不住了。邵淳约国家安全部的一个朋友和总政的一个朋友见面，征求他们的意见：这个事到现在这个程度，该怎么办？

他们都表达了相似的意见：按照正常程序上报材料，运转时间不够，必须采取特殊措施。

总政的朋友说：“你这么着，把这个情况写下来，把严重性、紧急性说清楚，再把给调查组的报告附在后面，直接报中央最高领导。”

邵淳有些犹豫，他说：“我报上去了，他们都不一定看得到。”

朋友说：“你报告里要写清楚，这是大事，特别紧急，哪个环节都不要压。”

邵淳说：“这玩意儿是真的还是假的啊？我心里有点拿不准，本来上级就在调查我，然后再来个‘欺君之罪’，这个玩笑可就开大了！”

朋友问：“你现在能确认是假的吗？”

邵淳说：“我不能确认。”

朋友说：“只要你不能确认是假的，只要你有你的消息来源，只要你向上级汇报的情况与你的消息来源一致，你就必须报！你心里就是有问号也得报！以防万一。如果你判断失误了，这个事可不得了！”

邵淳说：“好，就按你的意见办！”

朋友说：“你给我们一份，我们找渠道往上报，肯定会报得快！”

邵淳和王中马上行动，很快把材料写出来了，一式四份，邵淳分别送给国家安全部和总政的朋友各一份，送给调查组一份，留给华夏证券公司一份。

邵淳对公司临时负责人赵大建和程炳仁说：“你们按照程序上报吧！情况非常严重，要出大事，我报给你们，你们不及时上报，后果你们负责。”

赵大建说："这个事情是你搞的，我们都没经手。"

邵淳说："你要是不报，掉脑袋的是你，反正我报了，就没我的责任了。本来也没我什么责任。"

程炳仁说："得，咱主不了这事儿，赶紧报，赶紧报！"

程炳仁是北京市金融工委的干部，他马上给北京市金融工委写了一个报告，大意是：邵淳同志反映的情况，我司不好处理，请示上级酌处。邵淳情况反映附后。

据说当天晚上中央领导就看到了邵淳的报告，迅速批示，要不惜代价把"瓦良格"弄回来，决不能落到台湾人手里。中央领导批示之后，国务院有关部门立即召开会议研究对策，并把王××找去了，问他向领导汇报了没有，他说汇报了。

领导人问：向谁汇报的？

王××答：科工委主任刘积斌。

经向刘积斌核实，确有其事。

于是，政府接手"瓦良格"项目，华夏证券公司将澳门创律公司与该项目有关的所有文件全部上交国家。政府决定由中船重工集团公司以澳门创律公司的名义，负责运作该项目。从此，"瓦良格"的命运出现重大转折。

## 七、"瓦良格"海峡受阻

2000年4月，中船重工集团公司总工程师兼军工部主任胡基政、副主任牟安成、大连造船厂副厂长唐士源等人先后飞抵乌克兰，与乌方有关人员洽谈“瓦良格”善后事宜。

2000年6月14日，“瓦良格”号正式启航。徐增平对媒体说：“瓦良格”号是1999年7月启航的。实际上那是他被澳门创律公司董事会免职的时间。从那以后，他在“瓦良格”项目上就没有话语权了。而他对外公布的这个“瓦良格”号启航时间流传甚广，就连“辽宁舰”的宣传片也采用了这个错误的时间。

根据中方与乌方签订的协议，“瓦良格”号的拖带路线是：经土耳其海峡，进入爱琴海、地中海；经苏伊士运河，进入红海；经曼德海峡，进入阿拉伯海、印度洋；再经马六甲海峡，进入中国南海。据国际运输承包商荷兰ITC公司预测，按照这条航线，60天左右可将“瓦良格”号拖至中国。

但是，多灾多难的“瓦良格”刚刚启程3天，就在过土耳其海峡时遇到了麻烦。6月17日，土耳其政府出动多艘舰船进行阻拦，不让“瓦良格”号过海峡，命令拖船把“瓦良格”拖回黑海。

土耳其海峡是黑海与外界的唯一通道，由博斯普鲁斯海峡、马尔马拉海、达达尼尔海峡组成，是地球上最繁忙的航路之一，也是“瓦良格”号航母来中国的必经之路。根据1936年蒙特利尔海峡公约，土耳其对这段海峡享有主权，商船可以自由通航，但涉及大型军舰，必须向土耳其海事部门提出申请，否则不能通过。不知道负责联系此项业务的乌克兰马什公司通过土耳其的中介公司去办的手续，在哪个环节出了问题。

“瓦良格”号既过不了海峡，又回不了乌克兰；既不能停靠任何海港，又无法靠自身动力掌握方向，只能由荷兰ITC公司的拖船拖着，在黑海上没完没了地兜圈子。

在当时情况下，“瓦良格”号只能在海上漂泊。中方委托乌克兰马什公司通过土耳其的中介公司马依巴伊公司为拖船进行补给。

“瓦良格”号在黑海上漂泊的日子里，国内相关部门一直在积极地做工作。中船重工集团公司军工部副主任牟安成与乌克兰马什公司的项目经理库兹涅佐夫来到土耳其首都安卡拉，通过土耳其的马依巴伊公司与土耳其政府进行交涉。因为此事属于商业运作，政府不介入，使馆不介入，牟安成孤立无援，举步维艰。几个月过去了，毫无进展。

后来，中国政府正式出面，又经过几个月的运作，土方才允许通过，但是提出了20项过海峡的条件，如中方不能满足，仍然不予放行。中方经与土方协商，在基本满足土方条件的情况下，最后土方终于同意放行。

2001年11月1日，“瓦良格”号航母在十几艘船只的拖带、护卫下，顺利通过土耳其海峡。至此，“瓦良格”已经在黑海上漂泊了502天！由于担心走苏伊士运河再出麻烦，前线领导小组决定改变航线——经大西洋，绕过好望角，进入印度洋，经马六甲海峡进入中国南海。

## 八、邵淳大连迎“瓦”舰

在等待“瓦良格”号归航的日子里，停职在家的邵淳内心充满了煎熬。一是他被停职后，他的继任者盲目蛮干，造成投资重大失误，公司濒临破产；二是他为之付出惨重代价的“瓦良格”号航母滞留黑海，归程遥遥无期。他没有办法挽救公司，没有办法挽救“瓦良格”，只能眼睁睁地看着在自己手中渐渐壮大的“金融大鳄”华夏证券公司，忽然变成了“壁虎”，只能对远在黑海上漂泊、不知归期的“瓦良格”望眼欲穿。

2001年11月初，邵淳在得到“瓦良格”通过土耳其海峡的消息后，欣喜若狂，仿佛与一个失散已久的亲人就要见面了！他与中船重工集团公司军工部副主任牟安成建立了联系，牟安成不时向他传递“瓦良格”号归航的信息。这些信息为他枯燥的停职生活增添了无穷的乐趣。

2002年2月28日，“瓦良格”经过长达3个月的漫漫航程，到达大连港外的三山岛锚地，当天因为雾大，没能进港。

3月1日，大雾弥漫，仍然不能进港。

3月2日，雾终于散了，却又刮起7级大风，海面上浪烟翻卷，一片白茫茫的世界。拖船船长认为，这种天气不可进港。指挥部决定：为保证安全，进港计划撤销。

早在一周之前，邵淳就接到牟安成的电话，牟安成告诉他，“瓦良格”即将抵达大连港，邀请他前去观看历尽磨难终于归航的“瓦良格”。邵淳怀着一种复杂的心情，带着夫人纪根云和秘书王中前往大连。

“瓦良格”到达三山岛锚地以后，邵淳每天一大早就让司机拉着他到距离锚地最近的地方去看“瓦良格”，可是雾太大，距离太远，什么也看不见。在大连等待“瓦良格”的日子里，邵淳比谁的心情都要焦急。从1998年7月接触“瓦良格”项目开始，他的命运就和“瓦良格”连在了一起。他因“瓦良格”项目被停职、被调查。他因“瓦良格”所经历的艰辛和磨难，是不为外人所知的。他不知道自己还是不是党员，有没有公职，有没有公民权利，每个月只领取3000多元生活费，也没有享受医疗保险。这些他都能忍耐，只要“瓦良格”能回来。

如今“瓦良格”终于“回家”了，却深藏雾海，迟迟不肯露出“庐山真面目”。

尽管心情很焦急，邵淳表面上却显得很平静。他在心里安慰自己：

已经到家门口了，已经是咱国家的船了！回来就好，回来就好！

3月3日，天气转好。邵淳接到通知，他可以跟一艘快艇到海上去迎接“瓦良格”。这个消息让他喜出望外。

早晨5点，拖船和引水船驶到“瓦良格”停泊的水域。荷兰拖船提前解缆，船厂和大连港的拖船开始带缆，并将航母拖向大连港。

中船重工集团公司派了一个摄影师，给“瓦良格”录像，邵淳乘坐摄影师的快艇，在海上围着航母转了几圈。

快艇很小，在快艇上看航母，巨大的“瓦良格”就像一座山一样耸立在他的面前。看到这个远道而来的庞然大物，他的心中感慨万千：“‘瓦良格’，我的受尽苦难的兄弟，你终于回来了！这几年，我也被你害得好苦啊！”看着锈迹斑斑的“瓦良格”，他不由得热泪盈眶，他克制着，没让泪水流出来。他手持相机，不失时机地亲自为“瓦良格”拍下一些照片做纪念。

虽然暂时还不知道“瓦良格”将来能派上什么用场，但它毕竟来到了中国，有了这个大家伙，起码华夏证券公司为之投入的资金就不会“打水漂”了。就是卖废钢铁也不会亏本啊！更何况它还有四台主机，那四台主机就值8000万美元啊！

看着“瓦良格”被缓缓拖进大连港，邵淳有一种如释重负的感觉。心中油然生起一种从来没有过的豪气：我邵淳这一辈子，能与这么一个大家伙产生交集，也是一种独特的不可多得的人生经历啊！

2002年3月3日，邵淳在大连港说：我买的航母回来啦！

## 九、邵淳成“不幸功臣”

1999年12月，国家六部委“联合调查组”进驻华夏证券公司，邵淳的主要“罪状”就是动用“股民保证金”买航母。结果查来查去，发现事实并非如此。

华夏证券公司并不是一个纯粹的证券公司，下属子公司中有一个投资公司。“瓦良格”项目的投资主体并不是华夏证券公司母公司，而是其子公司——海南隆泰源实业投资有限公司。投资公司投资买航母，属于正常的投资业务，不违规。那么，邵淳买航母的钱是从哪儿弄来的呢？这件事只有邵淳和吴宇能说清楚。

海南隆泰源实业投资有限公司投到“瓦良格”项目上的钱，一部分是公司自营利润，一部分是从其他企业融资而来：中石化公司一笔，北京丰台农信社一笔。从丰台农信社融到的不是现金，是国债，吴宇在W的协助下，通过他们的资本运作能力，将其变现，用在了“瓦良格”项目上。

邵淳作为华夏证券公司的老板，他知道什么钱可以动，什么钱不能动。后来华夏证券公司倒闭了，有人说是因为邵淳买航母才倒闭的。实际情况却恰恰相反，是邵淳的继任者经营不善，导致公司损失30多亿元人民币，把华夏证券拖入了无法自拔的泥潭。最后，还是在国家收购“瓦良格”后，用“瓦良格”获得的利润支撑华夏证券公司苟延残喘了一年多时间。

六部委“联合调查组”没有给邵淳任何处理意见，邵淳就被那么无限期地“挂”了起来，这一挂就是十几年。后来邵淳对别人说：“我要是有1万元的经济问题，我就得进监狱！”

这句很普通的话，却很能说明问题。邵淳作为当时国家三大证券商之一的老总，每年运营的资金达100多亿元人民币，居然没有任何经济问题，应该认定，他是一个清正廉洁的好党员、好干部。

在调查组撤走以后，不断有各种信息传到邵淳的耳朵里：“联合调查组”的调查报告曾以邵淳“违规操作，为国家造成重大损失”为名，提出给予邵淳“双开”（开除党籍、开除公职）的建议，有关部门也作出了对邵淳“双开”的决定。但是有人对这个决定提出了不同意见：现在这艘船还在乌克兰，暂时回不来，不等于以后回不来啊！如果现在把处分决定公布出去了，说邵淳“为国家造成重大损失”，明天船回来了怎么办哪？所以这个“双开”文件就没发。邵淳一直没有收到任何处分决定通知。

没有结论就等于没有“宣判”，没有“宣判”的人永远就是“犯罪嫌疑人”。

“邵淳违规购买航母案”从1999年11月立案至今，已经十七八年过去了，当初办案的那些人，也许都不在了，邵淳的案子不会永远“悬”在那里没人管吧？社会影响这么大的案子，总该有个结论吧？

## 十、网友誉“航母大侠”

笔者在采访“瓦良格”项目的过程中，原华夏证券公司下属的香港达程公司总经理张勇给笔者提供了一份邵淳写于2000年4月16日的材料。邵淳在材料结尾这样写道：

“‘苟利国家生死以，岂因祸福避趋之！’只要对国家有利，我愿个人付出一些代价。在‘瓦良格’号项目的全过程中，我这一态度贯彻了始终。是非功过，我相信组织和历史会给我作出公正的评价。”

由此可见，邵淳在“瓦良格”项目上的心迹和胸怀。

2012年9月25日，中国海军第一艘航母“辽宁舰”交接入列仪式在大连造船厂隆重举行。时任中共中央总书记、国家主席、中央军委主席胡锦涛向海军接舰部队授予军旗，时任中共中央政治局常委、国务院总理温家宝宣读党中央、国务院、中央军委的贺电。

“历史将永远记住这一天，2012年9月25日，中国海军从此迈入航母时代。”“辽宁舰”舰长、海军大校张峥说。他的这句话被中国媒体广为引用。

没有飞机的航母，就是一条普通的大船。

2012年11月23日，海军航空兵的歼—15舰载机首次着舰成功，完成了舰与机的结合，从这一天起，“辽宁舰”由一条普通的大船真正变身为航空母舰了。

至此，“瓦良格”消失了，进入人们眼帘的是焕然一新的“辽宁舰”。

早在“瓦良格”变身“辽宁舰”之前，媒体对于“瓦良格”的炒作就沸沸扬扬，但有关购买“瓦良格”的报道，大都是徐增平个人对外发布的，奇怪的是，他从来不提华夏证券公司和邵淳的名字。

最近两年，邵淳的名字开始在网上出现，网友对邵淳的事迹和不幸遭遇表示关注。笔者在网上看到有网友留言：“向邵大侠致敬！”

纵观“瓦良格”来中国的整个历程，以及邵淳在这个过程中表现出来的勇气和魄力，称他为中国“航母大侠”一点也不为过。

笔者认为，邵淳的前半生都在积蓄能量，就为了这一次惊世骇俗的精彩绽放！

笔者曾对邵淳说过这样的话：“你不参与买航母，可能中国到现在还不会有航母；你不参与买航母，你只是一个在中国证券界有点名气的公司老板而已，只能在《中国证券史》留下一段佳话；你参与了买航母，你就是‘航母功臣’‘民族英雄’，会在《中国证券史》和《中国航母史》上留下重重的一笔。不管你吃了多少苦，受了多少冤屈，人生有此‘壮举’，值了！”

邵淳欣欣然。

2017年5月21日于河北固安孔雀城

2017年8月3日改于北京“听雪斋”

作者附言：我从2012年年底开始采写“辽宁舰”报告文学，如今已近5年。我一共采访了各行业人员200多人，上至国家部委领导干部、部队将军，下至船厂工人、部队官兵，还有外交官和国企、私企老板。我不仅采访到了他们的事迹，还搞清了中国航母的历史。我发现曾经有人出于个人目的，颠倒黑白，混淆是非，故意把中国航母的历史搞乱，因此我的使命也变得神圣起来。我不但要记录历史，还要厘清历史，还原历史，要拨乱反正，正本清源。参加过“瓦良格”项目的人很多，邵淳不过是其中一员。因篇幅所限，我在这里只能着重讲述他一个人的航母梦。我认为，邵淳的可贵之处，不仅仅在于他干了一件惊天动地的大事，还在于他历经中央六部委“联合调查组”长达6个月的调查，还能屹立不倒，令人肃然起敬。在邵淳身上，体现了中华儿女的优秀品质、爱国情怀，以及为国防建设勇于奉献的牺牲精神。在我即将出版的长篇报告文学《“瓦良格”号航母来中国》一书中，读者将会看到更多这样优秀的人。他们是国家的脊梁、民族的希望！

原载《北京文学》（精彩阅读）2017年第10期

# 探海蛟龙

陈新

20世纪60年代，一代伟人毛泽东重上井冈山，曾发出“可上九天揽月，可下五洋捉鳖”的豪言壮语，这既是毛泽东的大胆想象，也凝聚着中华民族的伟大梦想。谁能想到，仅仅过了数十年，中国人就难以置信地将原本的梦想变成了现实。先是“神舟”系列飞船成功登天，紧接着“蛟龙”号的潜航试验一步步突破深海，令国人振奋，也令世界震惊。关于“神舟”系列飞船升空，国人早已耳熟能详，但关于深海如何探底，至今对绝大多数国人来说还只是个谜。本文特为大家揭开这个谜底，告诉你探海的历程与秘密，告诉你大海深处那深不可测、令人震惊的神奇世界……

# 序

美丽的井冈山云蒸霞蔚，烟雨氤氲。一位伟人微笑着漫步在崎岖的山道上，一任思绪在回忆和现实的时光中穿梭。曾经晦暗且艰苦的日子，多像天边远去的阴霾，而近在眼前的一切又是那么美好。今昔对比，这位伟人灵感飘飞，不禁挥毫泼墨：

久有凌云志，
重上井冈山。
千里来寻故地，
旧貌变新颜。
到处莺歌燕舞，
更有潺潺流水，
高路入云端。
过了黄洋界，
险处不须看。
风雷动，

旌旗奋，

是人寰。

三十八年过去，

弹指一挥间。

可上九天揽月，

可下五洋捉鳖，

谈笑凯歌还。

世上无难事，

只要肯登攀。

历史定格经典的一幕。这是1965年5月25日。

这首名叫《水调歌头·重上井冈山》的词雄浑大气，豪放不羁，“兴酣落笔摇五岳，诗成笑傲凌沧洲”。它的作者便是毛泽东。

“可上九天揽月，可下五洋捉鳖”词意旷达，境界高远，从而被中国科技界广泛认同为奋斗目标，那就是航天工业要实现“可上九天揽月”，航海工业要实现“可下五洋捉鳖”。

“上九天揽月”，这是中国人由来已久的飞天梦。

《墨子》一书记载：“公输子削竹木以为鹊，成而飞之，三日不下。”由此可见，早在春秋战国时代，中国人便有了飞天梦，而鲁班则是中国原始航空科学的先头兵。

在唐代，中国人的飞天梦似乎更强烈。《唐逸史》载：唐开元年间，中秋之夜，方士罗公远邀玄宗游月宫，掷手杖于空中，即化为银色大桥。过大桥，行数十里，到一大城阙，横匾上有

“广寒清虚之府”几个大字，罗公远对玄宗说：“此乃月宫也。”见仙女数百，素衣飘然，舞于广庭中。玄宗默记仙女优美舞曲，回到人间后，即命伶官依其声调整理出《霓裳羽衣曲》，传于后世。

历史如水东逝，梦想源远流长。

当岁月的车轮进入当代后，经过无数科学家的奋斗，国人上天揽月的梦想终于被杨利伟率先实现。那一刻，中国人振臂欢呼，彻夜不眠。

相对于“可上九天揽月”的飞天梦，“可下五洋捉鳖”的潜海梦则似乎更接近我们，更容易实现。然而，这个梦想就好比今日城市之邻里关系，近在咫尺，又形同天涯。

生命起源于海洋，海洋于人类的重要性无以复加。而一个有着悠久历史的民族，一个有着高度文明的国家，从来都不会远离对海洋的探索及研究。有着5000年悠久历史的中国，又何尝不是如此？

早在先秦时期，有一奇书《山海经》，里面既讲了山经，也讲了海经。

秦始皇时代，中国人已向海洋进军，《史记·秦始皇本纪》里说，秦始皇曾派一个名叫徐福的人带领童男童女渡海求长生不老药。

秦之后，中国人更是大享海洋之利。汉初南越国就曾经和欧洲、西亚的国家进行海上贸易；唐宋时代海上丝绸之路更是繁荣；元代以及明朝嘉靖之前，海上贸易繁荣昌盛，明朝永乐、宣德年间著名的郑和下西洋就是证据。

翻开典籍，关于中国人与海洋的诗词更是俯拾皆是……

但仔细一分析却不难发现，上列林林总总，多讲的是“海面”故事。相较而言，许是《封神演义》之“陈塘关哪吒出世”及《西游记》中孙悟空大闹龙宫，才记述有一些海底的事。

不过，这不是正史，甚至连传说都不是，而是小说！

海底有龙宫吗？谁有殊能一探海底？谁有胆量到龙宫探秘？

10年前，中国科技界着手创研海洋深潜器。继而，“蛟龙”号深潜器诞生。随之而来的便是1000米级海试、3000米级海试、5000米级海试、7000米级海试的成功。

人们在阅读着“蛟龙”号海试新闻之时会注意到，在诸多海试中，均有一个身材不高的小伙子始终奋战在深潜第一线，他皮肤白净，笑容憨厚朴实，面对镜头还有几分孩子般的羞涩……他就是唐嘉陵！

2012年6月27日，担任主驾驶的四川遂宁人唐嘉陵更添惊喜，他实现了7062.68米的大海深潜，为中国海底深潜创造了新纪录，并使中国海洋深潜技术走在了世界同类作业型载人深潜器队伍的最前头。他也因此而成为令中国人骄傲的国宝级潜航员。

唐嘉陵生长在一个单亲家庭，母亲杨秋云是下岗工人，多年来靠低保生活，为了供儿子读大学，她卖掉房子，居无定所四处打工。

在古希腊神话中，有一个名叫安泰俄斯的巨人。他是大地女神盖亚和海神波塞冬的儿子。安泰俄斯力大无穷，敢于挑战生活。但他只要脱离大地母亲，便啥也不是。

现在，人们常用安泰俄斯的故事来比喻一个人再伟大，也离不开母亲；或者一个人成就再卓著，也不能脱离他的祖国和人民。

唐嘉陵觉得，自己就是一个探索深海世界的安泰俄斯——有母亲的爱，有祖国的爱，他便有勇气探索和征服海底世界，以推进我国对蓝色疆土的掌控和利用……

## 一、少年多磨难

1

四月。清晨。

灿烂的阳光冉冉升起，如金子般洒了一地。闪熠的露珠在滴翠的绿叶上怡然地怒放、升腾。人间四月芳菲尽，恰有新果初长成。馥郁和期待，沁人心脾。

“祝贺你！你生了个健康儿子！”在四川省遂宁市一家不知名的医院里，一个小生命诞生了，当护士抱着新生的小男孩，展示给刚刚经历分娩痛苦的一个名叫杨秋云的小个子女人看时，她幸福的泪水伴随着孩子“哇哇”的哭声，涟涟而下。

这个刚出生的小男孩便是唐嘉陵。

唐嘉陵的父母原本是遂宁市郊区的农民，后来城市发展，占用了耕地，他家便成了“农转非”的其中一员。唐嘉陵的父亲进了遂宁一家纺织厂当工人，母亲进了遂宁一家街道小厂当工人。

曾是农民，没读过多少书的杨秋云最懂春种秋收这个亘古不变的道理。她对儿子的期望就如同她一样矮小和朴素，不求儿子能够大富大贵、显耀门庭，但求儿子能如庄稼一样沐浴阳光，健康成长。

在杨秋云眼中，唐嘉陵从小到大都是一个乖巧听话的孩子。当然，既然是孩子，难免偶有顽皮，可她却极少批评儿子。她觉得，在每个人的心灵深处，天生都是渴望成功、渴望被欣赏、渴望被赞扬的。

亦如庄稼地里的春芽，每个孩子的成长都并非一帆风顺，都会经风历雨。

唐嘉陵就在母亲的赞扬中一天天成长起来，学习成绩也越来越好。

但唐嘉陵少年多舛，幸福的童年很短暂。在他刚读到小学六年级时，父母却因感情生隙而离婚了。父母离婚时，唐嘉陵被判给了父亲，但他不忍刚刚离婚又遭遇下岗的母亲形单影只地生活着，不忍母亲在阳光灿烂的白天眼睛里也写满了夜色的沉寂，于是鼓起勇气，离开父亲的护佑，重回母亲的怀抱，开始跟着母亲生活。

由于杨秋云年龄偏大，个子矮小，没学历、没文凭，下岗后的她很难找到好的工作。她像一只蚂蚁一样四处找活儿，干过很多种工作：替人站柜台、看库房、在街边卖串串香、在学校附近卖小副食、在街头卖睡衣，当清洁工……

生活的压力像沉重的大山压在杨秋云的肩上，她却像哺育孩子一样哺育生活，有滋有味。她觉得苦不苦其实不重要，只要心中充满希望，心中感觉快乐，便是幸福。

这世间很多事都是这样，你热爱它，即便它给你带来麻烦，让你劳碌，你也能收获快乐！如果你不热爱它，哪怕身处的环境宛如宫殿，你也会备感窒息。

尽管杨秋云总是用坚强和希望装饰面容，也依然有着掩饰不住的疲惫和憔悴。看到母亲为了养育自己这么受累，唐嘉陵更加努力地学习，回家后认真地做作业，做完作业后又复习当天老师所讲的内容，并预习第二天要学的内容，12点之前几乎从不睡觉。

即便没能力辅导儿子功课，每当夜色塞满世界的时候，劳碌了一天的杨秋云总是被瞌睡虫折腾得就像风中的麦穗，不停地点头，但她依然陪伴着儿子，用慈祥而温暖的母爱浇灌着儿子成长。

经过这样的刻苦学习，唐嘉陵顺利地考上了四川省省级重点中学遂宁二中初中部。

2

即使是美丽的春天，也不可能天天都是阳光灿烂。而万物生长，若无天阴天晴，又怎有生机盎然？

在唐嘉陵读初二时，一向学习很认真的他却突然表现得很浮躁，作业字迹潦草，老是出错。杨秋云以为儿子开始进入青春期了，有了逆反心理，心里便有了一种隐隐的担忧。

果然，期中考试成绩下来后，原本在年级排名前10名的唐嘉陵，突然倒退到了全年级30多名。杨秋云非常震惊，非常着急。

中午，当唐嘉陵放学回家，杨秋云询问他考差的原因时，唐嘉陵闪烁其词，不以为意，还说人与人之间有差距，不可能所有的同学都考出一样的成绩。

“难道人与人之间没有个体差异吗？人家的父母有当市长、局长的，我的父母不仅离婚，还是下岗工人，这不就是差异吗？”唐嘉陵本来无心说出这些话的，但他当时跟母亲赌气，一冲动便脱口而出。

唐嘉陵的话果然触痛了杨秋云敏感而又脆弱的神经：她是一个要面子的人，本来离婚的事就让她很没面子了，后来下岗，现在又四处打工……

在杨秋云看来，每个人的漫漫人生，什么都可以选择，唯独不能选择父母。有的人出生在王侯将相家，有的人出生在穷苦百姓家，人生“起点”虽不同，但未来的图纸怎么画，却全在自己。

但是，她气的不是儿子伤了她的面子，而是儿子居然找出这样的理由来为自己的不努力开脱。如果出了问题不从自己身上找原因，却找其他客观原因，这能改正错误、重新进步吗？她觉得非得把儿子这个毛病纠正过来不可，不然今后就不好管教了！

于是她抄起一根斑竹竿子朝着唐嘉陵就打过去。当时的她就想，一个孩子，如果在学校不怕老师，在家里不怕家长，那还怎么教？

见母亲要打自己，唐嘉陵便往街上跑，但也许是觉得就这样跑掉不太好，刚跑出几步，他又停下脚步，站在街上，一任母亲手中的竿子雨点般抽打在自己身上。

杨秋云万万没想到，接下来所发生的事让她悔恨难当，泪如雨下！在她面前、在众多邻居面前如此死倔的儿子，竟然会那么孝顺！那么令她感动！

第二天晚上，当在外面卖了一天串串香的杨秋云回到家中时，唐嘉陵意外地拿出一个小小的生日蛋糕来对她说：“妈妈，祝您生日快乐！”

对啊，今天是她的生日啊！杨秋云自己都忘了呢！

那个生日蛋糕小巧玲珑，白白的奶油上有黑色巧克力字：“妈妈，生日快乐！”杨秋云看着看着，眼泪径自落了下来。但她也很奇怪：“幺儿，你哪来的钱给我买这个生日蛋糕呢？”

唐嘉陵有些骄傲，又有些羞涩地说：“妈妈，当然是我自己挣的了！”

杨秋云更奇怪了：“你现在还是学生，怎么挣的？”

原来，看到母亲整天为了养育自己又忙又累，一直想为母亲分担忧愁的唐嘉陵便有了一个主意：在母亲农历三月二十日生日那天，凭自己的努力给母亲送上一个生日蛋糕，让母亲开心一下。

可自己还是一个学生，去哪儿挣钱呢？冥思苦想后，他发现利用早上上学和下午放学的时间去街上捡一些饮料瓶来卖是个不错的办法。

有了这个主意后，唐嘉陵便行动起来。没想到他在这件事上所花费的精力太多，为此耽误了学习。

3

在不少人的成长季里，有一段旅程叫高中。在这个生理与心理都抽穗拔节的时期，有人背负理想，跫跫足音孤独而执着；有人嘻哈打笑，恣意挥洒浅薄的青春。但这段用三年来标注的岁月却是那么短暂而又重要！

有付出便会有收获，这是一个亘古不变的自然法则。因而，每到人生的分岔口，都注定会有人欢乐有人忧：与书结伴而行者，收获满满，轻松步入人生炫彩的下一站；只知骄纵青春者，收获空空如也，人生则可能变成伤心苦旅。

进入遂宁二中高中部后，唐嘉陵被分到了8班，整个年级8个班中只有一个是重点班。

遂宁二中教学管理别具一格：每学年通过考试将各个班的前5名抽出来组成1个重点班。虽然进校时唐嘉陵被分到了8班，但当高中一年级结束时，他成了8班期末考试中的前5名中的一员，顺利地进入重点班，且一直坚持到高中毕业。在读高二时，数学特别好的他还夺得了四川省高中学生数学竞赛季军。

随着高考的逐渐临近，学习气氛越来越紧张，唐嘉陵和周围所有同学一样分秒必争。

为了给儿子补充营养，杨秋云经常到学校给唐嘉陵送去可口的饭菜：鸽子汤、白果炖鸡汤、核桃仁炒肉、凉拌鸡块……美味经常换，母爱永不变。

做好饭菜后，杨秋云又将装着可口饭菜的保温桶放在自行车车筐里，摇摇晃晃地骑着除了铃子不响、周身都响的自行车，在酷烈的阳光下、在猎猎朔风中、在瓢泼大雨里兴致盎然地给儿子送去。

“妈妈，你也吃点嘛，很好吃的啊！”吃着母亲送来的可口饭菜，唐嘉陵每次都不忘对母亲这样说。但杨秋云却总是笑笑说，她已经吃过了。

多少次，唐嘉陵都撑得不行，并会剩下一些。当他准备将之倒掉时，母亲却阻止了他，说在学校倒剩饭菜会给老师、同学留下不好的印象，让她带回家再倒。

唐嘉陵后来才知道，其实母亲每次都是空着肚子给他送饭菜到学校的。

有一次杨秋云给唐嘉陵送饭时不慎摔了一跤。看到母亲一瘸一拐地回家，放心不下的唐嘉陵便请了两个小时的假回家去看母亲，结果看到母亲正端着一碗白饭，就着他剩下的菜和汤吃得津津有味。

这就是自己的母亲啊！她一直以朴素和平淡来维持自己的生命，却用乳汁和甘甜来喂养他！母亲在生活中挥汗如雨地打拼，就像一只从未停止燃烧的红烛，坚强且执着地用自己的光明和温暖照亮儿子的生命，无怨无悔……唐嘉陵的眼泪一下子涌了出来。

唐嘉陵知道母亲是一个很要面子的人，为了避免母亲难堪，他没有惊动母亲，而是蹑手蹑脚地退出了屋，含着泪回到了学校。

此后，母亲就着他的残羹冷炙吃饭那个令他辛酸的一幕，便成了唐嘉陵刻苦学习的无穷动力，他觉得自己再无任何理由不努力学习了。

幸运的是，唐嘉陵如愿考上了自己和母亲都喜欢的哈尔滨工程大学。看着这封承载着母子10多年夙愿的通知书，杨秋云一下就哭了，她抱着唐嘉陵说："幺儿，妈妈一直都知道你是个出色的孩子，今天你终于证明了这一点!"

有一种开心，叫催人泪下。这种开心，被杨秋云诠释得淋漓尽致。

不过，这世间凡事并非十全十美。儿子的大学录取通知书是拿到了，可自己一穷二白，平时连母子俩的生活费也都要靠她艰难地打拼才能赚取，现在儿子这上万元的学费又去哪儿找呢?

好不容易凑够了第一学期的学费，第二学期的费用又如大山般压在杨秋云的肩上。迫不得已，她便索性将房子卖了：80多平方米的房子，卖了5万多元。每平方米只卖了700元。

没有房子，便没有了家。从此，杨秋云便四处打工，人在哪儿，"家"就跟着在哪儿……

## 二、立志"下五洋捉鳖"

1

南国的栀子馨香馥郁，开了又谢；北国的千里冰封一尘不染，来了又去。

春华秋实，不知不觉间，唐嘉陵的大学生活就过去了三年。三年间，他也从一个稚气未脱的中学生茁壮成长为一个壮志满怀的小伙子。

2006年4月，已是大四学生的唐嘉陵进入实习时期。

这次实习对他来说真是双喜临门：他不仅挣了2000多元钱，还成功应聘进了比亚迪公司，与比亚迪公司签了毕业后去该公司上班的劳动合同。

然而，事情的计划往往没有变化快。原以为毕业后能顺理成章地到比亚迪公司工作，但在2006年9月唐嘉陵回校写毕业论文时，他得知了国家海洋局深海载人潜水器研究所到学校招聘7000米级深海载人潜水器潜航员的消息。虽然他还不太明白潜航员是干什么的，但他猜想这也许跟海洋潜水有关吧。

九月微凉，秋意清浅，唐嘉陵心中却因此涌起一潮春水。

唐嘉陵曾经看过法国著名作家儒勒·凡尔纳的科幻小说《海底两万里》。小说中描写的海底森林，高大直立，没有枝条，像铁杆一样指向天空；森林间，则生长着带有生动花朵的各色珊瑚。更有海底的无穷宝藏、阿拉伯海底通道、苏伊士地峡等。

海底世界的奇妙无穷，令他时常回味和幻想。

唐嘉陵小时还读过安徒生的童话《海的女儿》，他一直记得故事里小美人鱼遇见王子时的情景：在黑夜的大海，她听见人声喧哗，便从岩石后探出头去。这时，烟火在天空绽开，瞬间将大海照得犹如白昼，这时她看见了他……故事由此发端，并使她的一生柔情百转。

于是，当得知潜航员能够潜到海底，看到奇妙的海底世界时，有着强烈好奇心的唐嘉陵便想去参加潜航员面试，他希望能体验《海底两万里》中所描述的感觉，探索海里是否真的有海的女儿，领略神奇的海底世界。

当他把这个想法告诉母亲后，杨秋云给予了积极支持：“年轻人就应该多尝试，何况这是为国争光!”

母亲的话让唐嘉陵顿感自己参加面试不仅是个人兴趣和爱好的问题，更是一个为中国、为人类作贡献的难得的机遇！于是马上报了名。

关于我国深海研究领域，唐嘉陵查阅了相关的资料后，获知了一些信息：

生命起源于海洋，人类起源于海洋。

20世纪七八十年代，美国、日本等世界发达国家纷纷把石油开发的关注点从陆地转移到海洋，为探寻、开采洋底油气资源，热火朝天地展开了“探海行动”。而更多的国家则不得不做“旁观者”，因为深海探测和海底勘探需要技术含量极高的载人深海潜水器。

20世纪90年代初，中国船舶重工集团第702研究所向国家科委（现科技部）提出研制6000米级大深度载人潜水器的建议，但因没有明确用户，几年间申请一直未获批准。

“一往情深深几许？深山夕照深秋雨。”唐嘉陵仿佛看到那时我国海洋工作者在眼前轻盈飘忽的鸥鸟翻飞中神思遐想，在波涛翻滚、斜阳西下时，面对神秘的海底，因无一纸号令无法前往探索而感伤无限江山。

所幸，这个项目终于在2002年6月11日获科技部批准，并列为国家高技术研究发展计划（863计划）重大专项予以启动。

当读到科技部批准立项那一刻，他很激动：现在好了，科学家们再次面对浩渺的海洋时，便会心潮澎湃，纵情激荡。

从此，科学家就将义无反顾地去揭开岁月的斑驳，展示大海从未示人的美丽，这该何等快慰啊！

2

岁月流走，宛如白驹过隙。与世界发达国家的深海研究比，我国已经耽误了不少时间，因而自科技部批准立项之后，广大海洋科学家们便即刻行动了起来。

是啊，“天地转，光阴迫。一万年太久，只争朝夕”。

与其嗟叹曾经逝去的岁月，惹得几处人消瘦，不如直面已经回不去的时光，珍惜眼前的时日和天降良机，奋进拼搏，不再让韶华雨落花碎，也不再独醉秋枫，用寂寥的心情，去弹响揪心的遗憾。

人生如此，科研何尝不是如此？

唐嘉陵兴奋地读着相关的资料，脑海中也渐渐积累起了我国海洋深潜研究方面的相关发展信息：

“7000米级深海载人潜水器重大专项科研”立项以后，有关部门很快成立了以中国大洋协会办公室副主任刘峰研究员为组长的专项总体组，以中国船舶重工集团第702所徐芑南研究员为总设计师，由中国船舶重工集团第702所、中国科学院沈阳自动化研究所和中国科学院声学研究所组成的载人深潜器本体总设计师组；成立以中国船舶重工集团第701所副所长吴崇健研究员为总设计师的水面支持系统总设计师组；成立了以中国航天医学工程研究所副所长黄端生研究员（后来为总工程师姜世忠研究员）为组长的潜航员培训专家组，聘请了项目监理公司对项目的进度和质量进行监理。

而关于海洋深度的划分，唐嘉陵脑海中也渐渐有了概念：所谓深海，是指海面1000米以下，没有氧气、没有阳光、非常寒冷的海区。在通常情况下，海水深度越深，压力越大。人类不可能像《西游记》中神通广大的孙悟空那样念避水咒，也没有能“上天下海，无所不通达”的避水金睛兽，人类要想到深海中一探究竟，只能借助深海潜水器。

深海潜水器是一种能在深海进行水下作业的潜水设备。深海潜水器分为载人深海潜水器、无人深海潜水器和遥控深海潜水器（深海遥控机器人）等多种类型。

为了了解深海载人潜水器（通常简称“深潜器”）潜航员到底是干什么的，唐嘉陵在查阅资料的过程中，如同驾着时光之船，穿梭往复，探寻其由来及发展。

深潜器已有几百年历史。1554年，意大利人塔尔奇利亚就发明制造了木质球形深潜器。而第一个有实用价值的深潜器是英国哈雷于1717年设计的。

过去人们利用深潜器大多是探寻沉船里的宝物，这些深潜器都是没有动力的，它们须由管子和绳索与水面上的母船保持联系。

1928年，一位名叫奥蒂斯·巴顿的美国人发明并建造了第一艘球形钢铁深海探测装置“进步世纪”号。该装置能从一艘水面船舶上通过连接的电缆下潜到海面之下。

1951年，已经67岁高龄的瑞士探险家奥古斯特·皮卡德（Auguste Piccard）带领儿子杰昆斯·皮卡德（Jacques Piccard）来到意大利港口城市的里雅斯特，设计了一艘深海潜水器，并为之命名为“的里雅斯特”（Trieste）号。

1953年9月，皮卡德父子乘坐“的里雅斯特”号在地中海下潜到3150米的深处。

1955年，“的里雅斯特”号以高价转卖给美国海军。在皮卡德父子的直接领导下，美国海军重新建造了一艘深潜器，并命名为“的里雅斯特Ⅱ”号。

1960年1月，杰昆斯·皮卡德和美国海军上尉唐·华士（Don Walsh），驾驶“的里雅斯特Ⅱ”号深潜器，潜到了世界海洋最深处——11000多米的马里亚纳海沟，最大潜水深度为10916米。皮卡德父子成为深潜器设计最成功的传奇式英雄。

这个“的里雅斯特Ⅱ”号深潜器是一个固定在储油器上的球形钢制吊舱。储油器中装满了比水轻的汽油，能在必要时使深潜器浮出水面。下水前，把几吨重的铁沙压载装进特殊的储油罐中，在升上水面前，打开储油罐，甩掉压载。这种深潜器不能灵活运行，就如同“深水电梯”，观察人员潜到指定地点后就只能返回。

由于这类深潜器必须具有很大的浮力舱，且要在其中装载大量汽油，建造与使用都很不方便，在水面和深水操纵都很困难，活动范围亦非常有限，因而后来停止了发展。

但人类征服深海的步伐并未停止，而是将视线转向自由自航式深潜器的研制，即第二代深潜器。目前世界上所说的载人深潜器，指的便是自由自航式载人深潜器。自由自航是指深潜器不需要其他水面舰船的帮助，就能自由地上浮、下潜，还可以进行水平运动。

英国研制的第一艘自由自航式深潜器名字叫“潜碟”，1959年下水，能下潜到305米深处，它的诞生揭示了第二代载人深潜器的正式发展。

20世纪60年代中期，这种载人深潜器得到了迅速发展，其中最有代表性的便是美国的“阿尔文”号深潜器。

1964年6月5日“阿尔文”号深潜器诞生于美国明尼苏达州，它有一个直径约两米的钛合金载人球舱，可同时搭载3人潜到海底。

1965年7月20日，潜航员雷尼和马文驾驶“阿尔文”号进行第一次载人深潜，下潜深度至1800米，并最终获得了美国海军的下潜认证，开启了“阿尔文”号的明星历程。

此后，随着科技日新月异的发展，载人深潜器的下潜深度不断被刷新，特别是法国、俄罗斯、日本等均已研制成功了6000米左右的载人深潜器，这些装备到达的范围遍及大陆坡、2000～4000米深的海山、火山口、洋脊以及6000米的洋底，充分发挥了科学家在现场的主观能动性和创造力，在地质、沉积物、生物、地球化学和地球物理等方面均有重要发现。

唐嘉陵在读人类探索海底的这些故事时，心里充满了强烈的好奇，他觉得，载人深潜器恰似现实版的避水金睛兽：忠诚于主人，会潜水，会浮水，性情通灵……在《西游记》中，避水金睛兽经常驮着牛魔王去龙宫跟龙王喝酒，而载人深潜器能被人类驾驭，能深潜大海、探索海底之谜，这不是避水金睛兽又是什么？

实际上，带着一种探秘神话的好奇心，去了解深海载人潜水器，唐嘉陵觉得饶有趣味，又壮志满怀，他期盼自己能够成为人类探索海底世界的一分子，能够将海底秘密一一揭开。

3

相比于美国、日本、德国等国家，我国对无人遥控深潜器的研究相对较晚：1989年，我国才与加拿大合作，研制了一台最大下潜深度200米、可自动定位定航的深潜器。但竞赛已经开始，就应该加足马力赶超。

因为深海运载这项高科技工程的最终项目实践得靠潜航员来完成，

国家海洋局深海载人潜水器研究小组（后更名为国家海洋局深海载人潜水器研究所）在研制深潜器的同时，也向一些高校、研究所、企业发出“英雄帖”，号召有志青年参加潜航员的遴选。

潜航员的选拔条件非常苛刻，其程度堪比航天员：年龄35岁以下的男性，本科及以上学历，限定为船舶、机械、电子等专业，外语水平不低于国家外语考试四级……同时，潜航员还不能有狐臭，体重最好是在80公斤以下，更不能有心脏病、传染病等疾病。

唐嘉陵觉得一个合格的潜航员所必须具备的条件，自己都能满足，他有信心一路过关斩将，并笑到最后。

果然，他轻松地过了初选关，接到了面试通知。

当国家海洋局深海载人潜水器研究小组相中唐嘉陵后，内心轻舞飞扬的他在第一时间将这一消息告诉了母亲。他已与比亚迪公司签了劳动合同，现在又被国家海洋局深海载人潜水器研究所相中了，虽然心里对抉择方向已经有数，但他还是想再听听母亲的意见。

得知儿子接到面试通知，杨秋云很开心：“人生难得几回搏？这个报效祖国的机会千载难逢，还犹豫什么？”

母亲的话给了唐嘉陵极大的信心。

2006年9月，包括唐嘉陵在内的共计15人一起来到青岛，参加载人潜航员的选拔。他们被封闭在同一家宾馆，连续5天不许出门，早中晚都要接受测试。

测试有很多种形式。在测试是否细心这一关时，他们被要求用一根细针分别插入用金属做的9个孔中的每一个孔，这些孔深五六厘米，一旦碰到孔的边缘就会自动响起警报，表明测试失败。孔径从粗到细排列，最粗的大约是细针直径的两倍，最细的只比细针直径稍大一点。唐嘉陵在接受测试时，招聘人员不时地跟他说话，分散他的注意力。第一次测试，唐嘉陵做到第六个就失败了。招聘人员告诉他，前面的测试者成绩都比他好，他还有一次机会，如果不能超过前一次的成绩，马上打包走人。唐嘉陵第二次测试做到了第七个。

接下来，唐嘉陵要做的测试是用细针在一条A字形金属路径上行走，A字形金属路径像9个孔一样也是从粗到细，碰壁就算失败。这一次，他很顺利地走完了整条路径……

继而，在天气好的时候，他们经常被快艇带到海上进行眩晕测试。

海纳百川，有容乃大。第一次见到真实的海，唐嘉陵震撼了！

海是多么辽阔啊，它有处子之静美，又有脱兔之跳荡。没有任何一个文人能用准确的词语来形容大海之深邃，也不会有任何一个美术家能用画笔记录大海之妆容。也就在那时，他便深深地感到，自己骨子里是那么喜欢大海，与大海那么有缘！

当然，任何形式的爱与被爱都得有付出才行，热爱大海也一样——要与大海保持恒久的亲密，你就得知悉和适应大海的脾性。

唐嘉陵永远记得第一次接受潜航员海上眩晕测试所发生的事。

那天海风呼啸，海浪很大，被测试者乘坐的快艇在海面上随波漂荡，时而在浪尖，时而在浪谷，变换不停的超重和失重让人痛苦不堪。等过了45分钟，他们都快被颠成一堆软柿子时，此次眩晕测试才告结束。

虽然自己不晕船，但被淘汰的选手遗憾地抹泪离开的情景，却令唐嘉陵倍感压力。

之后，剩下的候选人经常要在天气不好、风浪很大的情况下，去海上接受眩晕训练，而且训练强度还在逐渐增加，时间也逐渐延长，一训练就是一天……好在唐嘉陵已渐渐习惯且能忍受大海的小姐脾气，他阳刚如汪洋中的一条船，迎风劈浪，最终通过了所有面试和测试关，达到了国家一级运动员的体能素质。

2006年12月25日晚7时，正与同学们欢庆圣诞节的唐嘉陵，忽然接到国家海洋局北海分局人事处打来的电话：他被国家海洋局正式录取为潜航员培训人才！

这个好消息对唐嘉陵来说，可谓是最好的圣诞礼物啊！他马上通过短信告诉母亲，跟母亲一起分享这份喜悦。

接到这个通知虽然可喜可贺，但这离一个合格的潜航员来说，还仅仅是万里长征第一步，因为接下来对潜航员的专业训练是另类而残酷的，可以说是闻所未闻！

被春节簇拥的2月，北国虽然依然冰封，但近在咫尺的融融欢乐开始送走阵阵寒气；南国更是有了早春的萌动，灵动的嫩芽也在悄然蓄积着妩媚，冰雪消融，风和日丽，只等似剪刀的春风剪出芬芳的细叶和清丽的风景。

2007年2月5日，聆听春风飘舞的韵律，唐嘉陵来到国家海洋局北海分局报到，开始接受潜航员的正规训练。

唐嘉陵这时才知道，与他一起过关，到国家海洋局北海分局报到并接受训练的，还有一个名叫付文韬的年轻人。付文韬是湖南岳阳人，1982年12月19日出生，2005年毕业于兰州理工大学通信工程专业，接受潜航员选拔前正在杭州准备考研。

潜航员的培训内容分为陆上的理论培训和潜水海试实践培训，要求潜航学员能熟练掌握深潜器操作，对深潜器各系统的组成、工作原理、设计特点等了如指掌，并对深潜器各个系统的一般故障作出诊断和处理，以及进行简单设备更换。

## 三、“蛟龙”小试牛刀

1

在常人眼中，大海就是一个咸水世界，有风有浪，有鱼有虾。其实，大海远非如此简单，深海世界更是神秘奇异。

“你相信深海里也会下雪吗？”在进行潜航员培训的第一天，中国大洋协会办公室副主任、国家深海基地管理中心主任刘峰便抛出了这个问题。

“海里会下雪？”唐嘉陵很奇怪。

“是的，深海里也会下雪！”刘峰说。随即，他便讲起了海水里下雪的故事来。

1974年，苏联海洋学家驾驶一艘深潜器去北冰洋进行科学考察。随着深度的增加，光线越来越暗，当深潜器内部一团漆黑时，潜航员打开了探照灯。这时，在探照灯强烈光线的照耀下，一幕奇幻的景致把他们惊呆了：深潜器外有鹅毛大雪纷纷扬扬地飘……

海水里怎会下雪呢？这飘飘洒洒的“雪”是从北冰洋天上落下来的吗？北冰洋洋面覆盖着厚厚的冰，有的冰层厚达几十米，天上的雪怎么可能穿透厚厚的冰层，“飘”到海水里呢？

其实，这种东西似雪而非雪。后经取样研究才知，此“雪”不过是由生物体死亡分解的碎屑、动物粪粒、大陆水流携带来的颗粒等组成的絮状悬浮物。由于探照灯强光的照射，且水对光有折射作用，于是看上去便像是雪花……

而这些“海雪”，是深海生物的可口食物。

“我们不深潜入海，便不会发现海里也会‘下雪’。如果我们不认真研究深海里的这一奇异景观，便不会知道这种‘雪’到底是什么。”讲完这个故事，刘峰说，“海里不仅会‘下雪’，还有‘森林’、有‘浮云’，有金银财宝，奇珍异兽……”

讲完“海雪”的故事后，刘峰又给唐嘉陵和付文韬讲了一个深海“殡仪馆”的故事。

这个故事据说发生在1980年夏天，挪威一个早已废弃的半岛上正在进行一场悬崖跳水比赛。这个半岛三面环海，一面是山，悬崖下的海水深邃莫测。世界上的一些跳水爱好者纷纷前来观看。发令枪响，30名跳水运动员竭尽所能地做着各种精彩动作跳入海水之中，激起观众经久不息的掌声。

时间嘀嗒，转眼半个小时过去了，却不见跳下水去的运动员重新露出水面，这下人们吓慌了，本想借此比赛赚上一笔的组织者们更是吓得不轻，他们连忙派出搜救船搜救。然而几个小时过去了，先前跳水的30名运动员都如泥牛入海，杳无踪迹。

第二天，组织者们又选了一名经验丰富的潜水员，让其佩带安全绳和通气管下海搜索。然而，搜救船上的人们看到，系在这位老兄身上的绳子刚入水5米多，就似有一股强大的力量在拖拽绳索，将搜救船也拖得朝一边猛倾。几乎是一瞬间，维系这位经验丰富的潜水员的绳索“噗”的一声断了，这位经历过无数潜水危险、积累了大半生潜水经验的潜水员一去不复返。

这片海域到底潜伏着什么可怕的东西，能将人瞬间吞没？是鲸鱼、鲨鱼，还是其他怪兽？无奈，组织此次跳水比赛的组委会只得向挪威政府求援。于是挪威政府海警派了一艘微型探测潜艇来到现场，谁知，这艘微型探测潜艇同样也是有去无回。

后来，挪威政府又请求美国派出一艘海底调查船来调查此事，这是一艘现代化的海底调查船。海洋地质学家豪克逊负责此项调查工作。到出事海域后，豪克逊不敢怠慢，立马打开当时最先进的探测仪器，对海底进行地毯式搜索。

结果发现，洋面下有一股强大的潜流，潜流里有一个漩涡中心，先前失踪的30名跳水运动员、2名潜水员尸体都在这个海底漩涡中心里。漩涡中心里还有不少潜艇的碎片。更令人惊异的是，漩涡中心还有无数具脚上拴有铁链的尸体。这恐怖的一幕让豪克逊不敢相信自己的眼睛。

随后几天，豪克逊揭开了这奇特的海底“殡仪馆”之谜。原来，这里是海洋暖流与寒流的交汇处，两股不同的海流相遇后相互挤压，形成了一个强大的漩涡，使得附近的物体都被卷入涡心里，被水流冲击得摇摆不定；这里的水质纯净，不具备各种微生物所需的微量元素，所以没有腐殖细菌，因而尸体不会腐烂。

而那些脚拴铁链的尸体又是从何而来的呢？

原来在17世纪时，这个半岛有一座大监狱，监狱看守们不断将死去的犯人投入海中，年复一年，海底就聚积了许许多多的尸体。豪克逊还发现，半岛上的岩石能产生一种看不见的射线，使这里寸草不生，这可能是这座大监狱最后被废弃的原因。

刘峰讲完后，问：“你们听了我刚才讲的这个故事后，觉得深海之底神秘吗？”

唐嘉陵说："海底世界肯定是神秘的，不过，我觉得您讲的这个故事不同于先前讲的那个'海雪'故事，这个海底'殡仪馆'的故事很荒诞！"

听了唐嘉陵的话之后，刘峰吃惊得睁大了眼睛："很荒诞？为啥？"

"是的，这个故事太假了！"唐嘉陵一边回味着故事情节一边说，"我觉得荒诞的地方有几点：一、那片海域是海洋暖流和海洋寒流的交汇处，既然是交汇，怎么可能不具备各种微生物所需的微量元素，且'水质纯净'？二、既然是海洋暖流和海洋寒流的交汇处，那力量必然大得无穷，能将潜艇撞得稀烂，为什么就撞不烂吸入漩涡中心的人？三、我们见过屋檐滴水，时间久了都会将檐下的石头滴出小窝来，为什么在漩涡中心摇摆不定的尸体会历经数百年而不磨损……"

唐嘉陵话未说完，刘峰和其他专家便鼓起掌来。

"我当然也知道这个故事是假的，因为这个故事的很多细节经不住推敲。我之所以非常认真地讲这个故事，就是希望你们能够在听的过程中用心思考是否存在漏洞。因为一个合格的潜航员是不容许百密一疏的，得保证每个细节都不出差错，不然不仅会前功尽弃，而且生命无保！"刘峰说，"潜航员所从事的是海底探索，是科研工作，因而严谨是最基本的素质，凡事都要务必做到自己观察、思考，绝不能只听别人道听途说。"

2

雨过天晴，阳光正好。

2008年8月2日，一个好消息传来，唐嘉陵和付文韬经过一年多的潜航员特训，圆满完成了包括心理、体能和深潜器操作等在内的陆地培训项目，达到了《深海载人潜水器潜航员培训现场评测方案》所规定的评测目标，具备了担任主驾驶执行下潜任务、驾驶载人深潜器海上试验的能力。

这天是星期六，上午还细雨霏霏，难得清闲的唐嘉陵躲在炎热的背后享受清凉。窗外，雨打芭蕉的乐韵叩击心弦，他的情愫丝丝缕缕。习惯了紧锣密鼓的训练，片刻的歇息反而让他有些无所适从。

其实此时，他已经暂时不需要训练了，因为春天的播种之后，他在等待秋后的收获。此时在他内心的那份宁静中，更深埋了一丝顺理成章的期许。

这个喜讯终于不紧不慢地来了！来得正逢其时，比炎夏里的清凉还令人快慰。

每有喜讯上门，唐嘉陵都忘不了给母亲汇报，让母亲和外公、外婆能在第一时间分享自己的快乐。

虽然天各一方，但杨秋云却特地在这天晚上犒劳自己大吃了一顿，还含泪喝了一杯小酒。扬眉吐气更兼开心的泪雨，谁能解她心中感慨？

我国首批潜航员一共有三名，除了唐嘉陵和付文韬外，还有一位潜航员名叫叶聪，他是深潜部门长，“蛟龙”号首席潜航员。

叶聪1980年出生于湖北省黄陂县，2001年毕业于哈尔滨工程大学船舶工程专业。叶聪自大学毕业后就一直和海洋深潜器打交道，2002年6月11日，科技部批准立项7000米级深海载人潜水器后，他又成为深潜器的主任设计师。2005年经过选拔和培训，他参加了中美联合深潜，到2007年时，他已经是潜航员培训的主要教官。

就在潜航员培训紧锣密鼓进行时，约有100家科研机构和企业共同参与的深海载人潜水器本体研制、水面支持系统研制和试验母船改造等工程也在同期进行着。

我国自行设计、自主研制的这台深海载人潜水器名叫“蛟龙”号，它外形像鲨鱼，胖胖的，大家又叫它“小胖”。

正像进入太空离不开航天器一样，开发利用深海则离不开深海装载装备。拥有大深度载人潜水器和具备精细的深海作业能力，是一个国家深海技术竞争力的综合体现。

身为深海载人潜水器本体总设计师的徐芑南，已年近八旬。他自1958年从上海交通大学造船系船舶制造专业毕业后，就一直从事舰船结构力学研究和深潜器设计制造的研发。近30年来，他成功研制了我国第一套单人常压潜水装具、我国第一台大功率作业型有缆水下机器人8A4、我国第一台6000米水深的无缆自治水下机器人CR-01……这几种产品不仅填补了国内的空白，同时也达到了国际先进水平。

尤其是诞生于1995年的“CR-01”6000米自治水下机器人，它曾多次对太平洋底的深海资源进行科学考察，为我国在国际上争得对多金属结核矿产资源丰富的7.5万平方公里海域优先开采权起了积极推进作用。

载人深潜器项目一经立项，徐芑南便被认定为总设计师的不二人选。虽然当时徐教授已经退休，身体也不好，但是接到国家召唤后，他还是欣然接下帅印，并立即投入工作。

第一副总设计师、中国船舶重工集团公司第702研究所副所长崔维成，则尽量把具体工作担任起来，一方面可以减轻徐芑南教授的压力，另一方面让担任“蛟龙”号总设计师的徐芑南教授专注于宏观的思考。

崔维成，1986年毕业于清华大学工程力学系，1987年赴英国留学，1990年获博士学位，随后在英国进行了3年博士后研究。崔维成对复合材料层间剪切强度测量、非线性效应、尺度效应、脱层破坏机理等有深入研究。

“蛟龙”号载人深潜器球壳为钛合金，厚达70多毫米，在空气中的重量约为22吨，舱内空间非常有限，只有4.8立方米，能承载3人；深潜器设计能力为7000米深度——这个设计是世界上同类型载人深潜器中的最大深度，工作范围可覆盖全球99.8%的海洋区域。

为了看得清、看得远，“蛟龙”配有石英卤素等8个水下灯源，加装了10台LED灯，灯光能照射的距离为7～9米，它还装有2台高清摄像机、1台照相机等。

除了明亮的“眼睛”，“蛟龙”还有一双敏捷的“手”。右手被称为纤手，很精细，可以伸出，轻巧地张合手掌；左手叫大螯，力量大，可以抓住大块头的东西，包括起到锚碇的作用。

与世界上其他的深海载人潜水器相比，我国自行设计、制造的“蛟龙”号深海载人潜水器主要具有三个出色的方面：一是它具有贴近海面稳定的自动航行功能，以及针对作业目标出色的悬停定位能力；二是具有高速水声通信功能，可以从深海高速传输图像和语音，具有海底微地形地貌探测能力。另外，自行研发的水下蓄电池比国外的深海载人潜水器的能量更大，能持续提供能量的时间更长。

2007年8月底，7000米级深海载人潜水器总装完成，随后被移至水池，1个月后开始水池试验。在半年多的时间里，它经受了水池的全流程试验，以及水池内的应急浮标试验等。

2008年3月2日，载人深潜器通过国家海洋局组织的专家的检测确认。这一年，深潜器被正式命名为“蛟龙”，取“蛟龙闹海”之意。

……

就在“蛟龙”号深潜器诞生的过程中，“蛟龙”号载人深潜器的“母亲”——母船也在进行着嬗变和诞生。而“蛟龙”号深潜器的母船是一艘名叫“向阳红09”的轮船。

2007年11月28日，经过11个月改装，“向阳红09”号船被“重塑金身”，傲然屹立于黄浦江畔。

与改装前相比，“向阳红09”号船为“蛟龙”号载人深潜器多设置了一个“襁褓”：船尾被改装扩大，在甲板上竖起了一个三四米高的A形架，并预留一个深潜器滑轨道。而在红色的A形架中间垂下一个类似于“抓手”的机器，以便灵活地收放“蛟龙”。

3

万事已然具备，海试一触即发。

2009年8月6日上午9:00，“蛟龙”号载人深潜器1000米级海上试验队从江阴市苏南国际集装箱码头起航。国家海洋局副局长、海试领导小组组长王飞语重心长地说：“海上试验是整个载人深潜器研制工作的关键阶段，是走向成功的重要一步，希望广大参试人员继续发扬载人深潜的顽强精神，本着由浅入深、安全第一的原则，按照海试大纲的要求，精心组织，科学安排，顺利完成各项试验工作。”

“一定服从命令，精心操作，同舟共济，不辱使命，战胜一切困难，确保海试成功！请祖国放心！请人民放心！”海试现场总指挥刘峰代表参加海试的船员和科技人员，向祖国庄严宣誓。

1000米级海试分为3个阶段：50米、300米和1000米。没有经验、无章可循，中国首台载人深潜器的首次海试就这样拉开了序幕。

50米海试是“蛟龙”号载人深潜器海试的第一潜。2009年8月15日，海试警戒船舶进驻试验海区。当天，唐嘉陵、张东升、崔维成3位潜航员第一次乘深潜器下海进行水面调试。

张东升是试航员，生于1980年1月，系中国科学院声学研究所副研究员。在“蛟龙”号海试项目中，他负责高分辨率测深侧扫声呐的研制，致力于研究“蛟龙”号声学系统在深海领域的应用。

在水面调试了4次后，2009年8月18日，晨曦破晓，海雾尽消。潜航员个个整装待发，跃跃欲试。当领导询问谁愿意成为“蛟龙”号的首位试航员时，唐嘉陵应声而答：“我！”

唐嘉陵话音刚落，在场的人便鼓起掌来。

唐嘉陵成为国产载人深潜器海洋深潜的首个“吃螃蟹者”，很光荣。其实他和同事们心里都明白，谁第一次深潜，所面对的不仅仅是光荣，还有艰巨，以及无人能知的风险。

虽然深潜的原理简单，但深潜的过程却一点也不富有诗意——深潜器每下潜10米，压力就会增加一个大气压；如果潜到1000米水下，压力就会增至100个大气压，相当于1平方米要承受1000吨的重量。如果深潜器出现芝麻粒大小的孔，那挤射进舱的海水便是高压切割水刀，对仪器和人体的破坏如摧枯拉朽。

在下潜的过程中，让人感觉不适的还有温度：初入舱，温度高达40多摄氏度，密闭的空间内，潜航员无不汗流浃背。但随着下潜深度的增加，载人舱里的温度则会逐渐降低，最低会降到二三摄氏度，让人感觉很冷。潜航员在一次下潜中便会完整地经历春夏秋冬四个季度的温差变化。

大海表面波澜起伏，越往下沉则越静谧，越暗淡，直至漆黑一片。因而深潜器下沉的过程便会在几个小时之内，经历从白天变成黄昏，再由黄昏变成伸手不见五指的黑夜的变化。而完成作业后上浮的过程则恰好相反，先是漆黑的夜，然后是黄昏，最后阳光普照。

虽然“蛟龙”经过7000米深度的海水压力测试，钛合金的外壳也很牢固，但由于“蛟龙”号与海面母船没有直接关联，一旦发生故障无法上浮，后果将不堪设想；而且“蛟龙”号正处在测试阶段，深潜的过程中可能会发生、发现各种不可预知的问题；在漆黑的深海世界里，海底的环境几乎一无所知，可以说深潜的过程，是潜航员在拿生命去挑战！

唐嘉陵驾着“蛟龙”号一路下潜，激动与惬意并存。“蛟龙”号往下沉，阳光和温暖向上游。清澈渐变模糊，纷扰渐行渐远，他犹如听一首轻灵的音乐，身心滑入时空隧道。

随着“蛟龙”号的不断下潜，唐嘉陵脑海中对海底世界的憧憬也越来越强烈。在接受潜航员培训时，他曾经看过一些海底的影视资料，从此海底的奇异便深深地铭记在心底。

神秘的海底世界和陆地一样，也有各种各样的自然景观：有淡水泉，有瀑布，有峡谷，有山脉，有火山，有“雪山”……

海底真有这么美丽的景致吗？他憧憬着正在下潜的“蛟龙”号即将给他带来一种闻所未闻、见所未见的视觉盛宴。

然而，就在“蛟龙”号的深度表指数指向38米时，他却接到指令：抛载返航！虽然对海水深处的好奇心依旧，但军令如山，他不敢打丝毫折扣，即刻开始返航。不过返航的过程中，他也很奇怪：怎么就突然要求返航呢？是自己在下潜的过程中哪个地方操作失误，令母船上的专家们不满意吗？

4

唐嘉陵不知，“蛟龙”号载人深潜器在此次下潜中，原本与母船“向阳红09”号船还有联系，然后便没了联系，再之后又有了联系……

“蛟龙”号与母船的这种“若即若离”的关系，曾让海试现场总指挥刘峰直冒冷汗：接收不到“蛟龙”号发来的信息，水声通信不通，超短基线定位系统也不能准确测定深潜器的位置，是水声通信系统出了问题，还是海洋表面的环境很吵？又或者“蛟龙”号载人深潜器本身设计上存在问题？在找不到原因的情况下，他揪心到了极点。

后来，过了好一阵，才又收到“蛟龙”号的信息。虽然“蛟龙”号安然无恙，但由于尚不清楚其与母船失去联系的原因，只能马上叫停其继续下潜，命令即刻返航。

当天晚上，海试现场总指挥刘峰、临时党委书记刘心成等几人连夜商量解决问题的方法。指挥部初步判定，水声通信无法建立是由母船的噪声和浅水海洋背景噪声干扰造成的。

于是，第二天海试队再次赶赴试验区，以不同速度进行多次测试，结果验证了大家的判断。现场指挥部研究后决定，“蛟龙”号载人深潜器再次正式下潜后，便关掉“向阳红09”号船上的一台主机，另一台主机也低速运转，以减小噪声。同时，声学部门也更换了一根影响通信的电缆，并采用发莫尔斯电码的方法，将深潜器与母船联系起来。

水声通信无法建立这个海试第一难题就此解决后，海试团队面临的第二大难题也必须解决，否则的话也将成为海试继续进行的拦路虎。这海试的第二大难题便是“蛟龙”号载人深潜器一旦出现安全问题，如何实施救援？如何把它从海底打捞上来？

最终，海试团队研究出一套自救方案：给“蛟龙”号载人深潜器装上应急浮标，万一“蛟龙”号在潜水之时出现闪失，就将应急浮标及时释放出水面，母船“向阳红09”号再通过连接“蛟龙”号载人深潜器与应急浮标的绳索，把“蛟龙”号载人深潜器牵引上来。

一样解缆放舟，一样在海风和太阳下起程。俗话说，习惯成自然。有了第一次的下潜经历后，第二次、第三次下潜时的感觉就好了许多。

那之后，“蛟龙”不停地“试水”，下潜深度也逐步增加，分别为38米、42米和44米……

下潜的过程就像乘电梯一样，不过这种“电梯”连接的是两个世界，“电梯”之外的风景也陡然发生着变化。从海面向海底进发的过程，便是一路从现代直达原始、从喧嚣通向沉寂、从光明前往黑暗的过程。

望着下潜深度显示表上跳动的数字，唐嘉陵和叶聪、付文韬不敢欣赏身边风景的变化，他们开始各做各的事情，忙碌如蚂蚁，有序而又纷繁。实验的内容五花八门：首先对深潜器的性能进行测试，如对航速、刹车、自动控制等进行考核；其次对潜航员自己的身体和心理也会有监测；最后则是测试深潜器的作业功能，如寻找标志物、提取样品等。

50米海试圆满成功后，又开始了300米海区试验进程。

300米海试的过程中，“蛟龙”号载人深潜器也在饱受磨难：由于受到热带低压“彩虹”和“巨爵”热带风暴的干扰，“向阳红09”号船曾4次躲避。

如果海面上有风暴，深潜器是不敢入水的。一般人认为，海面纵然海浪滔天，也不能影响到海平面以下数百米的水体，所以，深潜器只要潜入深海，便如闲庭信步，安稳如山。

其实不然！由于海面上有风暴，海底也并不平静，不要说几百米的海底，就是数千米的海底，都一样会有类似于陆地上飓风一样的自然现象。区别只在于海面上飘动的是急风，而海底下流动的是激流。

海洋科学家把海底激流称为海底“风暴”。海底“风暴”犹如龙卷风，破坏力极强，它不仅会冲掉安装在海底的科学仪器，毁坏海底通信电缆，甚至可能危及海上石油钻井平台。

那么海底“风暴”是怎样产生的呢？科学家认为，海底“风暴”是海洋和大气运动的能量集聚到一定程度的结果。海底风暴出现伊始是海面风暴所引起的海水漩涡，大面积的海水连续不断地做漩涡状运动，便搅动了海中的洋流，带动海底水流速度加快。这种状态就好比用一只手去搅动一桶水一样。

海底“风暴”的流速虽然只有每秒50厘米左右，但其能量大得惊人。每秒50厘米的速度看似很慢，与每秒25米的台风速度相比，简直可以忽略不计，但考虑到深海海水密度几乎是大气的1000倍，按能量等于质量乘以速度计算，就可以想象海底“风暴”能量之巨大。最凶猛的海底“风暴”，其破坏力相当于风速高达每小时160公里的风暴，而风速超过每小时120公里时已是飓风了。

所以，深潜器虽然是在海底作业，但遇到海面热带风暴的干扰时，依然只能敬而远之，否则将会玉石俱焚。

在这300米级的海试中，“蛟龙”号载人深潜器进行了2次水面调试和5次下潜试验，下潜深度分别为213米、113米、335米、268米和292米，成功进行了两次坐底，在海底放置了“中国载人深潜纪念”标志物，进行了拍照、摄像和热液取样作业。

在此后的1000米级海试前，“蛟龙”号载人潜水器的水声通信系统经过进一步改进和完善，具备了可以通过语音、文字和图片与母船联系的能力。在通信方面，已是鸟枪换炮。

## 四、插上五星红旗

1

中秋月圆人难圆，最叹佳节思绵绵。

2009年10月3日，中秋节。“蛟龙”号载人深潜器成功下潜到1109米深度，使我国成为继美国、俄罗斯、日本和法国之后，世界上第五个具备1000米深度载人深潜能力的国家，这也是中国迈向深海的一大步。

出于保密的原因，唐嘉陵不便对母亲详谈工作中的事，但他每每思念母亲，或者渴望与母亲一起分享快乐之时，都会在日记本里与母亲对话。

1000米海试结束后，唐嘉陵抑制不住激动的心情，看到圆月疏星、款款秋云，他又想起了母亲对他的绵绵絮语。那一轮明月，多像母亲慈祥的笑啊！平凡的母亲，如一株幽兰，馥郁地开在他的心中，每逢佳节，对母亲的思念就折磨得他难以自拔。

凝神遐思，如海的母爱，闪耀着相依为命、光影曜然的流年；那谆谆教诲，流淌着血脉相连、共荣共辱的亲情。一种中秋，两处闲愁。无物以寄，他只能慨然长叹。继而，索性铺开日记本，给母亲写起了不让发出去的思念：

……今天是中秋节，每逢佳节倍思亲。在这个亲人团圆的日子里，我好思念远在四川的母亲。我们老乡苏轼的经典名词也不停地在脑海中萦绕，让我泪花涌动：

明月几时有？
把酒问青天。
不知天上宫阙，
今夕是何年？
我欲乘风归去，
又恐琼楼玉宇，
高处不胜寒！
起舞弄清影，
何似在人间？

但是今天，我也很开心，虽然有纪律规定，我工作方面的事必须保密，起码暂时得保密，而不能与母亲分享，但我在这里还是要写下来：今天，我们驾驶着‘蛟龙’号下潜到了1109米的深度！我想，这是我给母亲最好的中秋节礼物吧！

200米，300米，500米，1109米，我们在一步步地接近深海，在一步步地成为‘龙宫’的主人。因而下潜的深度每增加一个级别，我的开心便增加几分，心中的成就感也增加几分！

“妈妈，我说过我会让你为我骄傲的！我会兑现诺言的！

“妈妈，你就为我开心吧！为我自豪吧！”

写完信，唐嘉陵释然了许多。是啊，史卷上镌刻了多少中秋月圆人难圆的情节，自古忠孝难两全，何必这么哀哀怨怨呢？云断，疏影横斜，可以带去对母亲的一腔思念；雁过，悄然无声，可以遥寄对母亲的无尽祝福。虽远隔万里，谁说母与子不能相对繁星点缀的浩渺夜空，共伴月桂婵娟？

此时，窗外月亮更圆、更美了。而唐嘉陵的心情，也更暖、更甜了。这样的情境，太适合思念，也太适合倾诉了。人就是这样，有了思念和牵挂，人生才更有韵味。

“1109米”、第一个载人深潜器、第一条试验母船、“向阳红09”……2009年，这样的一组数字和成绩，足以令60岁的祖国母亲欣慰！

1000米级的海试成功以后，接下来便开始了3000米级的海试。

而就在“蛟龙”号载人深潜器1000米级海试结束后，中国科学院声学研究所又改进了“蛟龙”号的水声通信系统，使其有了“双保险”——装上了水声通信机和6971水声电话两套系统，使其同时具备了高速的数字通信能力和模拟的语音及莫尔斯电码通信能力，通过水声通信机，可以将水下拍摄到的图片信息实时传输到母船上；而6971水声电话则可用于模拟语音通话联系，是“蛟龙”号的备用通信手段。

2010年5月31日，在“中国3000米级载人深潜器海试”欢送仪式上，科技部社发司副司长阎金向刘峰总指挥授旗后，国家海洋局副局长王飞宣布：中国3000米级载人深潜器海试起航，再次奔赴南海！

2010年6月8日是世界海洋日暨全国海洋宣传日，徐芑南被评为

“2009年度海洋人物”。而当天，海试团队正在南海进行50米下潜练兵。消息传来，参试人员备受鼓舞，在5天之内做了4次下潜试验。

最可喜的是，2010年6月22日，解决了相应故障的“蛟龙”号载人深潜器下潜到了3039米。

连续突破2000米和3000米大关，科技部、国家海洋局局长孙志辉、国家海洋局副局长王飞、中国大洋协会等都发来贺信贺电，极大地鼓舞了参试人员的士气。

2

人与人之间的感情，往往是由浅入深的。交往越深，感情越笃。海洋深潜也是一样。

在2010年5月31日至7月18日之间，“蛟龙”号载人深潜器在我国南海所进行的3000米级海上试验中，共完成17次下潜，其中7次穿越2000米深度，4次突破3000米，验证了“蛟龙”号载人深潜器在3000米级水深的各项性能和功能指标。

在3000米级的海试中，唐嘉陵共下潜10次。其中，最有成就感的是2010年7月13日的那次潜航。

上午10时许，当“向阳红09”号到达我国南中国海预定海域后，唐嘉陵作为主驾驶，付文韬作为副驾驶，进入“蛟龙”号载人深潜器，开始下潜。这是两年来海试的第37次下潜。“蛟龙”号载人深潜器以每分钟37米的速度缓缓下潜。

一小时后，“蛟龙”号载人深潜器突破了3682米的世界海洋平均深度。

离海底越来越近了，7盏水下灯全部开启。海底细腻的白沙，游动的金枪鱼，长着一对翅膀趴在白沙上一动也不动的鳆鱼……海底风景尽现眼前。

在近底航行完成时，“蛟龙”号抛掉载重物，让其以零浮力下潜。高度计跳动着，0.6米、0.5米、0.4米，停住了……“坐底”成功了，3757.31米！一个新的纪录诞生了！

坐底那一刻，“蛟龙”号激起了海底的一层浑浊的泥沙，像雾，又像纱。而这一刻，唐嘉陵顿然觉得海底世界有着一种浓浓的童话色彩：神秘的海底这么害羞呀？是小龙女戴着的面纱，还是恶龙制作的“飞沙”？

唐嘉陵笑了，泥雾里面有神秘而又害羞的少女也好，有十恶不赦的恶龙也罢，他都会勇敢直面，看看其庐山真面目。无数次训练，无数次下潜，他把自己训练成了一个勇士，训练成了一个钢铁战士，不就是等待着这一刻的到来吗？

“永恒的黑暗、刺骨的严寒、巨大的压力，奇形怪状的海洋生物和令人惊讶的海床地形。这里隐藏着无穷无尽的神秘事物，是地球上最后的未开拓领域……要在此享受熙暖阳光的抚慰实属遥不可及，在这样一个地心引力变得无足轻重的海洋世界里，生命遍布每一个角落。”

这是2007年在法国巴黎国家历史博物馆揭幕的全球公益科普巡展——“深海奇珍”展序言中的一段话。现在神秘的深海世界就在自己面前了，唐嘉陵激动得心怦怦直跳。

唐嘉陵看过一部科教片，讲述的是美国加州蒙特雷外海海底的故事。

说是在美国加州蒙特雷外海，有一座藏在海底的峡谷，最深处超过3000米。那里阳光永远无法到达，那里的海洋生物全都奇形怪状，那里就是怪物海沟！为了了解深海生态，海洋生物学家靠遥控深潜器深入这片幽暗的水世界，发现了恍若来自外太空的生物：它们会伪装、会发光，还会给自己“盖房子”。

现在自己正置身3000多米深的海底，是否也有这样一些怪异的生物出现呢?

其实，在“蛟龙”号下潜的过程中，大家还揪心和提防着一个众所周知的大家伙，这个大家伙便是抹香鲸。

抹香鲸是世界上最大的齿鲸，雄性最大体长达23米，雌性17米，体呈圆锥形。抹香鲸主要活动在热带和温带海域，分布于全世界各大海洋中。

抹香鲸性野凶残，牙齿长达18厘米，喜食深海桡足类动物，也吃深海鲨鱼。1991年，在加勒比海的多米尼加岛屿附近，海洋科学家意外地发现，抹香鲸竟然可以潜到2200米深的海底，而且能在追猎巨型乌贼时屏气潜水，时长可达1.5小时，可谓哺乳动物中的潜水冠军。

另有间接证据表明，抹香鲸还能潜得更深。例如，1969年8月25日，捕鲸人在南非德班市以南160千米处，捕猎到了一头雄性抹香鲸。在这头抹香鲸的胃里，他们发现了两只小鲨鱼，据说这种鲨鱼只在海底生存。由于那一带50平方千米的水域范围内，水深均超过3193米，所以从逻辑上可以推论，这头抹香鲸在追捕猎物时曾到过类似的深度。

3

状如特大蝌蚪的抹香鲸，看上去呆头呆脑，实际上它们与海洋中其他动物相比，却有着相当高的智商，它们从来不会对来自人类的杀戮逆来顺受。由此，便不时引发抹香鲸与人鏖战的恐怖事件发生。

据载，19世纪初，在智利南部的莫哈岛附近，有一头巨大的雄性抹香鲸，体重70多吨，性情十分凶猛。也许是它曾被捕鲸船所伤，它一见到捕鲸船，就会暴怒翻腾，猛力用头冲撞捕鲸船底，受70吨身体重重一击，捕鲸船轻则被撞破，重则被撞翻，一个个落水的捕鲸人就成了它可口的零食。

就这样，这头被人类激怒而誓死复仇的海洋巨兽，先后毁灭了大小船只30多艘，伤害100多条人命。但是，与更加凶恶的人类相比，它终究逃不过被杀戮的厄运：在1859年的一天，这头称霸那片海域30多年的抹香鲸，被瑞典的捕鲸队击毙在南太平洋上。当时，它全身中了17只鱼镖，被刺穿了肺和右眼，最终怒号着闭上了它那永不屈服的眼。

抹香鲸攻击船只的类似事件，见诸记载的还有好多。

虽然“蛟龙”号海试以来，一直都是规规矩矩地做实验，从未招惹过抹香鲸，但毕竟有捕鲸人招惹过它们，它们的脑海中留有痛苦的记忆和复仇的种子，也有可能攻击同样是人类制造的“蛟龙”。

幸运的是，“蛟龙”号下潜之时，并没有遭遇到抹香鲸这样的庞然大物攻击，不然，后果真是不堪设想！

除了抹香鲸，如果遭遇身材并不庞大的箭鱼也会让人不寒而栗。

箭鱼，俗称剑鱼，是一种凶猛的鱼类，身长4～5米，体重约400公斤，其上颌又尖又长，像一把锋利的宝剑。箭鱼游动时速可达119公里，几乎是动车的时速。

箭鱼可以潜入水中500～800米深处，追捕鱼群和其他水生动物。捕食时，用“宝剑”猛烈冲刺鱼群，然后吞食。箭鱼脾气暴躁，一旦被激怒，也会向船只猛烈冲击。

箭鱼不仅会扎船舶，还曾扎过美国“阿尔文”号深潜器。

1967年7月6日，在“阿尔文”号第202次下潜中，一条箭鱼便撞上了“阿尔文”号，箭鱼刺穿了“阿尔文”号的表面，迫使“阿尔文”号紧急上浮，最后工作人员费了九牛二虎之力才将它请下潜水器。当然，工作人员也因此多了一顿箭鱼美餐。

唐嘉陵等待着，等待着那一层淡柔的泥雾散去。

在铺天盖地的湮没中，在不知究竟的迷离中，他坐在一艘集万千智慧于一体的最新版的“挪亚方舟”里，海风、浪花、蓝天、白云，以及飘来荡去的喋喋不休，红尘滚滚的纷繁万物，全都隔离在了遥远的海平面以外的世界。此时，他只期待着海底是否有传说、有龙宫，以及其他一些之前只有臆想，或是只有上帝才能回答的谜底。

岁月更迭，沧海桑田，人类等待这一刻不知等了多少年啊！一代一代的智者坐看历史衰老，嗟叹海的神话鲜活了又发黄，发黄了又鲜活，一茬一茬地念叨山经、海经、山海经，怎奈时光染白如墨的黑发，白衣苍狗无穷尽，而海依然深沉，依然年轻，依然衰老，依然神秘，依然默默无语。而这一刻，随着泥雾飘散的这一刻，真相便会大白天下！他多激动啊！

等待着，等待着，这一刻终于来了——当那一层淡柔的黄色的泥雾散尽，千年万年的迷雾也便揭开了：泥雾后面没有华丽的龙宫，没有仪态万方的小龙女，也没有张牙舞爪的恶龙和变化万千的妖怪。有的只是异于浅海的物种和细若飘尘的泥沙。

唐嘉陵发现，其实在3700米的深海海底，也并非生命的“沙漠”，虽然这里远不及浅海有那么多拥挤的生命，但这里也是生命的世外桃源。

由于深海漆黑，食物匮乏，压力大，这里的深海生物形态很奇特：有的鱼就像一块黑色瓦片，紧贴着泥沙，慵懒地趴着；有的鱼长着望远镜式的眼睛，突突地伸向前方，骨碌碌地搜寻食物；有的鱼竟然有头无尾；

有的鱼身上又会发出荧光；更多的生物则似乎没长眼睛……

虽然唐嘉陵尽情地欣赏着这洋底精彩且奇异的世界，但他没忘了此次深潜应该完成的一项最重要的任务，那就是在洋底插上鲜艳的五星红旗！

在洋底插国旗不是件容易的事，动作要很轻很柔。因为只要动作稍微大一些，就很容易扬起海底的泥沙。一旦泥沙弥漫，就会遮挡视线，就只能等泥沙再次沉下去，再开展作业。

“蛟龙”号有两只机械手，左手力量大，适合干粗重的活，而右手灵巧，适合干些细活。这次在海底进行插国旗和放置“龙宫”的操作就是由右手完成的。

当“蛟龙”号完成插旗任务之后，唐嘉陵又用摄像机把这一情景进行了永久定格……

4

两颗专注的心，在完成海底地形地貌测绘、搜索标志物、刷新下潜深度等作业，以及在洋底插上五星红旗这些既定的任务后，唐嘉陵和付文韬又接着搜寻目标。

“完成坐底生物取样，取什么好呢？”

他们俩讨论着。极目四眺，顿时发现前方有一只紫色生物——这是一只海参！这个家伙形体巨大，直径约10厘米，长约40厘米，天啊！

这是一只海参吗？有这么大的海参吗？我国南海真是物产丰饶啊！这么大的海参，在3700多米深的海底，不知道生长了多少年！

关于海参，唐嘉陵自从成为潜航员之后已有认识，并利用闲暇时间查阅相关资料，知道了海参的不少特性：海参能随着居处环境的变化而变化体色，能夏眠，还有预测天气的本领。

最令人稀奇的是海参还能排脏逃生。当遇到凶恶的天敌偷袭时，警觉的海参便会迅速地把自己的内脏一股脑儿喷射出去，让天敌吃掉，而它却借助排内脏的反冲力逃之夭夭。而且，没有内脏的海参不会死亡，大约50天，它又会长出一副新内脏。

海参还能像孙悟空那样分身：如果将海参切成两段放进海里，经过3~8个月，每段又会长成一个完整的海参。

海参不仅是餐桌上的美味佳肴，还是营养滋补品，对增强体质、预防疾病、抑制肿瘤、延年益寿都具有良好的功效。

看到这只大海参的时候，唐嘉陵马上便想到了自己的母亲：要是将之抓住给母亲补身体，该多好啊！这可是海参王啊！

“我们的生物取样任务，就取这个海参吧！”唐嘉陵说。他的提议得到了付文韬的同意。

为了抓住这只大海参，他们操控深潜器再一次坐底，于是“蛟龙”号又下潜了2米多，并再次刷新了海试的最大深度纪录：3759.39米！

要捕捞这只海参非常不容易——海参滑溜溜的，更何况用的是机械手。用劲大，便会将它捏碎；用劲小了，它又会滑溜溜地从机械手里溜走。

在空气中抓东西和在海水里抓东西完全是两个概念——因为水下视线会有折射，在操作上会有偏差。因此，即使在空气中能灵活操作机械手臂抓取东西，下水后为了准确地抓取，还得反复摸索才行。

唐嘉陵将深潜器静静地往前挪动了3米，紧接着轻轻地将机械手插到那只大海参所在的泥沙里，然后缓缓收拢手抓，像人手一样轻轻地把那只

“海参王”拎了起来，慢慢提到采样篮正上方，松开，放进去。整个过程麻利、敏捷，前后不过5分钟时间，一只“潜伏”在海底3759米处的海参就这样成了囊中之物。

在唐嘉陵捕捞上了这只海参后，付文韬也希望能够捕一只这么大的海参，于是他们又寻找起来，并很快又发现了一只大海参。

有意思的是，这两只被捕上来的大海参并没有能够献给他们各自的母亲，而是署上了他们各自的名字，先是被科学家用作生物考察的样品，之后又成了纪念品。

……

“3759.39米，这个数字好奇怪啊!为什么不是3800米呢？”很多人看了新闻觉得不可思议，似有玄机。

对，这个数字真奇怪！本来唐嘉陵和付文韬坐底的海洋深度是3757.31米，但孝顺的他为了给母亲捕捉到那只海参王，他驾着“蛟龙”号再次下潜，并重新坐底，于是就有了“3759.39”这个数字。

“3759.39”虽是数字，却还真有一种巧合及玄妙：“3759.39”中的“37”，与创下这次纪录的下潜次数第37次巧合；“3759.39”中的“5”，则与毛泽东《水调歌头·重上井冈山》中“可上九天揽月，可下五洋捉鳖”中的“五洋”之“5”巧合；而“3759.39”中的“9”，也与《水调歌头·重上井冈山》有着冥冥中的巧合，因为此首著名的词发表于1965年，2010年刚好是其发表的第五个9年……

难道这一切都是历史的必然？

“蛟龙”号最大下潜深度达到3759.39米，超过全球海洋平均深度3682米，其下潜海域距离南沙群岛仅300公里，对我国未来进行深海石油和其他资源开发具有重要意义。

## 五、向卡梅隆靠拢

1

那几日，虽然对儿子的思念如旧，但杨秋云却有一种莫名其妙的愉悦和感念。她觉得奇怪，却又不知为什么。

2010年8月27日晚7时许，在成都一家牙具厂打工的杨秋云刚刚下班回到宿舍，便接到了老家人打来的电话，老家人惊喜且羡慕地对她说："你儿子上《新闻联播》了！快看快看！"

我儿子上《新闻联播》？怎么可能？将信将疑的杨秋云本想看看电视节目的，可她住的是厂里提供的集体宿舍，宿舍里没有电视机。

继而，杨秋云又陆续接到好几个人打来的电话，向她报告这一喜讯，并表达了心中的羡慕和对他们母子的祝福。

为了求证此事，杨秋云便给唐嘉陵打了电话。

之前，由于需要保密，唐嘉陵一直没对母亲细谈过自己的工作。现在，中央电视台《新闻联播》都报道了他创造深潜3759.39米纪录的新闻，他也不再对母亲保密了。

"你真成新闻人物了啊！"杨秋云不敢相信自己的耳朵，开心得哭了，"幺儿，你说过会让我一辈子为你骄傲，你果然做到了，妈妈好开心！"听到母亲激动的哭声，唐嘉陵也哽咽了……

在取得3000米级深潜试验的圆满成功之后，从事深海探索的科学家们又着手准备5000米级深潜海试的事项。

为了保障舱内人员和“蛟龙”号载人深潜器的安全，自2010年7月逛完了南中国海后，专家们在“蛟龙”“冬眠”的日子里，对它身上的1000多个大大小小的“器官”重新进行了体检，保证“蛟龙”身体健康。相应部门也做好了各种预案，确保万无一失。

2011年7月1日，搭载“蛟龙”号载人深潜器的“向阳红09”号船从江苏省江阴市苏南国际码头出发，奔赴东北太平洋。

这么重要的海试任务，作为我国自主培养的首批两位潜航员之一，唐嘉陵当然不可或缺！

想到即将到来的5000米级海试，想到自己曾经一次次为中国海洋科学深潜试验而创造的纪录，以及即将再次创造纪录的他，不由得心潮澎湃，豪情万丈！

2011年7月16日，“蛟龙”号载人深潜器到达位于东北太平洋中国大洋协会多金属结核勘探合同区预定试验海区E1区。本次海试共选择了三个区域作为深潜器下潜的试验海区，分别为E1、E2和E3区，其中E1为首选区，E2、E3为备选区。

每年七八月，都是东北太平洋天气最好的时候，但2011年却一反常态，5000米级海试区天气变得异常恶劣。

“向阳红09”号船到达E1区后，由于海面刮着7级狂风，浪高3米，无法满足下潜条件。根据气象预报，在短时间内海况难有好转，于是海试现场指挥部决定，将下潜试验海区调整到E3区进行。

E3区位于夏威夷以南700海里、基里巴斯东北400海里，距离赤道不远。这里的风浪有时也不小，但比前两片海域的海况要稍好。

以往的海试，队员们首先要掌握海试海域的相关资料，如海水的深度、密度，海底地形、地貌的情况，以及海底的承载能力，确定海底是稀泥还是石头，在“探听虚实”后才放“蛟龙”出海。

可这次不是。在没有详细的海底资料并因此要冒一定风险的情况下，曾经30次“驾龙入海”的叶聪承担了初探深海情况的重任，下潜至海下4027米。

此后，原定于22日进行的第二次下潜，由于天气突然转坏，被迫推迟到7月26日。

北京时间7月26日凌晨3时38分，第二次下潜试验任务正式开始。参加下潜任务的潜航员为叶聪、杨波、付文韬。4时46分下潜深度达到2000米，5时40分达到4072米，6时07分成功突破5000米级水深大关，6时17分下潜至5057米水深。6时48分，深潜器抛弃压载铁后开始上浮，9时30分浮出水面。

在完成第二次下潜试验后，根据未来24小时，以及未来48小时海况预报，海试现场指挥部研究决定，按照预定方案，将第三次试验海区安排在中国大洋协会多金属结核勘探合同区进行。经过24小时航渡，深潜器试验母船“向阳红09”号船于7月27日下午抵达试验海区。担任海试保障与警戒任务的“海洋6号”船先期抵达，开展了温度、盐度数据及海底地形测量工作，并将数据及时提供给“向阳红09”号船决策参考。两船会合后，参试队员又对深潜器进行了全面检修维护保养。

2

情痴。痴情。对海底世界的沉醉，抑制不住一颗狂跳的心。

北京时间2011年7月27日凌晨2时30分，唐嘉陵领衔潜航，带着两名科学家正式入舱，开始了5000米级第三次、“蛟龙”号第42次下潜。

5时30分，“蛟龙”号下潜至作业区域；9时07分，在5188米水深处多次坐底，开展海底照相、摄像、海底地形地貌测量和取样作业。

唐嘉陵曾经在3000米的海底目睹了海底的风景，而到了5000米深的海底，风景又不同于3000米深的海底世界。

法国导演吕克·贝松的纪录片《海洋》中，海底是绚烂多彩的，有各种各样的鱼、虾和珊瑚等。可是几千米以下的海底世界也会是如此绚烂多彩吗？

……满地都是腔肠动物和棘皮动物。变化不一的叉形虫，孤独生活的角形虫，纯洁的眼球虫，被人叫作雪白珊瑚的耸起作蘑菇形的菌生虫，肌肉盘贴地上的白头翁……布置成一片花地；再镶上结了天蓝丝绦领子的红花石疣，散在沙间像星宿一般的海星，满是小虫的海盘车，这一切真像水中仙女手绣的精美花边。朵朵的花彩因我们走路时所引起的最轻微的波动而摆动起来。成千成万散布在地上的软体动物，还有环纹海扇、海槌鱼，会跳跃的当那贝、洼形贝、朱红胄，像天使翅膀一般的袖形贝、叶纹贝，以及其他无穷无尽的海洋生物……

在这一刻，140年前，法国科幻小说家儒勒·凡尔纳在《海底两万里》描绘的那个奇幻的海底世界出现在了唐嘉陵的脑海之中。他没想到，自己居然真的实现了站在这样神奇的海底世界面前的愿望。

在5000米深的海底，在灯光的照射下，奇妙的世界是那么美！只见一些椭圆形的黑色颗粒均匀地散落在白茫茫的海底沉积物上，表面像陨石一样凹凸不平，这便是锰结核。锰结核除了锰含量很高外，还富含其他稀有金属。30多年前，当人类发现锰结核后，就有一个未解之谜产生：它为什么会出现？为什么还能自我生长？

唐嘉陵及时地采集了这些锰结核的样本。

除了锰结核，海底的神奇生物也让人大开眼界。

正在唐嘉陵陶醉地欣赏着海底丰富的矿产之时，突然一个红色的动物出现在了“蛟龙”号面前，且挥舞着大钳想挑战“蛟龙”。

这是一只大龙虾啊！体长约有30厘米。以前，唐嘉陵只知道煮熟了的龙虾才是红色的，现在才知道，原来红色的龙虾并非全是煮熟了才是红色的！

也许是对“蛟龙”擅闯自己的领地很生气吧，当唐嘉陵在水下布放标志物的时候，大龙虾还撞了一下标志物，霸气外露。但终因它觉得自己与“蛟龙”体形相差太大，自己那两只大螯与“蛟龙”的机械臂相比不可同日而语，因而它与机械臂仅进行了形体的比试后，便识趣地离开了。

就在红色大龙虾刚刚离开，又一个家伙出现在了“蛟龙”面前。这个家伙长约50厘米，呆头呆脑的样子。唐嘉陵认识这个家伙，它是鼠尾鱼。鼠尾鱼生活在深海，通体扁平修长，眼睛退化。但是这只鼠尾鱼不同于其他海域的鼠尾鱼的地方在于，它竟然通体雪白，而且尾巴竟占了身体的大部分。

也许觉得久未有“异客”造访，鼠尾鱼对“蛟龙”不仅好奇，而且好客，它发现深潜器后，似乎并不害怕，主动游到了深潜器附近，与“蛟龙”兴致盎然地“捉迷藏”，玩了七八分钟才游走。

在海边，市民常见的海参是黑色的，在一年前3000米海试中，唐嘉陵曾用“蛟龙”号深潜器的机械臂从3759.39米深的海底捞上来一个紫色海参，而这次看到的海参却是乳白色透明的，就像水母一样，状如蜗牛。

人们都以为海底的动物都比较“笨”，其实真正试过才知道，它们并不笨。如海参，每抓一个，得六七次才能将其抓住，而且抓住后又会很快跑掉。

让唐嘉陵困惑的是，他曾用机械臂捞了几只海参放到采样筐里，可等回到海面，却发现海参不见了。他不知道是海参在“蛟龙”号上浮的过程中跑了，还是因为压力改变，它自身被分解掉了，这成了一个未解之谜。

除了龙虾、鼠尾鱼和海参以外，还有一簇簇外观像树叶的伞花海鳃；形态像百合花一样美丽，有着长长的柄，且固定在深海底的海洋棘皮动物海百合；还有罕见的、扁平状巨型单细胞原生动物，以及更多的叫不出名字的海底生物，密如繁星般的自发光悬浮生物……

在水下，水深每增加10米，就会增加1个大气压。当“蛟龙”号潜入水下5000米时，它承受着相当于500个大气压的巨大压力，相当于在1平方米的面积上压上5000吨的重量。巨大的水压，不仅考验着深潜器的耐压能力，也考验着它的密封性能。

可是，为何海参、龙虾、鼠尾鱼等生物能在5000米深的海底生存，而不惧怕那么大的海水压力呢？

原来，海参、龙虾的身体在水下是通透的，没有任何单纯的空腔，因而其身体各处压力处于平衡状态，这样的身体构造便决定了其能够适应水下压力。

唐嘉陵觉得，如果将这种异星球般的美丽玄妙的景致搬进海洋馆的话，那么很多热爱海洋生物和热爱海底世界的人都会“疯”掉。层次分明的海底搭配，变幻莫测的生物个体，美轮美奂的荧光流星，寂静无声的动画效果，都能让身临其境者备感那种令人窒息的童话之美。

北京时间2011年7月27日上午9时12分，“蛟龙”号完成海底作业开始上浮。

此次下潜试验历时近7个小时，整个过程各项仪器指标及通信正常。由于刚刚经历了5000多米海底的低温和巨大的水压，深潜器表面油漆有些许脱落。

本次5000米级深潜海试，历时49天，共进行了5次下潜，4次到达5000米以下的海底，下潜深度分别为：4027米、5057米、5188米、5184米和5180米。相比1000米级和3000米级海试，此次海试的成功率高了很多，还首次获得了海底高清录像。

唐嘉陵作为“蛟龙”号潜航员，独立驾驶深潜器创造了最大下潜深度5188米、最长水下工作时间9小时14分钟、海底最长行驶距离累计3公里三项纪录，标志着中国具备了达到全球70%以上海洋深处进行作业的能力。

3

“哎呀，卡梅隆可真是厉害啊！”

2012年3月27日这天，正在看报纸的付文韬突然惊叹地说。

唐嘉陵不以为意地说：“我早就是卡梅隆的‘粉丝’了！不厉害，他拍的《泰坦尼克号》和《阿凡达》能有那么高的票房？能得那么多的奖吗？”

“我说的可不是这个啊！你看，卡梅隆昨天乘坐深潜器到了马里亚纳海沟最深处！”付文韬说着，把手中的报纸递给了唐嘉陵。唐嘉陵一看也惊得睁大了眼睛：“哇，是厉害啊！我一直就没怀疑过卡梅隆是大导演，今天可是第一次知道他还是一个出色的潜航员！”说完，他便专注地看起报纸上关于卡梅隆深潜的报道来。

卡梅隆是一个海洋深潜迷，他执导的《泰坦尼克号》《深渊幽灵》和《重返俾斯麦战舰》等电影，都借助了海洋深潜器来完成拍摄。之后，觉得自己下潜的海洋深度不够，于是在2012年3月26日，他再次乘坐深潜器，前往海底探秘，成了当时世界上唯一单独到达1万多米深的马里亚纳海沟“旅游”的人。

在此之前，卡梅隆已进行过72次深海潜水，其中33次是到泰坦尼克号的沉船地点，他本人的单人潜航最深纪录是在巴布亚新几内亚附近的太平洋海域下潜的8200米。

卡梅隆此次在马里亚纳海沟探险所乘的“深海挑战者”号深潜器，是他和美国宇航局及斯克瑞普斯研究所合作，花费7年设计并建造的。“深海挑战者”号只能容纳一名潜航员，卡梅隆置身其中，活动范围极为有限，行进方式是“直上直下”式，而非自主式的潜行。

当地时间2012年3月26日上午，卡梅隆用2小时36分钟的时间潜到马里亚纳海沟深处，深度达到10898米，这是全世界海洋的深度极限。由于受到海底每平方米1万吨高压的压迫，“深海挑战者”号甚至被压短了7厘米多。

按照原计划，卡梅隆要在海底待6个小时，但就在“深海挑战者”号坐底不久，其声呐探测系统便出现故障；继而，右侧推进器失效，只能原地转圈，无法自由运动。最恼火的是，液压油又出现泄漏，整个深潜器都被油污覆盖，这种故障的出现，令卡梅隆不得不放弃了用机械臂抓取海洋生物和岩石样本的计划……最终，他只在海底待了3个小时。

即便是这样，卡梅隆也创造了单人潜入世界最深海底的纪录，而且他在海底还进行了数据采集，以及大量拍摄，这些工作是1960年1月23日首次抵达这里的瑞士科学家杰昆斯·皮卡德和美国海军上尉唐·华士无法想象的。当时，杰昆斯·皮卡德和唐·华士驾驶“的里雅斯特Ⅱ”号深潜器抵达这里，只停留了20分钟便开始返航，他们只目睹了这里被深潜器泛起的阵阵泥沙而已。

看过这篇报道后，唐嘉陵更加崇拜卡梅隆了。他暗下决心，身为专业的潜航员，自己此生一定要到卡梅隆所去的马里亚纳海沟，一探秘境。

没想到，这个日子很快便来了……

2012年6月3日上午，“蛟龙”号在经过维护维修、技术改进与水池试验后，再次出发，奔赴太平洋进行7000米级海试任务，而具体的海试地点则为关岛附近的马里亚纳海沟区域。

唐嘉陵觉得，能跟随大导演卡梅隆的脚步，去地球上最深的海沟探索海底奥秘，真是一件令人兴奋也非常荣幸的事！

4

一阵台风刚刚散去，马里亚纳海沟海域阳光灿烂，蓝色波浪次第绽放，一望无际的海面上鱼虾腾跃，海鸟翩飞。

这是2012年6月15日的早晨。

明媚的阳光下，卧在“向阳红09”号船后甲板支架上的“蛟龙”号载人潜水器，正如《西游记》中那只避水金睛兽，在雾气氤氲中乖乖地趴着，整装待发，静候主人的到来，以开始7000米级海试的第一场挑战。

清晨6时40分，三位驾驭“蛟龙”的人走了过来，他们是“深海的哥”叶聪、年近半百的潜水器副总设计师崔维成和80后试航员杨波。丰富的下潜经验和对潜水器的深入了解，让他们对此次的海底探险之旅充满了向往。

前面一直在讲，中国只有三位潜航员，他们分别是叶聪、唐嘉陵和付文韬，这里怎么又出现了崔维成和杨波呢？其实崔维成和杨波是试航员，而非专业的潜航员。更准确地说，他们的身份是科学家和技术专家。

2012年6月15日清晨7时22分，得到下潜指令的“蛟龙”号开始注水下潜，50米，100米，300米……潜水器以每分钟约40米的速度欢快地奔向“龙宫”。

8时37分，下潜深度超过3000米。

9时40分，打破5000米级海试时创造的5188米纪录。

10时整，“蛟龙”号下潜深度超过6000米。

……

然而，当“蛟龙”号下潜到6200米时，却出现了问题。

“‘向阳红09’，我们已经下潜到了6200米！‘蛟龙’一切状况正常！”叶聪一连呼叫了几次，“向阳红09”号都毫无反应。

几分钟过去了，呼叫了好多遍，“向阳红09”号依然没有回应，这时大家有些紧张了。因为按操作规程，如果超过15分钟不能与母船建立联系，他们将无条件上浮返航。

“我们换另一套通信设备试试！”这时杨波说。杨波是“蛟龙”号声学系统的主任设计师，自然胸有成竹。

“蛟龙”号配有两套通信系统，一套是声学数字通信系统，可以实现潜水器和试验母船间数据、文字、语音和图片的传输，依靠试验母船上2000米电缆拖曳的水下声学吊阵来实现；另一套为水声电话，主要用来进行潜水器和试验母船间的语音通话。

于是大家立即将先前使用的声学数字通信系统切换到水声电话通信设备，所幸切换后马上收到了水面传来的语音，大家随之一阵欢呼。

谁知一波未平，一波又起。测试航行性能的时候，叶聪突然从艉部摄像机的显示器里看到一团烟雾。当时，还没有测量到潜水器与海底之间的距离，怎么会有烟尘？会不会是海底凸出物？“蛟龙”号接触到海底的凸出物从而撞出了烟雾？

大家赶紧操作，紧急上浮。烟雾消失，潜水器正常，但每个人心中对那团烟雾的疑问却无法消散。

在突破5000米后，“蛟龙”号载人深潜器主要进行了三方面改进：改进液压系统，提高对压力和低温的适应能力；完善了高清视频系统，对16个水下灯重新作了布局，加强了高清摄像传输能力；增加了GPS卫星定位装置，如果遇上恶劣天气，可以在最短时间内对潜水器精确定位，确保安全返回。但他们心中还是有种担心，“蛟龙”号会不会像俄罗斯的“和平”号和卡梅隆的“深海挑战者”号海试那样，液压源和推力器出了问题？

叶聪对载人潜水器性能很熟悉，同时遇事不慌、心理素质非常好，之所以7000米级海试第一次下潜由叶聪带着崔维成和杨波两位科技人员下潜，就因为他是最熟悉操作的主驾驶潜航员。

想到“蛟龙”号海试现场团队拟订了97条各类预案，能应对可能出现的各种风险，于是在大部分考察项目完成后，在确认液压并没有出大问题时，三位潜航员开始了海底作业。分别操作机械手拿到两个不保压水样、一个保压水样。

上午10时44分，此次下潜的测试项目全部完成，于是抛弃压载铁，开始返程。回看计算机里的数据，这次下潜的最大深度达到6671米。

14时34分，“蛟龙”号顺利返航后，海试团队火速对“蛟龙”号进行了全身体检，找出了7000米级海试第一次下潜过程中出现故障的原因。

原来，声学数字通信在“蛟龙”号下潜到6200米左右深度时意外中断，是其系统拖曳电缆破损进水，导致短路。

同样，叶聪在下潜的过程中，通过摄像头看到“蛟龙”号艉部有烟雾产生，也找到了原因——那是“蛟龙”号推力器故障。

在对“蛟龙”号进行体检时，还发现主液压源误报警、可调压载系统异常两个故障点。

这四个故障，都得到了及时的排除。

有意思的是，在这次7000米级海试的首次下潜中，叶聪还在海洋深处6000多米的地方，对即将于6月16日发射的“神舟九号”遥祝：“这里是‘蛟龙’，这里是‘蛟龙’。‘蛟龙’潜航员祝愿‘神九’明日发射一切顺利，祝航天员在太空生活‘幸福’！”

一天后，即2012年6月16日18时37分，中国“神舟九号”载人飞船载着两男一女三名宇航员飞上蓝天，奔向已在天上等候261天的“天宫一号”目标飞行器。

“可上九天揽月，可下五洋捉鳖”的中国梦，一时间全部实现。

## 六、破7000米纪录

1

热爱，最好的表达方式便是行动。

一番积极申请之后，7000米级海试中的第二次下潜任务，光荣地落到了唐嘉陵的肩上。

2012年6月19日5时14分，唐嘉陵与丁教授、张东升两位科学家进入“蛟龙”号，一如既往地例行检查，准确、简短。5时25分，“蛟龙”号深潜器开始下潜。

伴随着“蛟龙”号如坐电梯般地下潜，唐嘉陵很兴奋——虽然这是“蛟龙”号7000米级海试的第二次下潜试验，但对他来说却是7000米级的第一次深潜。

8时30分左右，潜水器接近海底，唐嘉陵在抛掉一组压载铁后，“蛟龙”号便悬浮在海底，就像直升机的悬停一样。

“蛟龙”号坐底时，底流像风一样流过，很多像昆虫一样的小生物顿时四处闪躲，那一刻，推力器荡起了一层泥烟雾，有几层楼高。他慢慢地用机械手把带有“中国载人深潜蛟龙号第47次下潜”字样的牌子放到海底，想在视窗前拍一张带有标志物的照片，但是泥烟雾把标志物淹没了。过了好一阵，泥烟雾才渐渐退去，于是他连忙拍了一张照片。而后，就与这个标志告别了，永久地告别。这时候，他也顿感像到达月球一样，到达了一个非常非常遥远的、人迹罕至的地方，体会到什么是真正的孤独。

虽然这次坐底给唐嘉陵的感受不是深邃，而是荒芜和贫瘠，海底下没有石头，也没有起伏。在那里，不像森林里能听到风声和鸟叫，也不像高山上能看到峰峦和绵延，只能体会到从来没有和想象不到的安详和宁静。打开灯光，进入眼帘的是看不到尽头的平坦，以及像奶酪一样的沉积物……

这一切也许对别人来说有些索然，但唐嘉陵还是觉得收获颇丰，他用日记的形式对这次下潜经历和感受进行了详细记述：

“6月19日北京时间5时，‘蛟龙’号7000米级海试第二次下潜的序幕拉开。

“从下达‘试验开始’的口令，到深潜器被平稳布放入水，仅仅花了12分钟。但是即使像这样相对平稳的落水，透过观察窗看到的景象依然令我震撼：前奏无比激荡，深潜器入水的刹那激起的气泡充斥着有限的视野；当气泡消失，看到的是一派波涛汹涌的景象；最后归于相对平静，窗前蓝蓝的海水清澈无比，没有一点杂质。但是我们却没有心情去欣赏这样的‘美景’，我们必须时刻关注着舱外采样篮的状况，直到深潜器顺利脱缆平稳下来、确认采样篮里的作业工具没有异常后，我悬着的心才落下来。

“也许有些人认为，下潜路上的几个小时是漫长枯燥的，但我的感受却并非如此。300米、1000米、3000米、5000米、5188米……这些曾经给我们带来巨大困难的数字，此刻仅仅成为旅途上的谈资和经验。

“当6960多米的海底暴露在探照灯下时，我不禁感慨：‘人类在月球上留下的印迹都比在这里要多，自己好像乘坐太空飞船到了外星球。’第一眼看去，这里不属于曾经设想的任何深海世界，沉积物颜色也和5000米的浅褐色、3000米的奶黄色不同，是一种中间色，而且给人稠密、表面硬实的感觉，有点像一大块刚刚发酵的奶酪。而这里似乎也没有海参和鼠尾鱼，荒凉的海底有起伏却又格外平整，没有想象中的岩石和结壳。

“如果说第二次坐底是严格按照计划执行的，那么第三次坐底就是一次‘捡漏’得来的，蜻蜓点水般。深潜器悬浮在距海底45米处，调试微地形地貌探测声学设备，一组新参数的生效需要重启几个计算机，大概需要5分钟。我们现在身处近7000米的海底，每一秒钟都弥足珍贵，我们商议后准备再完成一次坐底。第三次坐底有一点自由落体的意思，我暂停了推力器作用，深潜器在失去向上的支撑力后在本身负浮力作用下开始下落，‘蛟龙’号重现了一次完美的自由坐底。触底后的冲力在观察窗前沉积物上形成了一圈均匀‘气浪’，似乎吹去了沉积物上的一层尘埃，露出了本色，和宇宙飞船垂直降落在外星球上非常相似。短短三分钟后，声学设备准备就绪，深潜器开始离底，留给我们的水下时间已经不多了，我看着被烟雾吞没的世界，心中念道：‘再见了，6965米的马里亚纳海沟。’”

不要以为，下潜过程中，潜航员可以尽情地欣赏美丽的风景，观看奇异的动物。其实，那不过是偶尔可以享受的闲趣。在下潜的过程中，唐嘉陵与伙伴还需按部就班地进行着此次深潜所要完成的若干实验，观察突破5000米到7000米的过程中各个设备的变化。

2

作为中国最年轻的潜航员，唐嘉陵分别于2012年6月19日和6月27日两次驾驶“蛟龙”号载人深潜器进行7000米级的深潜海试。

2012年6月27日11时47分，唐嘉陵和付文韬驾驶着“蛟龙”号到达7062.68米深度，再次坐底（这是唐嘉陵驾驶“蛟龙”号载人深潜器所进行的7000米海试的第二次下潜，此次是7000米级海试计划的第五次下潜）。这个深度再次创造新的纪录——这是中国人目前能到达大海的最深处！唐嘉陵和付文韬也成了全世界驾驶自主深潜器潜得最深者！尽管科学家杰昆斯·皮卡德、军官唐·华士，以及著名导演卡梅隆下潜的深度比唐嘉陵和付文韬更深，但他们所驾驶的深潜器是直上直下式的，不能在海底自主航行。

为了寻找海底生物，唐嘉陵和付文韬特地在出发前带了一块鱼肉包，放在作业筐里面，用袋子包着，坐底后，便把肉包拿出来，把灯打开，想看看能不能吸引生物过来。

很快，他们看到有很多生物从海底的沉积物里爬了出来，白色的、红色的，还有一种奇怪的多足虫，不仅有上百只足，足还是金色的，看上去很吓人。这些小动物就像蚂蚁搬家一样，出来搬食物。在这些小生物中，还有一只火红色的大虾……

“报告，报告，我们在海底被生物们包围了！”唐嘉陵激动地向位于“蛟龙”头顶上方7062米处的母船指挥部发去报告，“没想到这次能遇到这么多生物，有红色的虾、白色的虾、镶有金边的多足虫，还有一条大鱼……”

唐嘉陵一边汇报，一边启动摄像机拍摄，一边熟练地驾驭着“蛟龙”号，以拍摄更多海底生物。

没过多久，唐嘉陵惊喜地发现了一只乳白色的海参。

在7062米，乳白色的海参无疑是一道独特的风景。何况它不仅是乳白色的，还带有金边。就像镶了金边的眼镜，让人感觉是不是要富贵许多？

海参，因“地位”的迥异，它们的“穿着”总是那样层次分明：在3700米的海底，漆黑如墨；在5000米海底时，又纯洁透明；而在7000米海底，不仅乳白，且带着金边……

除了海参，唐嘉陵还看见了一些从未见过的甲壳类虫子。

“蛟龙”号坐底不久，便又轻移莲步，唐嘉陵也因此饱览了海底的奇貌：有时像沙漠了无生趣；有时像戈壁乱石成堆；有时又像动物世界，生机勃勃……

在这次下潜任务中，唐嘉陵与付文韬驾驶“蛟龙”号载人潜水器进行了3次坐底，取得2个非保压水样和1个保压水样，布放了标志物，取得了2个沉积物样和1个生物样，进行了定高、测深侧扫、纵倾调节试验，发现了与以往不一样的散落的岩石底质。此外，在海底布放的生物诱饵，吸引了很多海底生物“哄抢”，他借机抓拍了很多精彩照片和视频。

完成所有任务后,“蛟龙”号载着两颗喜悦的心开始返航。16时40分，顺利返回试验母船甲板，结束了历时695分钟的下潜，圆满完成了任务。

这一刻，全体工作人员响起了雷鸣般的掌声，一桶桶表示祝贺的海水也欢快地泼向了唐嘉陵和付文韬。

这次下潜，“蛟龙”温顺，成果显著。然而，当唐嘉陵和付文韬回到“向阳红09”号母船时，却看到领导的神情写满严肃，似是失望。“这是怎么啦？”他们俩心里犯起了嘀咕。

果然，掌声和欢呼声停止后，领导问话了：“你们在海底是怎么回事？我们怎么联系不上你们？”

“联系不上我们？不可能吧！我们在海底一切正常啊！”欣喜的两位年轻人被问住了。脑子里努力地搜寻着在海底的情况，可穷极回忆，也没发现“蛟龙”曾闹过情绪啊！

“你们在海底肯定出了啥问题，我们有一个多小时联系不上你们！我们忧心如焚，都准备报告北京了，后来却又接到了你们的信号，这才作罢。”

领导的话将唐嘉陵和付文韬说得更糊涂了。

领导所言当然是真的！

唐嘉陵不知道，就在他与付文韬专注地“捉鳖”之时，因为突然联系不上他们的“向阳红09”号母船上的领导和同事可真是着急坏了。

只要与“蛟龙”号失去联系，就可能联想到各种恐怖事件发生，他们最担心的是遭遇海底风暴，或者遭遇海底瀑布。好在“蛟龙”号潜水之时，海平面上风平浪静，没有出现海底风暴的可能性。

那么，“蛟龙”号会不会遭遇海底瀑布呢？

这可谁也说不好！杰昆斯·皮卡德乘坐“的里雅斯特Ⅱ”号深潜器在马里亚纳海沟探险时，就曾经差点被海底瀑布摧毁。

海底瀑布到底是怎么回事呢？可用生活中一个平常的现象来解释：如果一个盛满水的平底锅的一端被加热，这一端的热水就会产生向上的上升流；而另一端的水是冷的，便会迅速下沉产生下降流，到达锅底后又向热端扩散，循环流动，周而复始。如果把海洋也比作一个锅底的话，大量下降的冷海水在海洋“锅底”遭遇了海底“山脉”或“山脊”，那么下降的冷海水就会汇聚在“山脊”背后，最终翻过海底“山脉”或“山脊”继续前进，形成瀑布。这些海底大瀑布就是这样促使极区温度低、含盐量大的海水从底部流向赤道，而热带海洋的暖水从表面流向极区，周而复始地运动着。

海底瀑布对于调节全球气候起着必不可少的作用，但如果“蛟龙”号不幸遭遇，则很有可能被强大的能量卷到“爪哇国”去。

3

除了遭遇海底瀑布，遭遇霸王乌贼等巨型动物也很可怕。

在世界航海史上，关于海妖的传说有很多：海妖体形巨大，形状怪异，甚至长着几个脑袋。其中最著名的当数1752年卑尔根主教在《挪威博物学》中描述的“海妖”：“它背部，或者该说它身体的上部，看来大约有一英里半，好像小岛似的……后来有几个发亮的尖端或角出现，伸出水面，越伸越高，有些像中型船只的桅杆那么高大，这些东西大概是怪物的臂，据说可以把最大的战舰拉下海底。”

20世纪初，美国海军一艘重达数千吨的驱逐舰在夜航时突然速度减慢，却查不出任何故障。当人们把它送进船坞修理时，才发现它的螺旋桨已经被锋利的牙齿咬穿了几十个洞。

啥妖怪有这么厉害的牙齿？随着时间的推移和科技的进步，人们才发现这种作孽的海妖原来就是霸王乌贼。

第二次世界大战中，英国海军部的一艘拖捞船行驶在印度洋海域，一个名叫斯塔基的船员发现了一只巨大的乌贼，他从船头一直跑到船尾，在船的两头分别看到了这只巨鱿的头部和尾部，当时这艘船的长度为53米。

挪威《自然》杂志1946年第12期上，则刊登了这样一篇报道：“布伦斯维克”油船，长150米，载重15000吨，在夏威夷岛和萨摩亚岛之间航行时，受到了一只巨大的乌贼的袭击，这个家伙体长有20多米，而且游动迅速，很快便追上了时速19公里的油船。

2003年1月18日，霸王乌贼惊现葡萄牙沿岸海域，缠绕在正参加朱尔斯·弗恩环球帆船大奖赛的比赛船只上，着实让船上的法国船员心惊胆战了一场。不过有惊无险，霸王乌贼自动退缩，放了船员一条生路。

霸王乌贼到底有多大？这个问题尚未可知，但人们曾从捕获的抹香鲸身上，发现过直径达40厘米以上的吸盘疤痕。由此推测，与这条鲸搏斗过的霸王乌贼可能身长达60米以上。如果真有这么大的霸王乌贼，那也就同《挪威博物学》中所记述的海妖相差不远了。这么大的海妖要是与

“蛟龙”号遭遇，且向“蛟龙”号发狠，后果无法想象。

那么霸王乌贼平时生活的水深是多少呢？海洋科学家通过研究发现，一般霸王乌贼生活在2000米以下的海水深处。但也有报道说，霸王乌贼可能到达5000米深的海水中捕食，因为有人在浅滩死掉的霸王乌贼体内发现了透明的海参，而透明的海参则生活在5000米深左右的海底。到目前为止，霸王乌贼到底生活在从多少米到多少米的海水深处？最大的霸王乌贼有多大？这些都还是未解之谜……

“蛟龙”号还可能遭遇其他一些不可预知的风险，比如说与体重达到近50吨、兽性凶残的抹香鲸撞上之类。因为抹香鲸以霸王乌贼等巨型深海动物为食，有霸王乌贼的地方，就会有抹香鲸……

因而，只要没有收到“蛟龙”号的信息，“向阳红09”号船上每个人的心都会紧紧地揪着，无法设想复杂的海底世界，对母船上的人来说，只有祈祷的份儿。

还好，这不过是虚惊一场。一个多小时后，母船终于接到了“蛟龙”号传来的信号，人们悬着的心这才放下。

唐嘉陵和付文韬想了老半天，才突然明白“蛟龙”号与“向阳红09”号失去联系的原因：由于他们俩太专注于“蛟龙”号坐底后的各种作业，不小心压住了舱内水声通信系统麦克风的通话按钮，导致在几十分钟内深潜器和试验母船通信中断。

得知这一原因，领导把唐嘉陵和付文韬好一顿训，之后又强调了“蛟龙”号在下潜后与母船保持联络的重要性。

2012年6月27日晚上，繁星缀满天空，月亮毫无遮掩地挂在天上。月华如水，慷慨地洒进海里，是那么皎洁。

仰望天空，唐嘉陵觉得这样的夜晚多像小时候的夏夜啊！那时，他总是走出炎热的屋子，来到屋顶乘凉，躺在凉席之上，闲看天上景色。那时的天也是这样幽蓝，这样美，这样缀满繁星，挂着月亮。那时，身旁还有一边摇着蒲扇给他驱蚊一边给他讲故事的母亲。

看着遥远的夜空，听着母亲讲的故事，唐嘉陵是那样陶醉和痴迷。长大了，每每看到缀满繁星的夜空，看到圆月高挂的天宇，他都会顿生感慨，流连于丝丝缕缕绵长的母爱之中。

虽然是在远离祖国大陆上万公里的海上，但每当唐嘉陵又一次看到这么美丽的夜空之时，他又思念起了母亲，并通过海事卫星电话给母亲送去了问候。

按之前预定的计划，在唐嘉陵之后，2012年6月30日，海试团队又进行了最后一次7000米级、总第51次深潜试验，下潜深度为7035米。本次海试共完成的6次下潜，深度分别为6671米、6965米、6963米、7020米、7062米和7035米。

唐嘉陵与付文韬所创造的7062米的深潜度，最终成就了我国载人深潜器海试期间的最大深潜纪录，并创造了下潜时间最长的纪录！

4

2500年前，古希腊海洋学家西塞罗曾言："谁控制了海洋，谁就控制了一切。"因而，在对海洋的探索和研究方面，世界各经济强国都非常重视，尤其在对海底的探险方面，更是你追我赶，争先恐后。

在海底探险的曲折道路上，中国虽然起步很晚，但步子却很大。

3000米深度突破时，中国成为继美国、法国、俄罗斯、日本之后第五个掌握3500米以上大深度载人深潜技术的国家。

5000米的突破是中国载人深潜第一次真正意义上挑战深海极限环境，试验的成功标志着中国深海载人技术已跨入国际第一梯队，步入国际先进行列。

突破7000米后，“蛟龙”号已经走在了世界上同类作业型载人深潜器队伍的最前头！

我国载人深潜器试验成功，有人把它和载人航天相提并论。这绝不为过！

人类探索太空，是为了寻找资源和战略发展；同样，人类探索深海，也是为了此目的。相比较而言，至少在数十年、数百年之内，让深海为人类提供资源要来得更直接、更容易一些。这也便是今天科技强国纷纷发展海洋深潜科技的根本原因！

中国是个海洋大国，“蓝色国土”的区域约为我国国土面积的1/3 ！这片广袤的“蓝色国土”蕴藏着极其丰富的资源，是中华民族未来赖以生存和发展的主要物质基础！

在军事上，“蛟龙”号可以在保卫海洋国土、维护祖国统一中发挥重要作用！

目前中国周边8个国家，已不同程度实际控制和占领着我国的黄海、东海和南海的部分岛礁和海域，肆无忌惮地进行调查、勘探和石油开发。因而，我们必须保卫海洋国土和海洋资源，随时准备以军事行动维护祖国的统一，打赢现代高技术局部战争。

在和平时期，利用载人深潜器可随时监视我国重点海域舰船活动情况，搜索、排除水下可疑目标，为我国未来海军打赢可能进行的局部战争创造有利条件。

事实上，自“蛟龙”号潜航试验开始，国外媒体就一直密切关注着“蛟龙”号的每次深潜，及时播报着“蛟龙”号深潜的新闻，并不时发表评论。

在中国3000米级海试成功、且在海底插上五星红旗之后，外媒便渲染中国此举的政治意义。英国路透社直指“这项测试凸显中国竞争南海海底资源的野心”。

对此，我国海军少将尹卓认为，过去有俄罗斯曾在北极海底插过国旗，这其中当然有宣示主权的含义。但我们插旗的地点在自己的专属经济海域，这没有什么可质疑的。

2011年7月，“蛟龙”号载人深潜器进行5000米级深海试验，在东北太平洋国际海域实验区成功完成首次下潜实验时，美国《华尔街日报》便发表了题为《中国正扑向深海宝藏》的文章。文章称，中国在太平洋的深潜计划或将在开发世界海洋潜藏的矿产资源方面超越美国，并猜测中国“蛟龙”号的深海探测“另有所图”，或存在军事意义。

文章说，虽然中国已成为拥有载人航天器的四国之一，但相对于太空开发，深海矿藏开发更具有商业、科技和军事意义。尽管中国官方称“蛟龙”号仅用于民用，但这台深潜器可用于截获或剪断海底通信线缆，回收海床上的外国武器，维修或救援海军潜艇。

当“蛟龙”号载人深潜器成功完成7000米级海试时，西方媒体对“蛟龙”号载人深潜器战略意义及军事用途的讨论更是如火如荼，分析认为，“蛟龙”号技术在军事方面的作用，不亚于“神舟九号”宇宙飞船。

《纽约时报》报道说，“蛟龙”号成功下潜深度超过7000米，已超过之前日本载人深潜器“深海”（Shinkai）所创造的6500米的最大深度，成为世界上下潜深度最深的深潜器。从此，俄罗斯、美国和法国在深海探索方面都已远远落后于中国。

俄罗斯国际新闻通讯社的报道指出，“蛟龙”号载人深潜器在西太平洋的马里亚纳海沟区域下潜至7000米，标志着中国具备了载人到达全球99%以上海洋深处进行作业的能力，也标志着中国海底载人科学研究和资源勘探能力达到国际领先水平。

对中国一直坚持“蛟龙”号载人深潜器只用于科学研究目的的说法，《华盛顿时报》认为，“蛟龙”号在通信遥控、电子、机械等方面取得的技术突破，完全可以用于军事用途，尤其是用于未来深海潜艇的研制。

5

坐在深潜器里，透过观察窗看舱外的世界，漆黑如无月之夜，而深海里的浮游生物所发出的蓝光，像星星一样淡淡地闪烁，千米以下的深海里，无波无浪，一片死寂。

就在这宁静的海底，各国的深海争夺战激战正酣。

这场旨在争夺海洋资源的深潜器之战，开始之早远超外界想象。生于1858年的美国老罗斯福总统，还曾参加过深潜器设计。日本天皇裕仁1975年访美时，曾专程参观美国伍兹霍尔海洋研究所以了解深潜技术；1987年，平成皇太子不仅参观，还钻进“阿尔文”号深潜器中好一番研究。

各国首脑的青睐，背后是联合国海洋法公约的想象空间。1982年确定的这一公约，肯定了200海里专属经济区和沿海国对大陆架自然资源的权利。同时规定大陆架在200海里以外还可以延伸。于是在此之后，先后有几十个沿海国家提交了外大陆架划界申请。各国对海洋研究和开发的重点也逐渐从太平洋海底的多金属结核，到海山上的钴结壳，以及金属硫化物矿床等方面拓展，对海洋资源的争夺重点从海面转向海底。

日本在1981年建成的潜深为2000米的载人潜水器样机基础上，于1989年建成了潜深为6500米的“深海”号载人潜水器，重量26吨，水下作业时间8小时，装有三维水声成像等先进的观察装置。可旋转的采样篮使得操作人员可以在两个观察窗的任何一个窗口进行取样作业，这是其他载人潜水器无法做到的。“深海”号进行过锰结核、热液矿床、钴结壳等资源调查，以及6500米深的海洋斜坡和海底断层调查……

“蛟龙”号开始海试时，《日本时报》便发文说，中国深海勘探和开发该计划，涉及100多家研究所和公司，是一项重中之重的事业。中国希望利用先进的深海技术，增加在东海及南海领土纠纷中的影响力，并开发其声称拥有主权的近海以及国际水域的油气资源。

当“蛟龙”号完成7000米级海试后，《日本时报》又载文称，“蛟龙”据称能为解放军海军和国家安全机构执行关键任务，其中包括打入外国海上光纤通信电缆以拦截外交和商业机密，以及绘制高精度海床地图以协助潜艇舰队的行动。

德国媒体则认为，“蛟龙”号就像海洋深处的狩猎者，中国日益活跃的“探海”活动将掀起一场海底资源战。中国经济持续增长要求获得更多的资源，若未来陆地资源供应不足，可能会导致重大危机。所以，中国领导人将目光转向了海上和海底资源。

英文维基网站公布数据说，仅中国南海被探明的石油储量便大约为77亿桶，而南海石油总量则大概在280亿桶以上，天然气的储量则大约在266万亿立方英尺。根据菲律宾环境与自然资源部作出的调查，南海具有世界上第三大海洋生物多样性，使得南海成为世界渔业资源的重要地区。《亚洲时报》的文章指出，一旦中国载人深潜技术可以投入实际运用，南海很可能会成为第一个“练兵场”。

国外媒体对“蛟龙”号关于军事方面的报道或评论，不过是一厢情愿的臆想。

“蛟龙”号深潜器未来的主要任务并非用于军事，而是包括并不局限于在国际海底管理局指定的区域内，采集海底图片和录像片段并进行相应的科学考察。在国际海底管理局的许可下，中国也可能在该区域进行勘探矿产，或做其他资源性商业用途。

不要说“蛟龙”号深潜器，就是“阿尔文”号深潜器的主要功能也是用于科研及商业。

虽然“阿尔文”号深潜器隶属于美国海军，却主要服务于伍兹霍尔海洋研究所，用于科学考察。事实上，任何美国科学家或与其合作的外国科学家们，都可以向美国科学基金委申请使用“阿尔文”号进行下潜科考。正因为如此，“阿尔文”号的每次传奇经历都不是秘密，也同样激起了公众对陌生的深海世界持久的兴趣。

深邃漆黑的海底世界，就像浩瀚无边的宇宙一般神秘莫测。然而对于完全陌生的深海世界、复杂的地貌环境特征以及动态的物理和生物作用，人类只有身临其境直接观察才能揭开谜底。在这方面，“阿尔文”号深潜器可谓功勋卓著。

毫无疑问，自2013年6月起，在不久的将来，中国海洋深潜领域会更频繁地见到“蛟龙”号深潜器，以及“蛟龙”号深潜器“姐妹们”的身影。

6

夜幕降临，城市的喧嚣渐行渐远。当杨秋云从电视上看到儿子又刷新了中国人的深潜纪录并平安返航的新闻时，又一次喜极而泣，她为有这样的儿子而感到自豪！

“蛟龙”号下潜至7062米，这标志着中国成为少数掌握大深度载人深潜关键技术的国家之一。唐嘉陵作为主驾驶潜航员所取得的这一成就，自然在他的家乡遂宁引起了轰动，人们奔走相告，以之为荣。

2012年7月16日，听儿子说此次胜利返航，要在山东青岛停靠的消息时，杨秋云便匆匆赶往青岛。她此行的目的，一是想看看儿子凯旋的神采，分享儿子胜利的喜悦；二是想给儿子做他最爱吃的回锅肉等川菜！

一个优秀的母亲，最重要的不是她给了儿女们多少物质的东西，而是她倾注在儿女们身上的关心和爱，因为关心与爱远胜于金钱。

正如苏联作家高尔基所说：“世界上的一切光荣和骄傲，都来自母亲！”

当唐嘉陵取得每一个成绩时，他总是在第一时间对母亲充满着感激，也尽量在第一时间将所取得的成绩告诉母亲，与母亲共享喜悦。

杨秋云对儿子唐嘉陵20多年来关心与栽培的故事，被媒体披露之后，她那如大海般温润而伟大的母爱，亦如国宝级潜航员唐嘉陵所取得的一个又一个海洋深潜成就一样，同样感人，同样让世人惊叹！

原载《北京文学》（精彩阅读）2013年第7期

# 一个人的滇池保卫战

叶多多

“生命只有一次，滇池只有一个，他把生命和滇池紧紧地绑在了一起。他是一个战士，他的勇气让所有人胆寒，他是孤独的，是执拗的，是雪峰之巅的傲然寒松。因为有这样的人，人类的风骨得以传承挺立。”2009年度的“感动中国”十大人物评选组委会把这样的颁奖词授予了一位来自昆明滇池湖畔的普通农民——张正祥。

## 一、西山是我的“父亲”，滇池是我的“母亲”

2011年对于张正祥来说，注定不是一个寻常的年份。继刚刚走上2009年度“感动中国”的颁奖台没几天，2011年2月，张正祥又走入了国务院新闻办制作国家形象片，成了“中国国家形象人物”。对此殊荣，至今仍穷困得连生计都成问题的张正祥连说：“没想到，没想到！说明我所做的工作和努力得到了肯定，环保能够引起更多人的关注，这是我最高兴的。”

此后，他又被《南方周末》等多家新闻媒体评选为“绿巨人”“中国魅力人物”，并被授予“第三届中国社会责任年度年会绿领袖”等荣誉称号。

在这之前，张正祥已经获得了几个环保头衔：2007年被中共昆明市委宣传部授予“昆明好人”称号，2005年被中国十大民间环保杰出人物评选委员会评选为“中国十大民间环保杰出人物”，2002年至2004年被全国新闻媒体授予“英雄环保卫士”和“滇池卫士”等荣誉称号。

其实，在荣誉和光环的背后，很少有人知道，为保护滇池，自20世纪80年代初期开始，张正祥已环绕滇池整整行走了2000多圈，行程30多万公里，进行艰难的调查取证，硬是告倒了160多家环滇排污企业、100多个各级官员和240多名老板，赶走70余家大型采石场和多个房地产项目。他为此付出的代价是：妻离子散、穷愁身残。

张正祥说："我的动机很简单：西山是我的'父亲'，滇池是我的'母亲'。为了'父母'，我可以付出一切。"这也是张正祥几十年来经常挂在嘴边的一句话。对于这种直白的表达，也许今天的人们不仅难以习惯，更多的恐怕还是难以理喻：除非是一种诗意的表达出现在诗歌句子中，否则，无论再怎么说，滇池也就是家乡的一个湖泊。张正祥在30多年的时间里每天固执地围着滇池转，究竟是什么使他如此执着得近乎痴狂？

这还要从张正祥的身世说起。

1948年张正祥出生于滇池岸边的一个白族农民家庭。这个少年憨厚朴实，正直勇敢。像大多数族人一样，他相信善有善报，恶有恶报，滴水之恩，当涌泉相报！那时候的生活虽然贫困，但一切都依然因循了古老的传统而进行。每天，当洋溢着稻草味的炊烟散尽以后，父母便带着他从村子里往外走，有时候是去村后的山上种地，有时是到滇池里捕获鱼虾。在那些劳作的间歇，父母便会给他讲一些故事，其中不少是关于西山和滇池的故事。"从前……"母亲总是这样缓缓地开头。于是，不可避免地，他幼小的心灵里便渐渐长出了山上的森林，生出了湖里的波涛，他由此认定，家乡山上生长着世界上最为繁茂的植物，滇池的水里养育着他最为钟情的水族类。年复一年，日子就这样平静地过去了。如果不是那场突如其来的变故，张正祥生命的轨迹会向何方延展，谁能说得清楚呢？

变故发生在20世纪50年代中期，昆明遭遇了一场前所未有的饥荒，水肿病迅速在村庄里蔓延，张正祥的父母和两个弟弟先后去世。当时只有7岁的张正祥转眼就成了孤儿。曾经熟悉的面孔，对他来说全都是模糊的。劫后余生的村民们的瞳孔，无一例外地仰望着天空，茫然而绝望，好像救星一定是来自上天似的。生活似乎走到了尽头，一切好像又都回归于零：火塘顷刻没有了，家没有了，父母和弟弟没有了，小狗也没有了。

死亡是如此迫近。前几天，母亲还站在院里的那棵老板栗树下指点着树上的果实，她在期盼。一切看上去是那么平静。灾难蔓延得过于迅猛，人们都没有来得及喘息，灾难——忽然就从一片惊慌中蒸馏出来，强悍地宣告着自己的存在。迫于生存，他只好一个人钻进了滇池边的深山老林，过起了野人一般的日子。离开那座出生的老屋进入西山森林的那天早上，东方的天空并未像往常一样泛起红光，只有逐渐变淡的灰暗。狭窄的山谷幽深冰冷，似潜藏着无数的鬼怪。高耸的岩壁压迫着他，好像要把他困在山里。山径迂回而潮湿，石头路平整滑溜。

“我在森林里多次遇到豹子。豹子一般不同于狼，狼是悄悄地来，豹子是有声响的。它的呼吸声哼、哼、哼，在很远的地方就听到了，这时我就知道它来了，赶快爬到大树上去。”

幸亏，很快就听到了小鸟的叫声，清脆而嘹亮。他的眼睛湿润了，胸膛像注入一汪泉水。

继续穿越了几座山谷，他终于找到了一片较为平缓的坡地和一个可以栖身的树洞，稠密的空气中飘着发霉树叶和新生树芽的味道。

最初的那个夜晚，一整夜他都没有睡，也没有进食，身体虚弱不堪。眼前的黑暗让他恐惧无比。他点了一堆篝火，拣了三块石头放在火堆里，然后提着那把旧壶到箐边取了一壶山泉水烧上。火光向四周的黑暗飘散，他逐渐温暖起来，心里也慢慢平静下来。

他拿出几个洋芋在火上烤着，就着开水吃了起来。他实在是太饿了，胃仿佛变成了一片薄纸。

山风鼓荡着，高原的冷雨打在树上，寒意森森。

在西山茂密的森林里，在狭小的树洞里，张正祥在漫长的雨季中饱受刺骨的煎熬。他不时会走出山路，进入生长着野果的山谷，获取必要的食物。山林寂静得让人心里长出了毛，太阳不时被快速飘过的云朵遮盖，看起来很阴森，但在无云之处，阳光穿越云层间隙照进山谷，透过星星点点的光，这让他心里稍微好受一些。他还只是个孩子，对今后的日子茫然而恐惧。

那段日子虽然处处充满危险，但不会饿肚子。山上的野果，滇池里的鱼虾都是他的食物，他至今都在感怀，正是滇池和西山的养育，他才没有被饿死。

1962年，14岁的张正祥回到了富善村，正赶上全民学红宝书的年代，凭着勤奋，他硬是把一本《毛主席语录》背得滚瓜烂熟，他因此也学会了读书写字。19岁那年，舍得吃苦出力气的他被选为了生产队队长。尽管那时“环境保护”这一词语几乎还没有出现在人们的视野中，更谈不上环保意识了。他却凭着代代相传的生存法则给村民们立了一条规矩，不许在滇池里洗衣服、倒污物，不许砍伐滇池边的树木。照张正祥的话说，他是靠滇池养活的，因此，他不能容忍任何人对滇池的任何伤害。况且，保住了滇池的生态，也就是保住了自己的生存之路。

苍茫人生，百味世态，活着与死去，每个人都是靠着自己内心不同的动力推着走自己的路，每个人都体味过偶然与必然。心底的意欲与意志受到了什么样的滋养，决定了选择不同的道路与方向，也决定了所走的深度和广度。张正祥保护滇池的动力正是源自他内心那份朴素而珍贵的情感：感恩。对于人类而言，感恩不仅是一种美德，更是生存的底线。失去了敬畏之心，就意味着失去了价值和人性的底线。一个懂得感恩的人，哪怕只是一个踽踽独行者，也会沿着自己选定的路，久远地走下去。张正祥的可贵之处正是在于他始终对大自然怀有敬畏之心。

1980年，张正祥主动请缨当上了西山的护林员。当时正值包产到户，当地很多村民为利益所驱，偷偷上山偷伐云杉倒卖，后来干脆发展到了有规模的明目张胆的盗伐森林，每年有成百上千亩的森林被毁。树木一天天在减少，昔日遮天蔽日的原始森林以惊人的速度变成了一片片触目惊心的荒山秃岭，张正祥看在眼里，急在心上，不可遏制地产生了一种愤怒：这简直是置滇池于死地！因此，张正祥当上护林员的第一件事情就是立即制定了《三大保护措施》和《十三项保护规定》，坚决禁止在西山森林范围内进行乱砍滥伐及盗伐森林行为。同时禁止放牧、用火、捕杀野生动物。“看着一棵棵熟悉的大树消失，我心疼啊，要长好多年才能有四五十厘米粗呢！”但是，光有措施并不能完全阻止那些人疯狂地毁林，张正祥开始昼夜对盗伐者的动向进行跟踪监控，斗智斗勇，在盗运木材必须经过的悬崖、陡壁、高坎、深箐等易守难攻的险要地段设卡拦截，疯狂的盗林行为终于得到了有效遏制。

然而，张正祥疾恶如仇的正义行为却得罪了许多盗伐者，他们把他视为眼中钉肉中刺，意欲拔除而后快。1981年中秋节的夜晚，当千家万户沉浸在团圆的喜庆中时，张正祥照例开始了他孤独的林中巡逻。在一背静处，他与一伙盗伐者狭路相逢，急眼的盗伐者立马围了上来，刹那间棍棒雨点般落在他的身上。“今天我也许要死在这里了。”他脑子里突然冒出一个念头。正这么想着，一块石头重重地击中了他的脑门儿，血顺着脸颊流了下来。他勉强支撑着没有倒下去，不过，他很快就感到更多的拳头向他砸来。砸吧，砸吧，只要自己坚持跟他们“过不去”，这些拳头不是今天就是明天，迟早都会砸在身上的。殴打中，盗伐者要他承诺不再多管闲事，张正祥忍着剧痛从牙缝中挤出两个硬邦邦的字：“做梦！”气得为首者举起手中的砍柴斧向他的腿上狠狠砍去！张正祥重重地倒在了地上，鲜血汩汩地渗进了脚下那片他挚爱的土地。还未等盗伐者松口气，浑身是血的张正祥竟又站了起来，面无惧色地怒视着他们。面对眼前这个不怕死的人，盗伐者做贼心虚，终于仓皇逃跑消失在夜幕里。至今，张正祥的左大腿上仍留有一条长达10余厘米的伤痕。

1982年，张正祥率先在村里办起了养猪场，养了100多头肥猪，成了远近闻名令人羡慕的万元户。可谁也没有料到，就在家里的日子过得红红火火、有滋有味的时候，张正祥却放弃了兴旺的养猪场，承包起村里14亩荒滩和水淹田养起鱼来。对于张正祥此举，不但家人极力反对，就连乡里乡亲也难以理解，要成为一个万元户绝不是一件容易的事。原来，他要利用荒滩做消灭蓝藻的科学实验。承包田很快变成了他的“A系统多功能高快循环灭藻工程新技术”项目研究实验基地。

他的这项实验开始于1985年，那时的滇池由于地理、环境、气候、水温和水质富营养化等诸多因素的影响，导致蓝藻大量繁殖、积累，改变了水质，使水的透明度降低，水体散发腥臭味，溶解氧减少。蓝藻死亡后，各种有害气体及蓝藻毒素又大量释放出来，最终导致水生态系统的迅速崩溃。蓝藻的疯狂蔓延，成为滇池污染治理的顽症。看着绿油漆一般漂浮在湖面且日盛一日的蓝藻，张正祥琢磨，能否找到一种既能消除蓝藻又能循环利用的途径呢?

通过观察，他发现，随着湖水的潮起潮落，蓝藻总会被一层层地推向岸边。他想，如果能有一种办法把这些蓝藻收集起来，问题就简单多了，既可净化水体，又可用作肥料。他开始在滇池岸边自己的承包田里搞实验。他在田里铺上管道，架设滑板，滑板一头插入滇池水中，利用湖边的风力，将漂着蓝藻的湖水冲上滑板，进入过滤系统，滤掉一部分水后，变成蓝藻浆，再通过脱水系统将剩余的水分全部去掉，利用太阳或风使蓝藻完全干燥，最后打包用来制作饲料或氮肥。

他说，用这种方法治理蓝藻花钱少、见效快、效率高，遗憾的是他的实验并没得到有关部门的认可，更没有得以推广开来，而他却为这个实验耗尽了家里所有的积蓄。确实，眼前这个落魄的老人使人很难与万元户联系起来。

## 二、谁敢破坏滇池，我就和谁拼命

滇池是一个三面环山的半封闭型的高原湖泊，地表无大江大河注入，但却是昆明唯一的纳污水体。20世纪70年代的一场围海造田运动，不但大大缩小了滇池的面积，更使得草海原有的30多个大小注水“海眼”被填埋消失，从此草海便完全失去了自然净化水的功能。由于环滇池周边的山脉蕴藏着丰富的森林资源和丰富的磷矿、石灰石资源，尤其是被昆明人称为“睡美人”的西山，不仅是著名的国家级风景名胜区，而且矿石埋藏浅，品位高。到了80年代初期，在各种利益的驱动下，西山开始了它真正的噩梦，采矿、采石、取土点一股脑冒了出来，最多时竟达40多个。

每天爆破声、机械的轰鸣声响个不停，运输车辆往返不断，不久就把“睡美人”挖得面目全非，“脖子”后面更是被挖出了一个大坑，只要再将前面的一个山丘挖掉，“睡美人”的“头”就断了。“我是真的着急呀！”说起当时的情形，张正祥至今依然痛心不已。

进入20世纪90年代，随着滇池周边山体的开发，滇池的污染也在加剧。此后，工业发展、人口增加，滇池更是被城市严严实实地包裹起来，所有的城市污水随着三十几条入滇河流直接注入滇池，整个滇池的水质很快超过了国家规定的Ⅵ类水标准，属于重度污染，滇池里的鱼类也基本灭绝。

但滇池的前世却不是这样，照张正祥的话说，70年代以前的滇池，完全是一派春的天地，绿的世界，鱼的湖泊，花的海洋，水清得能见到湖底，鱼虾多得用脚都能踩到。一首流传于昆明的民谣：“50年代淘米洗菜，60年代摸虾做菜，70年代游泳痛快，80年代水质变坏，90年代风光不再，现今时代依然受害。”民谣说出了滇池50年来水质的变化，也道出了昆明人的痛心和无奈。

目前，滇池已检出有机污染物72种，其中具有致癌、致畸、致突变效应的物质12种。夏季滇池水面84%被藻类覆盖，最好区域的水质只能维持养殖和工业用水，且滇池水资源的开发利用率已达到60%。据国外的经验，一个国家和地区用水量超过水资源量的20%时，就可能出现水危机。

谁也不会否认，当今世界，环境恶化引发的灾难已经到了触目惊心的地步。一份调查报告显示，中国90%的城市地下水已受到污染，流经城市的河水有75%不宜饮用，鱼类不宜捕捞，而全国有30%的河水不宜用作农业与工业用水。换句话说，中国1/3的城市，也就是大约660个城市无法获得足够的清洁用水，其中又有110个城市面临着清洁用水严重短缺的困境。随着人类对森林、湿地的过度利用和破坏，全球气候变暖、土地沙化、湿地缩减、水土流失、干旱缺水、洪涝灾害、物种灭绝等一系列严重的生态危机日益加剧，成为迄今为止人类面临的最大威胁。1998年夏季那场震惊世界、百年不遇的长江特大水灾，2010年的舟曲特大泥石流灾害，至今仍然让国人心有余悸。这些远的尚且不说，在云南的怒江、澜沧江流域，由于陡坡垦殖、森林过量砍伐及开发失控，人为地改变了山地的生态平衡，造成了严重的水土流失，泥石流、滑坡，旱灾、洪涝灾害时有发生，大片土地沦为无法绿化的荒山。这些荒山板结得连生在上面的草都仿佛给吓住了，怯怯地不敢往上冒，即便冒出来，也全是一副萎萎缩缩、战战兢兢的样子。更要命的是，每年的雨季一到，表层的土壤由于缺少植物维系，往往被雨水冲走，导致土层越来越薄。如此循环反复的水土流失，越来越多的土壤变成了无法种植的僵土，专家把这种情况叫作石漠化，并提出严重警告：这些被破坏的植被如不及时恢复，最终丧失的将不仅仅是有限的土地，生存的基本条件也将逐步丧失。一幕幕惨剧，是天灾，更是人祸。

面对日益恶化的环境，人究竟可以有多大的作为？

科学家不断呼吁：由于大量森林被毁，已经使人类生存的地球出现了比任何问题都要难以对付的严重生态危机，生态危机有可能取代核战争成为人类面临的最大威胁。

遗憾的是，在灾难和现实面前，虽然已经没有人会否认保护环境的重要性，但并不是每个人都能从自己身边的每一件小事踏踏实实做起，更何况像张正祥那样“固执”地一做就是几十年！

1998年，长江发生了历史上罕见的洪水灾害。正当全国人民众志成城抗击洪灾的时候，张正祥却在村里悄悄粘贴了一张大字报，指出长江洪灾的主要原因就是上游水土流失太严重，生态环境遭到前所未有的破坏，更直接指责当地政府任凭盲目开发，毁林开矿，以及部分官员和矿产老板相互勾结行贿受贿等。一时间，村民们争相观看，议论纷纷。就在有关部门对大字报展开追查时，张正祥大大方方地站了出来，说：“不要查了，大字报是我写的。”所有人都没有料到，这张言辞犀利的大字报居然是本村的一个“疯子”所为，追查也只好不了了之。

原来，张正祥贴大字报之前曾劝几个矿老板，让他们关了矿点，不要再做毁坏环境、贻害子孙的事情。但对方丝毫不为所动，他便同他们打赌，“狂言”要告倒他们。随后他便一个人悄悄地来到了北京准备告状。但偌大的北京城，人生地不熟，上访之门不仅有警察把守，而且至少还要排上三天的队。张正祥四处碰壁，连伙食钱都成问题，无奈只好回昆明。回家的路上他想，难道就这么算了？一想到满目疮痍、千疮百孔的西山，他的心就像刀割一样。苦思冥想，他想到了一个好主意，用大字报的形式揭露发生在西山的种种恶行。回到昆明后他拟了一份大字报赶往复印店复印，然后在当天深夜两点以后，拎着个小糨糊桶，悄悄粘贴在了村里的几处墙上。

一石激起千层浪，张正祥的“疯子”行为终于引起了媒体的关注，有关“国家风景名胜区惨遭劫难”的报道开始见诸报端。张正祥也开始忙活起来，有时候一天要接待好几拨记者，他带路调查采访，纷扰喧闹了多年的西山由此得以安静下来。

这次的战果是六个开矿采石点被勒令封停，相对于多年的狂采滥挖，虽然只取得了局部的胜利，但对张正祥的鼓舞是巨大的，他找到了坚持下去的法宝：信心。

30多年了，每天，他都要去山上转一转，然后沿着崎岖的山间小路往滇池边走去。

早晨的阳光带着一丝暖意照在身上，风吹起了他的衣领，也吹起了他的头发。一群红嘴鸥在天上盘旋翻飞，指望能从滇池里觅到一些鱼虾。

一路上，他看到了骇人的景象：蓝藻、肿胀发臭的鱼尸体，附着在岸边。这些画面恐怖又阴暗，滇池，以及滇池里的东西，令他心碎。

一股无可阻挡的潮水在他体内升起，他的眼睛已经见过那么多毁坏环境的恶行，他说："没有生态就没有生命，没有环保就没有一切。谁敢破坏滇池，我就和谁拼命。"就是这个至今依然借住在别人家的老人，在2010年玉树地震灾后的第一时间捐款1000元，那是他受邀做环境演讲所得。但同年的云南大旱，他却一分钱也没有捐。对此他说："云南旱灾不是自然造成的，是人为造成的。为什么他们要毁林？贪官在毁林，老板在毁林，村民在跟着毁林，水干了，自找的。我就不给钱，哪怕是我的老乡，我也不管。"

多少个夜晚，张正祥极度疲倦又极度清醒，无法入睡，常常在灯下一坐就是几个小时，看书，写调查报告、写告状信。昏黄的灯光把他的身影映在墙上，一动不动，孤独而坚韧。在那些无眠的夜晚，他一遍又一遍地在纸上标注着那些淌着黑水、臭水的排污口，一遍又一遍地整理着那些笔记资料，它们是张正祥的一切。

夜深了，风很大，也很纯，风中裹着一丝丝滇池的气息，这是在滇池岸边才能分辨出来的气息。没有月亮，稀疏的星星散落在天幕上，衬出山村朦胧的轮廓。他在风中听到了一种声音，像是召唤，又像是诉说。是的，那是滇池在诉说。

他把放在床底下的那只木箱取了出来，打开箱子，他闻到一种陈旧的气息，那是经年累月形成的气息。他拿起了其中的一个本子，上面密密麻麻地写满了字，他的心突突地跳了起来，上面记的全都是矿老板们毁坏山林的铁证。随后，他再次把手伸向木箱，摸出了一摞照片，那是惨不忍睹的山林照片。

2001年，是西山生命史上最惨烈的一年，隆隆的爆破声彻底打乱了森林的平静，疯狂的毁林挖山取土、炸石开矿开始了。整个西山俨然成了千军万马拼杀的战场，庞大的机械设备和车队居然排成了10余公里长的长阵。

眼前的阵势让张正祥目瞪口呆。如果说20世纪八九十年代的偷盗毁林让西山受到了重创，那么，现在的西山则遭遇了触目惊心的灭顶之灾。

张正祥这样描述当时的情景："他们挖了滇池'睡美人'的八座山，一座一座的山，不分昼夜，那个汽车就像长龙一样，让人睡都睡不着，地都会震。山都挖了八座，如果再挖，'睡美人'就消失了，我生存过的家园啊，面对'母亲'遭此不幸的毁灭性破坏，我十分心痛。我的生命是大自然给的，是滇池给的，告不倒这些人，我就是活着都没有价值。"

张正祥立即开始了行动，他采取设路障、断电断水断路的战术，在森林中开始和开矿的老板们昼夜周旋，拍照取证，然后不断地投诉举报。开始开矿的老板们并不以为意，纷纷说："这个烂疯子，怕他干吗！管他呢，他要照就让他去照，他怕是拿着个假相机来哄哄我们。"直到张正祥领来了媒体记者，矿主们才意识到，平时实在是低估了这个“疯子”。如此一来张正祥的调查开始变得举步维艰。如果被矿主发现，他唯一的防身手段就是：跑！经常是他在前面跑，后面一大群人手持棍棒拼命追。有时候他被追得像猴子一样直接爬上了悬崖，当时怎么有那么敏捷的攀爬身手，事后连他自己都觉得惊讶。有时候实在跑不动了，哪怕前面是悬崖，他也会不要命地往下跳，有一次竟然跳到了一个马蜂窝里，马蜂叮得他满地打滚儿。回到家里，浑身肿得连家人都认不出他来。

他在森林里开展的“游击战”，虽然给矿主们制造了许多麻烦，却收效甚微，自己也在一次次交锋中屡受重创，遭遇暴打更是常有的事。张正祥不由得暗自神伤：“为什么告状的路途那么遥远？哪天才走得完这个告状的道路？哪天才能够使西山平静下来？我上访的目的就是呼吁政府能够把这个西山、这个滇池保护下来，我不存在诬告哪个、陷害哪个呀。”

阻止开矿，自然也就触动了村官的利益。官商常常勾结在一起。最后，竟连自家承包的田地也被收回了。

生活，再一次陷入了困境。

窘迫的生活让人绝望，两任妻子先后离他而去，15岁的大女儿不得不挑起家庭的重担，每天放学后还要到地里干农活，然后回家做饭给弟弟妹妹吃。多少次，女儿哭着对他说：“你是一个农民，能有多大力量？家都变成这样了，我真的好害怕。”他说：“没有大家，哪有小家？世上总有正义，我就不信告不倒他们。”

大难不死的张正祥确实“疯了”，他非但没有被吓倒，并且在妻子出走的第二天又进山了，照他的话说，家都没有了，还怕什么？话虽这么说，人非草木，孰能无情！每当夜深人静之时，面对着家徒四壁的空屋，张正祥多次潸然泪下。谁说男儿有泪不轻弹？只是未到伤心时。他想起那次他和女婿在滇池里救了一个落水的老乡，当他到相关部门申报时，他们的见义勇为却遭到了工作人员的质疑，他们直接对张正祥说：“不可能，你是一个坏人，你没有资格来报奖。”这个打击让张正祥气得差点从楼上栽下去，痛苦难言。女儿女婿知道结果后，伤心地哭起来：“人家做了好事得好报，我们救了那么一大条人命，却从上到下说我们这家人是坏人。”

张正祥的坚持再一次显示了力量，2001年11月15日，《云南日报》刊登了张正祥举报的《“睡美人”面临身首分离的威胁》的报道，昆明市委书记见报后，立即作出重要批示：“请立即制止毁林开矿、取土的行为，保护西山自然景观。”

这一次，西山风景区内12个大型开矿、取土、采石场被西山区政府封停，张正祥的斗争取得了重大胜利。

如果你以为疯狂炸山的硝烟会就此熄灭，那就错了。在巨大的利益驱动下，人们疯狂而短视，道德的底线再次在暴利面前轰然倒塌。

2002年1月，刚刚被封停不足一个月的12个开矿、取土、采石场在地方保护主义的大旗下，竟又轰轰烈烈地开张了。一时间，繁忙的挖掘机、推土机、装载机、空压机、钻岩机、碎石机、皮带运输机等大型机械设备各显神通，尘土遮天蔽日，炮声震耳欲聋，滇池西岸的村庄和农田像盖了一床棉被，被厚厚的尘土所覆盖，公路不堪重负，被滚滚的车轮碾轧成一条条扭曲的麻花。每隔两分钟就有一辆货车拉着满满的矿石从山腹中开出，黄土漫天，一张口便满嘴是沙。

2002年1月9日，蓝天白云，西山茂密的森林迎来了又一个阳光充足的日子。张正祥带上相机，像往常一样在盘旋的山路上骑着那辆破自行车，艰难地行进在通往矿山的崎岖道路上。

这是他每天例行的功课：巡山。

突然，一辆迎面缓缓驶来的大货车在与张正祥擦身相遇的一刻，仿佛发了狂一般，“轰”的一声把已经避让到路边的张正祥撞下了几米高的路基，张正祥眼前一黑便失去了知觉。

其实，张正祥远远就看见了这辆一直缓慢行驶的大货车，一切都看似很正常，它与他只不过会擦身而过，他一直这么想。

过了很长时间，一阵剧烈的疼痛从右手向肩膀蔓延。同时，感到脸上黏糊糊的，他挣扎着用左手一摸，满脸是血，前襟也是一大片血迹。

这时，他才感觉到，一只眼睛像被一块黑布蒙住了，什么也看不见，疼痛难忍，他再次晕了过去。

两个小时以后，一场不期而至的大雨把他淋醒了，他挣扎着挪起身来，踉踉跄跄地爬到路边，脚板忽然被硌了一下，低头一看，他吃惊地发现，一只鞋早已不知了去向，而右手已经反向骨折，折断的骨头仅有一层皮肤与身体相连。

他的脑海里一片模糊，许是摔倒时伤到了脑袋，他想。而那辆撞了他的大货车早已扬长而去。

突然，他想起了那伙人的威胁。一天中午，他正在做饭，忽然来了20多个人把他团团围住，这些人眼睛血红，拎着刀，说要给他放放血松松骨头，左腿上那条刺眼的伤疤就是那伙人用斧头砍伤后留下的。

张正祥对他们说：“你们的行为是违法的，法律保护我，不保护你们，你们把我杀掉只是牺牲我一条命，可你们一个也逃不掉。我活一天，就不允许你们破坏山上的一草一木！”那伙人看着他愣了半晌，最后灰溜溜地走了。

不想，这伙人并未就此善罢甘休。

是的，没错，这不是一次偶然的意外，而是一次精心策划的谋害。

太多太多的细节、太多太多的事件都向他证实，这是一次可怕的预谋。那一张张恶狠狠的脸，有着灰色的油脂和冷漠。

在医院里，他觉得自己的身子像一块随波逐流的木板，随着水波晃来晃去。是滇池在晃动。

想到滇池，他的心忽然湿了起来。

出院的时候，他右手的骨头还没有长好，一条腿也依然有些不听使唤，以至于下楼时他不得不用左手扶住楼梯。医生说，只能慢慢恢复了，能恢复到什么程度，还不好说。事实上，那条伤腿从此就变得很不听使唤了。

这次事故让张正祥的右手骨折，右眼几乎失明。为了治伤，他卖掉了家里仅有的最后一口鱼塘，从此，家境真正变得一穷二白。

“为了告状，我得罪了许多老板，他们先是采取报复手段来吓唬我，我不予理睬，那几个采石场的老板就凑了100万元的现金收买我，我没有搭理他们。”张正祥骄傲地说。

## 三、我直接的仇人至少有10万人

丧心病狂的报复和重金收买并没有阻止张正祥走在滇池边上的脚步，反而激起了他更大的决心。他当时发誓，要用捡回来的半条老命与矿主们拼个你死我活。2002年4月25日，身上的伤病都还没有痊愈的张正祥向国家环保总局递交了《滇池“睡美人”景观遭到破坏的情况调查报告》的举报材料。

张正祥用生命和鲜血换来的这些材料，引起了国家环保总局的高度重视，并迅速批转到云南省环保局，要求迅速查实处理。有关部门经过周密调查，终于再次下达了封杀令。

这一次，滇池西山风景区内38个大、中、小型开矿、采石、取土点被一次性封停。

令人不解的是，与滇池相伴相生的西山并没有因此平静下来。2002月8月，一场规模巨大的开矿、取土行动又卷土重来。不同以往，这次重新采挖据说是为了高速公路建设和养活当地群众，开矿、采石、取土点也由原来的16个迅速增加到38个！

眼前震天动地、轰轰烈烈的场面把张正祥惊呆了，望着风把沙子尘土掀上了天，他觉得，不去制止就等于纵恶。不顾一切，他又开始了艰难的取证、举报之路。

有一次，他冒险深入一个采石场拍照取证，才刚掏出相机就被发现了，几个壮汉提着砍刀棍棒追杀过来，情急之中，他只得纵身跳下几米深的灌木刺丛中，尖锐的倒钩刺如同一把把刀尖，扎得他浑身血肉模糊。无数次的追杀，无数次的威胁与暴打，不是张正祥不怕死，没有什么比人的生命更为重要；也不是他不想过安定平静的日子，温饱安康，是每一个人最基本的生活盼头。但他深知，只要西山一日不平静，只要疯狂的生态破坏行为还在继续，他和世世代代生活在这里的人们就永远不可能有宁静安稳的日子，甚至有可能永远失去他们挚爱的家园。生态已经恶化到了令人难以置信的地步，恶臭的湖水，成群成片死去的水族们，在太阳光下裸露着发胀的尸身，红土的山头，犹如大地一片伤痕累累的肌肤。当身边充满了尘暴、臭水、垃圾时，人的健康和生命就将被摧残和吞噬，曾经美好的家园就将变成地狱。更为可怕的是，滇池的污染并不仅仅关乎沿湖人们的生存，更关乎昆明这座高原城市的生存。

“谁破坏滇池，我就和谁拼命。”他的声音斩钉截铁。

2003年1月14日，昆明市政府作出了《关于立即封停西山风景名胜区保护范围内所有开矿、采石点的决定》。1月18日，由昆明市相关部门组成的联合执法队一次性封停了38个大中小型开矿、采石、取土场。

在市政府封停令下达后，西山“睡美人”景区所在地碧鸡镇的所有开矿、采石点是封停了，但紧邻的海口镇景区内的开矿采石点仍然没有停止，机器和爆破声仍在日夜轰鸣，原因是这里正在建设一条投资数亿元的城市快速通道——高海公路。谁都知道，建设高速公路必然需要大量的土石方，也就是说，千载难逢的发财机会再次降临到了他们头上。为阻止张正祥举报，不少矿老板和石场老板见硬的不行，便改变策略，纷纷提着重金来拉拢张正祥。一个老板说：“张正祥，不要忘了我还是你的亲戚。俗话说，掌心只能向内不能向外。你硬是要封停西山开矿、采石场对你有什么好处呢？只要你停止上访举报，我们一定要重谢你！苦海无边，回头是岸。我们劝你不要再憨告下去了，憨告下去只能四面树敌，对你没有任何好处！”紧接着，另一个老板也提着重金求上门来：“张正祥，实话说，以前谁也不相信你真的有那么大本事告停了那么多的开矿、采石场，现在大家都佩服你了！但最可悲的是你拼死拼活地四处告状，阻止开矿、采石，保护滇池，非但没有得到政府分文的奖励与表彰，到头来还落了个妻离子散、家败身残的悲惨下场！你虽然做了很多好事，但从来没有得到任何好报，你这是何苦呢？现在为了帮助你尽快治好身体，建好新房，找回新娘，让你全家过上团圆幸福的小康生活，经我们各大矿场、采石场老板商量决定，由每家先拿出10万元钱来帮助你改善生活和解决目前的困难，其余每户再追加10万元的酬劳费，待高海公路结束结清石料款后一次性付给你，这样对你和我们都有好处。劝你不要再干那些与你利益毫无关系却随时可能招致杀身之祸的事情了。你知不知道，高海公路建设急需上亿立方砂石料，请求你不要让我们再错过了这一次千载难逢的发财机会吧！”如此等等。那段时间，随着高海公路紧锣密鼓地展开建设，张正祥原本冷清的小屋也迎来了络绎不绝的说客、求情者。为了回避这些人，张正祥干脆门锁一挂，巡视滇池去了。

见收买不成，那伙眼见就要失去到口肥肉的人怎肯轻易罢休，立即纠集了上百人直扑张正祥的小屋围攻叫骂：“张正祥，你不要敬酒不吃吃罚酒，要活大家活，要死你也莫想活！限你规规矩矩地待在家里，莫要再管闲事了，否则，就不要怪我们翻脸无情！”紧接着，这伙人又雇用了当地一名虎背熊腰蛮横无比的混混，手持砍刀，随时跟踪追打张正祥。一天，这个混混凶蛮地把张正祥堵在一条僻静的山路上，面露凶光恶狠狠地说：“张正祥，你这个不识好歹的冷血动物，几十个大老板白送你上百万元的重金，让你建新房、买轿车、娶新娘，过上不愁吃不愁穿的富贵日子，还不情愿，宁愿守着这间破屋子天天举报，你害得多少老板断了财路。冤有头，债有主，现在我受众矿老板的委托，特来勒令你立即撤回你的全部举报材料，并写出书面保证，保证永不上访举报！否则，我就把你砍碎了丢进滇池里喂大鱼！”说着，挥舞着拳头，一拳把张正祥打了个趔趄，边打嘴里还不断叫嚣:“我要让你知道：什么叫道理？有钱就有道理！

什么叫法律？拳头就是法律！快写！不写我就用拳头再给你上一堂‘拳头才是硬道理的地方法制课’！”说着，再次举起铁钵般的拳头，狠狠朝张正祥砸去，直到张正祥满脸是血倒在地上，这个壮汉才得意地弹了一个响指，扬长而去。

随着张正祥知名度的提高，潜在的威胁也越来越大。他变得敏感、谨慎，走在路上，经常会不由自主地停下脚步审视路边的丛林。半夜，他会突然睁开眼睛，看看窗外是否有晃动的人影。为了防身，他不得不养了一条看护狗在院子里。

2003年4月1日，张正祥怀揣着他在昏暗的灯光下逐字逐句写下的《关于滇池、西山名胜风景区仍在惨遭破坏的情况调查》报告，再次悄悄地踏上了去北京的旅途，他要向国家有关部门直接举报。

同年8月8日，由市、区国土、水务、环保、滇池管委会、建设等部门组成了联合执法大队，对滇池自然保护区、西山名胜风景区内的52个大、中、小型开矿、采石、采砂、取土场以及在滇池西岸违法排污的企业进行了坚决的取缔。8月24日，央视《新闻30分》栏目根据张正祥的举报，通过实地采访，以《云南滇池非法炸山采石：国家级风景名胜区惨遭破坏》为题，对此地疯狂破坏自然环境的行为进行了曝光，张正祥终于露出了久违的笑容。

随着全社会对环保问题的日益重视，国家环保工作力度的不断加强，张正祥保护滇池的事迹得到社会越来越多的关注、肯定和支持，媒体也纷纷进行了报道。与此同时，在滇池边非法开矿带来的危害和治理保护滇池环境的重要性，日益成为人们的共识。2005年10月26日，张正祥荣获“中国十大民间环保杰出人物”称号。

但是，在张正祥看来，荣誉并不仅仅意味着光环和荣耀，更多的是责任和鞭策，是付出和牺牲，他也因此把关注的目光从眼前的滇池投向了更为广阔的地方。他说：“既然地球是我们人类共有的家园，那么，不论哪里发生破坏环境的事情，我都有责任和义务去制止。”2006年2月15日，张正祥的家里突然来了几位风尘仆仆、神色焦虑的农民，进门后，水都顾不上喝一口，一见到张正祥便急切地说，“张卫士，我们是来找你求救的。”原来，他们是思茅市六顺乡官房村的村民，祖祖辈辈一直生活在一片茫茫的原始森林旁边，以种地为生，虽然日子过得清贫，但身边森林环绕，谷幽泉美，深厚的森林腐殖层为大地提供了丰富的养分，日子一代一代地延续了下来。可他们万万没有想到，曾经的平静日子会在一个清晨戛然画上句号，一阵阵刺耳的砍伐声，伴随着一棵棵大树的轰然倒地，把他们惊得目瞪口呆，也把他们的心震得生疼。

由于近年来橡胶价格一路狂飙，受巨大经济利益的诱惑，当地政府部门竟然决定砍伐原始森林和国有林，改种被誉为“摇钱树”的橡胶。很快，12万亩森林被砍伐一空，失去森林的亚洲野象不得不进入村寨、农田和果园觅食。野象所到之处，庄稼果木均被席卷一空，甚至出现损毁房屋、攻击人类的报复行为。更为可怕的是，失去森林涵养的土地，灾害频发，连人畜饮水都成了大问题，曾经的家园转眼变得面目全非。在绝望之际，他们想到了电视里曾经报道过的“滇池卫士”张正祥。对，就去找他，请他也来管一管这里的“闲事”。

得知几位村民的来意，张正祥的心一阵紧缩。对他来说，民众的生存就是大事，民众的呼声就是命令，他毫不犹豫地随几位村民迅速来到了几百公里以外的思茅。从2月到5月，整整三个月，他不顾安危深入现场调查核实村民反映的情况，熬夜写成了数万字的调查报告，连同现场拍摄的照片，通过网络等途径，及时向中央和省政府以及有关部门进行举报。同时请来了央视《焦点访谈》栏目的记者，一同深入毁林现场进行实地调查采访。

2006年6月25日至27日，央视《焦点访谈》栏目以《思茅滥伐原始森林——当地林业部门为私人老板的毁林行为大开绿灯》为题，进行连续曝光后，立即引起了有关部门的高度重视，并迅速组织了查处，一场特大规模的毁林事件终于得到了遏制。

但仅仅相隔一年，同样为了巨大的经济利益，毁林的悲剧又在西双版纳热带雨林上演了。2008年清明节后，西双版纳贺孔村丫口寨的几位村民找到张正祥反映，当地采用机械和焚烧的办法，正在大规模毁林，准备用于开发规模化、产业化、商品化和集团化的橡胶种植生产基地。由于失去了森林的涵养，水源枯竭，人畜“连水都快喝不上了”。那些森林被毁的山包上，到处裸露着刺眼的红壤，野象、野牛、巨蟒、巨蜥、绿孔雀等珍稀动物由于失去了赖以生存的栖息地而不得不四处逃亡，有的更“铤而走险”，与人一搏，甚至以死相拼，野象踩死人的事件时有发生。不断恶化的环境，正上演着一幕幕触目惊心的生态寓言。

如同战士听到号令，张正祥马上随几位村民来到西双版纳实地调查。当大片裸露的红壤出现在他眼前时，涌上心头的只有两个字——犯罪！

他顾不得旅途的劳顿，马上开始调查、走访、拍照、取证。4月的西双版纳，酷热难当，不要说翻山，就是多走一会儿，人也跟水里捞出来一样。他以花甲的年龄，拖着伤残的身躯每日翻山越岭，确实是件令人难以想象的事情，但他硬是走过来了。方圆的土地原本生长着茂密的原始森林，而此刻，山成了单调的风景，太阳成了带毒的火球。他长时间地注视着那些太阳光下的红土，直到眼睛发烫。由于没有树，太阳无遮无拦的辉煌。他心里最大的愿望就是，扯一片云彩，把太阳挡一下。云，当然是没有的。好久，小鸟寂寞地飞过，只看着云做梦，感叹着土地的干裂。他无奈地站起身来，拖着沉重的脚步继续着孤独的调查取证。

2008年6月，中央电视台、云南电视台、《光明日报》《法制日报》等多家媒体根据张正祥的举报，深入西双版纳热带雨林惨遭“剃头”的现场进行调查采访曝光，不但引起了各级政府部门的高度重视，同时也引起了社会的高度关注和强烈反响，一场愈演愈烈的特大毁林事件终于画上了句号。

水，历来被人类视为生命之源。伴随着城市的扩张，地下水的用量远大于水资源的再生量。

改革开放以来，招商引资一度成为地方政府提高GDP（国内生产总值）的法宝。为了吸引投资，有的地方政府在环保方面也放宽限制，使经济增长以牺牲环境为代价。就在思茅的毁林事件平息不久，张正祥像往常一样沿着滇池西岸巡视。当他走到白鱼村浪泥湾时突然发现，不远处滇池“海眼”位置及附近的湖面上，正涌着一片浑黄的水体。他心里一沉，急忙走近湖边仔细查看，顿时看见浑水正对着的山岩脚下，一座高耸的大型钻井机正加足马力大肆开采地下水！张正祥马上意识到，湖水变浑的原因一定与这台巨大的钻机有关，由于滇池暗河顶部被钻机钻穿，大量泥浆流入地下暗河，地下河水与滇池是相通的。

为了找到地下河水遭到破坏的有力证据，张正祥来到了距浪泥湾取水点3公里的白草村大龙潭与马桑箐滇池水源保护区实地查看。位于西山区碧鸡镇观音山村委会的白草村，是滇池重点水源涵养区、暗河分布区、水环境功能区，该村大龙潭溶洞及小河流域经中国科学院昆明动物研究所鉴定为“国家二级保护动物金线鲃”种群资源繁殖分布区。

刚一走近龙潭，张正祥顿觉气愤难当，原来，昔日龙潭那奔腾翻滚的出水口变得如同游丝一般，且流出的全是浑黄的泥浆和钻机润滑油散发出来的黑色油污。大量珍贵的国家二级保护动物——滇池金线鲃被毒死，漂浮在肮脏的水面上。他赶紧取出望远镜朝远处望去，只见位于大龙潭泉点不足200米的上方与马桑箐天然小湖护堤旁，有两台大型钻井机正在大肆作业，疯狂地钻探开采着地下水。如果不及时制止，对滇池的危害将是巨大的，对金线鲃来说，更是灭顶之灾。张正祥找到施工人员试图阻止，如同预料的一样，回答他的依然是一双双威胁的拳头。他并没有被眼前的阵势吓倒，一方面向有关部门不间断地举报，另一方面直接带领电视台和报社的记者直赴现场进行调查曝光。很快，昆明市水利局就采取了强有力的执法措施，对张正祥举报的三个非法取水点实施了坚决的封停取缔。

30多年来，这样的举报和制止到底有多少次？连张正祥自己也记不清了，也许只有他满身累累的伤痕和破碎的家庭，无言地见证着他的坚守与艰辛。在与滇池有关的利益链上，所有的人都恨他——地方官员、采矿者、取土挖石者、房地产商、养猪场、水泥厂老板……张正祥说：“我直接的仇人就有10万个！这些年来，举报信写得板车都拉不动了，写坏的钢笔更是不计其数，寄出去的信超过万份，每周至少写一份，完全是手稿，一个字一个字写出来的，我全部的武器就是这一堆举报材料。”

张正祥没有料到的是，虽然他奋战多年喊停了滇池西山的疯采滥盗，却未能阻止房地产商的屡屡登场，超负荷的脆弱生态遭遇城市扩张的勃勃雄心，滇池不可遏止地进入了最黑暗的时期。从这个角度说，目前的“经济高速发展”很难说清到底是进步，还是在倒退。“大开发就是大污染，滇池周边的工厂、公墓、旅游区，都是要占滇池的便宜，很多城市规划也在毁灭着滇池。”张正祥说。

张正祥的心在滴血。

2010年，一个叫维港湾的旅游度假项目开始了征地拆迁，项目所在地本是一片宁静的小山村，包括观音山村、林场村和白草村辖区，有上千亩水田、耕地、果园和林地。在此之前，该项目曾于1998年和2004年两次用“以租代征”的名义在当地进行拆迁，都遭到了村民的抵制。而这次，他们却找到了一个冠冕堂皇的拆迁理由：此地在滇池保护区内，必须“四退三还一护”（退田、退塘、退房、退人；还湖、还湿、还林；护水），也就是说，开发商们举起了保护滇池环境的大旗。世世代代在此生活的村民怎么也没想到，他们自己一夜之间竟成了保护滇池的障碍！面对村民的尴尬处境，张正祥非常愤怒，他据理力争，不断“上书”。面对强大的地产商，他没有丝毫的退缩：“谁打滇池的主意，我就让滇池成为他财富的坟墓。”

他想起有一次巡视到林场村时，被一伙村民拉着手团团围住责问：“张卫士，为什么你只保护滇池和西山，而不保护我们的生存呢？你是否知道，如果没有了我们大家的支持，你还能长期坚持饿着肚子巡山护湖吗？现在，我们被强拆工程占去了土地，摧毁了家园，你到底管不管啊？”

几句话问得张正祥心有愧疚而又力不从心，他只得再次向媒体求助。

仅2010年2月至4月，张正祥就带领新华社、《中国日报》、云南电视台、《南方周末》、香港《文汇报》等各路媒体的记者、昆明市政协委员、云南网络公司以及云南大学等各大院校的数百名大学生志愿者深入现场调查采访，村民的哭诉让张正祥至今潸然。2010年5月1日，张正祥郑重写下了长达15000多字的《关于请求中央和省市坚决依法查处假冒“四退三还”之名大搞房地产开发破坏滇池水源保护区和强毁村民生存家园的有关情况调查报告》，并上报国家有关部门。

同月，张正祥执意要带领我去看一个滇池岸边的地产项目。据悉，这是一个以运动、休闲、度假为主的生态旅游项目，主要建设生态湿地、精品酒店、会所以及分时度假公寓。张正祥说，这就是彩云湾项目。

接着，我们又去白草村看了一处正在做前期准备的维港湾旅游地产项目。据张正祥实地调查和水文地质图显示，这两处地产项目所处地均有丰富的地下水资源，大量漏斗、落水洞、泉涌和地下暗河分布其间。这些泉眼，在滇池中形成了数个海眼，因此，张正祥担心的还不仅仅是西山的破坏，更主要的是，地产项目的开建，将直接加剧久治不愈的滇池污染，因为缺乏有效的活水注入，一直是滇池根治不绝的重要原因。

虽然“彩云湾”和“维港湾”工程最终还是被张正祥在奔走呼吁下叫停了，但张正祥的心病却没有消除，建在离滇池边不远的高尔夫球场和不断开发的地产项目仍然让张正祥担心不已。张正祥说，所有这些项目都需要不断抽取滇池地下水来维持运转，如果地下水抽空了，地层就会陷落，进而使滇池失去补充的活水源，后果不堪设想。

## 四、海眼才是滇池最重要的补水来源

自20世纪70年代算起，滇池的污染由来已久，尽管历届政府都尽了很大的努力去治理和改善滇池的水质，但相对于迅速恶化的水质和生态，那些措施和治理都显得杯水车薪，往往是原有的状况还没有彻底改善，新的污染又已形成。

这种可怕的循环，犹如惯性巨大的陀螺，不停地旋转着，旋转着。然而，有一个人的目光始终没有离开过这种循环，他就是张正祥。

“如果说名字是事物的原型”（语出《克拉提勒斯》），张正祥只是一个普通的农民。当他还是一个少年时，他就尝到了饥饿的滋味。贫穷培养的滋味是那样刻骨铭心，在滇池生态遭到毁坏的那些日子里，他再次咀嚼到了这种苦涩，他被那些赤裸裸的破坏行为深深震慑了。事实上，30多年来，这种滋味一直弥漫在他的生命世界里，连同那浑黄恶臭的滇池水一起融进了他的生活，并形成了他的“执着气息”，这种气息有着坚实的底层基础，是一种无法扑灭的“烈火”。

当他把侧着的头转向我时，我从他的眼睛里看到了使他痛苦和快乐的深渊：他愿意承担起一个普通人的责任，把他的幸福和快乐交给滇池。

然而，他也深知，种子在不同的土壤里，收成绝对不会一样，也就是说，不找到真正祸害滇池的罪魁祸首，要恢复滇池生态，还滇池一湖清水就永远是一句空话，那种令人惊恐的恶性循环将会继续下去。

由此，他开始了向专家权威的挑战。

有关专家认为，滇池的污染主要是由点源污染和面源污染造成的，即由于排污和流域土地广施化肥造成的，也就是说，滇池治污的重点主要就是控制点面污染源。而张正祥却把目光投向了海眼，从小生活在滇池岸边的经历使他敏锐地意识到，海眼才是滇池最重要的补水来源。照张正祥的说法，滇池水源主要由天上的雨水、入滇的河流，以及地下暗河、泉水三部分组成。地下暗河从滇池底部往上涌出来的水即为海眼，如果海眼消失，滇池也就失去了最重要的补充水源。滇池久治难清的一个重要原因就是，海眼的大量消失没有引起足够的重视。这与目前专家的说法完全是两回事。

这是一种前所未有的设想，这种新的理念使他荡漾着一种难以言尽的激情。

这个观点提出来容易，要从理论上论证，对于一个仅仅只是小学文化程度的农民来说，却比登天还难。

“我不是单纯地保护滇池地表水，而是从源头开始，源头、流域、西山，包括滇池地下的暗河，因为滇池是由地下庞大的暗河组成的。”

在一个阳光充足的早晨，张正祥带我去看“海眼”。随着小船远离岸边，水质清澈了不少。忽然，不远处的湖面冒出一大片大大小小的水泡，阳光下，似一盆盆泼洒的珍珠。张正祥兴奋地说，这就是海眼。

据张正祥说，大的海眼，涌出的水柱大如蛮牛，连船只都很难靠近。围海造田给滇池造成了致命的危害，滇池被填掉了1/4，很多海眼完全被围海造田的泥巴堵死了。张正祥的说法得到了世代生活在滇池边的农人们的证实。从小在滇池边打鱼长大的老人们都说，滇池早先有海眼上百个，而现在只有几十个。

到底是什么原因让滇池“母亲”病入膏肓？这是一个久久萦绕在张正祥脑海里挥之不去的问题。

在张正祥看来，滇池之所以成为高原上最闪亮的明珠，全在于周边强大的地下暗河水系养育，砍伐森林，大规模地开矿、取土、采石，直接的后果将导致地下水的改变，等于断了滇池的血脉！没有新鲜“血液”的补充，会加重污水滞留，湖底大量污染物淤积，水质富营养化加快，就会使蓝藻暴发成灾，大量水生动植物灭绝。

想想看，如果滇池今天的现状真的如有的专家称的仅仅是由于老化、城市排污、工业排污、农村排污造成的，那么，为什么几百万年前形成的滇池早不老化，晚不老化，偏偏就在20世纪八九十年代短短的二三十年间急速老化了呢？为什么湖底淤泥在大规模的开矿、取土、采石来临时突然变得一发不可收拾了呢？还有，那些在滇池游弋了千万年的珍稀鱼类金线鲃、银白鱼、油白鱼怎么说消失就消失了呢？如今，连海菜花也绝迹了！

他的脑海里一直因这样那样的“为什么”纠结着，到了吃不香睡不着的地步。

他开始到处找资料，省吃俭用买书，用知识武装自己。在他简陋的小屋里，到处都堆满了书、图纸和报纸，这些全都是张正祥多年搜集整理的与滇池有关的宝贵资料，是他视为命根子的东西。如果说书籍和资料扩大了他的视野，丰富了他的知识，行走则让他找到了保护滇池的依据，为他赢得了更多的话语权。因此，更多的时间，他奔走在山间湖边，琢磨滇池难治的主要原因。

为彻底搞清滇池的地下暗河水系，为滇池的生态恢复找到真正的良方，张正祥默默地背起背包，开始了他的“霞客”行。

10多年来，张正祥风餐露宿，靠着一双脚走遍了滇东北的千山万水，走遍整个滇池流域的每一条河流，每一条山川，每一个溶洞、天坑、地缝，这期间写下的调查记录及绘制的地图已有1米多高。

艰辛漫长的岁月，孤独渺茫的旅途，渴了就喝一口山泉水，饿了就啃一口干馒头，已记不清走烂了多少双鞋，已记不清多少次因困病交加，倒在路边。

功夫不负有心人，通过实地考察，张正祥有了惊人的发现：烟波浩渺的滇池水主要由南北贯通、源多流长的西山庞大暗河地下水灌注而成湖！这又与《滇池水利志》得出的“滇池没有暗河注入”的结论大相径庭。

蘸着汗水和心血，在昏暗的阁楼里，张正祥在视力严重受损的情况下，写成了调查报告《滇池是一个由多源头庞大西山暗河强流地下水注成的天然湖泊》。在报告中，他首次提出：在滇池西岸和普渡河东岸，以滇池暗河为中心，向四周辐射数百平方公里并形成了“蜈蚣”形河流；西山暗河在滇池西岸和普渡河东岸地表形成了数千个星罗棋布的泉点、龙潭、小天然湖泊，这些暗河在滇池湖底形成了多处滚锅般向上冒水的“海眼”。而这些“海眼”正是滇池水体的主要来源。同样是在这份报告中，张正祥以10个提问的方式阐述了他发现的“海眼”现象。他最后总结说：大旱之年，金沙江、澜沧江、珠江等大江大河的上游都会出现严重的断流现象，而唯有蒸发量大于降水量、排水量大于给水量的滇池水位从来都没有明显下降的原因，就在于西山庞大的地下暗河常年不停地给滇池补水。换句话说，滇池治污首先要保护好这些血脉一样强大的地下水，这些地下水犹如滇池的造血机能，如果造血机能损毁，滇池必然面临死亡。

为了证实他的发现和理论，也为了证实地下暗河被毁造成的危害，张正祥不断带媒体记者和环保志愿者们去看滇池白鱼口村一个叫小黑桥的水库。修水库之前，这里不仅是一个水量丰沛的大水塘，水里还生长着大量鱼类，一直是白鱼口村的农业灌溉和生活用水的水源地。但是，自2002年建成水库后，蓄水的第二年，水库水位下降，到第三年竟完全干涸了。从此，这个水库变成了牛的草场。对这个始料未及的结局，村民们百思不得其解，就连有关部门也没有找到确切原因和治理办法。原以为把水塘扩建为水库，可以更好地满足多方面的农业用水，哪知耗巨资修了水库后，反而竟一滴水也没有了！现在，白鱼口的村民们不要说灌溉农田，就连生活用水都成了大问题。面对如此困境，张正祥经过长期调查认为，水库大坝压裂了地下暗河上的地表层，截断了暗河来水，水库必然要消失。

指着干裂的库底，张正祥说，如果大量地下暗河上的地表层被压而改道不再流入滇池，后果不堪设想，小黑河水库的今天，就是滇池的明天！“一旦地下水被破坏，没有更多补充水源，滇池的水环境功能就会随即丧失，再返清也难了。”

顺着张正祥的手所指的方向往下看去，由于缺水，干涸的水库底部的草长得并不好，从根部开始，土壤如同小片沙漠，荒芜成无止境的哀怨。草地稀稀拉拉，像刚做过化疗的病人的头发。绿色的边缘泛黄，黄得令人神伤。

因此，张正祥对于在滇池旁兴建疗养院、度假村的风潮，同样愤恨不已。他认为滇池的补水主要来自地下暗河，并找到了证据，而那些工程开发会使滇池的生态补给被切断。他说：“他们不敢承认暗河的存在。因为一旦暗河的存在被有权有势的人承认，那么现在进行的许多开发将被勒令停止。”

也许他的这些“发现”和“理论”被权威认定尚待时日，但一个农民，一个老人，能够以自己的脚板丈量土地，挑战专家，那份勇气与执着足以让人肃然起敬。

不放弃不停止的奔走呼吁，他的理论终于冒了一点“泡泡”，引起了有关部门的注意。2003年4月19日，《云南信息报》报道《“疯子”发现滇池暗河》；同年6月18日，《春城晚报》报道《专家称：滇池西岸确有血脉般暗流》。部分专家也说：地表水与地下水对滇池水有补给作用。降雨沿岩石溶道渗入，部分再通过总的地形构造向滇池方向排泄，慢慢形成地下暗河。如果大面积成片开设采石场，造成地表植被大面积被破坏，水土流失，势必造成滇池的生态涵养区域水源涵养功能的丧失，并影响那一区域的地下径流，造成地下径流的断流。这一说法与张正祥的“海眼理论”终于不谋而合。

## 五、为了滇池我坑害了妻子儿女和亲友

这是一间过去乡村常见的那种土木结构的小院落，虽然在时光的磨砺中已显出了陈腐的颜色，但在房主的打理下，依然干净整洁。董孝凤是一个朴实的农村妇女，也是这间土屋的主人。在张正祥无家可归的日子里，她腾出了家中的这间老屋给张正祥作为栖身之所，并和全家一起尽可能地照顾着张正祥的日常生活。张正祥的家原来位于滇池畔的一个小山村富善村，在2009年滇池“四退三还一护”中被拆除了，补偿款至今没有拿到，只好借住在同样对滇池怀有深厚感情的好心人董孝凤家里。

张正祥和董孝凤都是白族人，这间老屋，明显流露着白族人的性格和气质。贫瘠的屋顶长满粗野的花朵，金黄、橙色、黑紫的花瓣从泥土里

探出身体，那微小干瘪的种子挣脱束缚的一瞬间，周身的泥土就开始塌陷。它是属于浑浊不清的语言谱系里最坚韧的种子，随着滇池的波涛，被播种在滇池岸边的小村里。

走进院中，前廊中摆着一张书桌，上面堆满了各种打印好的求助信和告状信，书桌左边和后面的旧木箱上，是一摞摞捆扎得整整齐齐的报纸和杂志，全是关于他的报道。由于屋顶漏雨，张正祥弄了几张塑料布盖在上面。

踩着一架吱吱作响的木梯子，我随张正祥来到楼上的一间小屋，我的眼睛过了好一会儿才适应了暗影。这间不到10平方米的小屋，除了一张简陋的木床，空间几乎全部被《滇池保护条例》《野生动物保护法》《文物保护法》《农民法律常识》等书和材料占满。这些书分为两类，一类是关于滇池研究的，另一类是法律法规。张正祥说，国内的300多部法律法规，他读了200多部。单单是滇池的地图他就有近10种。“有些机关的滇池地图还没有我的全。”他认真地说。

在一个柜子里，堆满了用牛皮纸袋装着的文字资料，张正祥说：“这是告状的材料。被烧了很多，如果没被烧，30多年来总共要有两米高了。”张正祥一直相信，滇池就在他心里隐藏着，他在滇池的水声里学会了汉字的发音，学会了西山、滇池、森林，这些一辈子萦绕在他梦境里的字眼。

环视周围，张正祥有些黯然：“我的这一生，成也环保，败也环保。为了保护滇池，我坑害了妻子儿女和亲友。”提起失去消息的妻子和女儿，他的内心涌起了柔软的情愫，他记得她们的点点滴滴。“我非常想念她们，小女儿出走时才六岁，如果今天还在，也是十七八岁的大姑娘了。”说着，张正祥眼里蒙上了一层雾。其实，如果顺着时间追溯回去，张正祥生命里的伤痛何止这些?

1992年12月15日，大女儿张秀美就要生产了。为了省钱，女儿迟迟不愿去医院。那时，正是张正祥与疯狂采矿者较量最惨烈的时候。

时间在疼痛中一点一点推移，三天三夜过去了，这个可怜的农村女子依然没有能够把孩子生下来！女婿吓坏了，看着床上痛苦的妻子，竟然傻了似的不知所措。

凌晨3点，知道情况的张正祥顾不得责备女婿，急忙拿出家里仅有的几百元钱，连夜请了一辆拖拉机拉上女儿拼命往医院赶。

路上，女儿几次疼得昏迷过去。

黑暗中，张正祥攥着女儿冰凉的手不停地流着眼泪。

自己天天往滇池跑，这么大的事自己居然现在才知道，自己还算是父亲吗?

虽然经过抢救，女儿和腹中的孩子都保住了命，但张正祥至今都不能原谅自己。

事后，心有余悸的秀美说："那种疼痛，每分钟都仿佛过去了一年，我以为自己就要死过去了。"

几乎就在同一时期，原本一向学习成绩优秀的儿子张帅，忽然变得不愿上学了。这还不算最坏的，慢慢地，张帅开始惧怕黑夜，惧怕声响，惧怕陌生人，只要一有动静，哪怕是门外稍大一些的说话声，他都会吓得浑身哆嗦不停。儿子的反常举动让张正祥感到非常恐惧，他意识到儿子可能出了大问题。不得已，他暂时放下了每天对滇池的巡视，带着儿子去了昆明市精神卫生中心。经过一系列的检查，医生郑重地告诉他，他儿子患上了精神分裂症，而病因跟孩子长期遭受的恐吓有直接关系。

“必须马上住院治疗！”医生严肃地说。

捏着一纸诊断书，张正祥脑袋“轰”的一声，眼前一黑，险些栽倒在地上。儿子还小，他的人生才刚刚开始啊！

他的心剧烈地疼痛着。天空仿佛不存在了，散发着来苏水气味的医院像座坟墓，压抑无比。呆呆地搂着用了镇静剂暂时熟睡过去的儿子坐在医院大厅的长椅上，看着儿子蜡黄凌乱的脸，张正祥像一个强迫症患者一样，不住地喃喃自语：“是我害了我的儿子，是我害了我的儿子……”不知过了多长时间，熟睡中的儿子从他怀抱中醒来，惊恐的眼睛警惕地看了看周围陌生的环境，忽然“哇”的一声大哭起来，拽着他就往门外跑去，边哭边说：“爸爸，我要回家，我要回家！”

张正祥鼻子一酸，眼泪似奔涌的滇池水，唰唰地流了下来。对于他来说，平生为儿子流泪还是第一次。然而，此时的他绝没有想到，儿子的一生将从此在精神病院度过！

回到医院的病床上，儿子又沉沉地睡去。

他把手放在儿子的额头上，轻轻地抚摸着。这一刻，他暂时忘记了外面的世界，也不去想接下来会发生什么。这一刻，他和儿子在一起，这就够了。他希望一切能够重新开始，他一定会给儿子一个温暖快乐的童年，或者，至少能够让自己代替儿子生病。然而，这些都不可能了。他说：“我对环保有功，但对家庭却有罪。我一辈子也赎不完自己的罪。”是的，多年来他整天忙忙碌碌，照妻子的话说，他一直在“多管闲事”，从来也没有像今天一样，仔仔细细地看过儿子。

此后每次去看望儿子，他都要请亲友陪同前往，他完全失去了一个人面对儿子的勇气。“他原来是个聪明帅气的孩子，现在变成这个样子，连头发都掉光了，我看一次，怕一次，伤心一次。”2012年元宵节张正祥又到医院看望儿子，这次，他让亲戚上前，他只敢站在远处默默地端详着完全变了样的儿子。“欠了医院两万多元的医药费，一直没有办法还上。我得了很多荣誉，也得过一些奖金，但都用在保护滇池调查取证、告状上了。”说起这些，张正祥显得沉重而无奈。

没有哪个父亲不希望自己的孩子成才，“我儿子叫张帅，将帅的帅，我给他取这个名字，就是希望他将来能做个有用的人”。

就在即将结束本文的时候，我再次去探访了张正祥。原先小院外的那扇铁门上刺眼地裸露着一处长长的“伤口”，听见动静，院里的狗猛烈地叫了起来。进到院子里，这位年老体衰的“滇池卫士”正被严重的胃病折磨着。他一边死死拖住拼命扑咬的黑狗一边说：“没办法，不养狗不行了，晚上经常有人来砸门砸瓦。”问起门上的那道口子，张正祥解释说：“那是前段时间人家用斧头来砍我时留下的口子。那天要不是跑得快，关门及时，你今天能不能见到我都难说了。”许是一直与恐吓报复相伴，张正祥说起这类事情的时候，神情依然很淡定，并没有表现出太多的激动。谈话间，他不时捂着胸口皱着眉，看得出，他病得不轻。当我担心地提出送他上医院时，他苦笑着连连摆手：“老胃病了，不用上医院，都是长年饥一顿饱一顿落下的病根。这么多年巡视滇池，很多时候只能就着冷水吃个馒头，加上精神高度紧张，有胃病是正常的。现在，你就是让我饱饱地吃一顿好饭菜我也吃不了多少，胃已经饿得萎缩了。”说着，他起身进屋，从抽屉里摸出一个药瓶子，抖了几粒放进嘴里。

这次见面，他破例没有太多地谈滇池的事。他把眼睛凑到桌前，在一堆纸中、书中摸索着，不时翻出一张，凑在距离左眼一两厘米的地方仔细看，在贴着脸看了几张之后，他的脸上终于露出了笑容。他把几张纸递到我的手上：“我孙子今年考上大学了，这是他高中时的几张奖状。”喜悦自豪之情溢于言表。孙子终于可以走出去了，他相信由自己带给孙子的厄运也将永远结束了。他仿佛看到了朝阳正从浩渺的滇池边升起并照亮了这所老屋，朝气蓬勃的孙子正沿着门前阳光灿烂的小路往前走去。毫无疑问，孙子的命运将从此改写。他身上一阵轻松。

他说，当初孙子金龙接到大学录取通知书的时候，高兴自然高兴，但更多的是忧愁，为学费忧愁。女儿出走了，女婿守着几分薄地从此一蹶不振，原本一贫如洗的家雪上加霜，孙子的事完全落在了自己的头上。以自己目前的处境，不要说供孙子上大学，就连孙子的路费也难以凑齐。

他沉默了，长时间不说一句话。

多少年来，一想到孙子身上的伤疤，他的心便被深深的内疚和疼痛吞噬着。

是自己害了孙子。

同住在精神病院的儿子一样，张正祥的孙子金龙从小也在恐吓中长大。

记不清多少次了，看着张正祥满脸是血、浑身是伤地被抬回家的时候，金龙一次次地被吓得哭喊着直往母亲怀里扑。

上小学时，金龙每天要一个人步行到几公里以外的学校去读书。那时，他家的房前屋后经常被人倒满粪便和垃圾，家里的鸡鸭养一次被毒死一次，房屋上的瓦片在夜间一次次被砸碎。然而，这还不是最恐怖的，最让张正祥揪心的是，经常有人堵在金龙放学的路上施暴，恐吓、掐脖、搧耳光，把粪便往他嘴里塞。一次，丧心病狂的暴徒竟然脱掉孩子的衣裤，把一条小水蛇强行塞在孩子的内裤里，然后又拎起地上的衣裤，一条一条地撕碎了扔在孩子眼前，恶狠狠地说："小杂种，回去告诉你爷爷，是不是活得不耐烦了？识相点，再多管闲事，就要了你们全家的命！"

那天回到家里，金龙就发起了高烧。

张正祥抱着烧得迷迷糊糊的金龙忍不住失声痛哭："小龙，爷爷对不起你，爷爷连累了你，没想到爷爷没让你过上一天好日子，还给你带来了那么大的灾难和伤害啊！"

无休无止、如影相随的灾难和打击报复，让金龙的母亲秀美对生活彻底失去了信心，也对这个家失去了信心。2009年11月的一天，她得知家里的10多亩鱼塘和5亩多绿化自留林在治理滇池"四退三还一护"拆迁中没有得到一分钱的补偿，而有关方面对此的解释居然是："既然张正祥到处说滇池是他的母亲，也就是你们一家人的母亲，为母亲做点牺牲难道不应该吗？张正祥为此已经入选'感动中国'十大人物了，风光得很，还要什么补偿！"这位农村妇女一时语塞，怔怔地站着说不出一句话来，她觉得眼前的阳光消失了，自己一下子站在了黑暗里，她彻底绝望了。一气之下，她选择了一条决然的方式与所有的亲人告别：默默地离开，远远地离开，像母亲与小妹秀丽一样永远不再回来。

金龙在一篇日记里这样写他的困惑："我爷爷一贯与污染滇池和破坏环境的违法行为做斗争，难道有什么不对吗？如果说正义能够战胜邪恶，为什么挨打的总是我爷爷呢？"

直到今天，说起孙子所受到的伤害时，张正祥的双手依然颤抖不止。

现在，孙子经爱心人士的帮助总算顺利进入了大学。但下学年的费用在哪里呢？难道自己因贫困辍学的命运又将在孙子身上重演了吗？

张正祥再也不敢往下想了。

提起这些伤心事，张正祥再次黯然神伤，关于自己今后的处境，关于养老问题，张正祥伤心地说："不去想，不去想，走一步是一步了。"

大半辈子以来，他不断"上蹿下跳，制造麻烦"，走到哪里告到哪里，但凡看到有人破坏环境，无论那个人是什么官，背景有多深，他都要一告到底。为此，他不仅成了富善村"最不受欢迎的人"，就连他现在居住的观音山也有不少村民开始恨他了。原因很简单，这些违章加盖房屋的居民担心张正祥告发他们。

如今，张正祥已经是一个63岁的老人。

距上次相见还不到一年，张正祥的视力就急剧减退到了几乎失明的地步，不能不让人揪心：这位守护滇池大半辈子的老人还能坚持多久？

人到了一定年龄就会害怕孤独。张正祥也不例外，但他的"疯子"行为注定了他的一生在当今社会只能孤独终老。每年的春节是张正祥最难过的日子，去年大年三十张正祥白天去了滇池补水工程的清水海巡视，晚上一个人悄悄地回到家里，举目家徒四壁，锅清灶冷，耳畔传来了邻家阵阵的鞭炮声，看着墙上自己孤独的影子，不禁悲从中来，伤心地大哭了一场，第二天只好又去巡视了。"不想一个人待在家里，免得孤独伤心。"张正祥说。

面对张正祥目前愈显艰难的生存处境，很多人都问过那句俗话："后悔吗？"或者"您现在岁数也大了，很多事情已经力不从心，想没想过停下来呢？"张正祥想了想，说："哪个老人不想过安安稳稳的日子呢？说句老实话，像我这种坎坷了一辈子的人，尤其渴望。但用个不恰当的比喻，我的环保之路就像当年的红军长征，是一次只能向前的长旅，一场没有退路的战争，稍一松劲那些破坏环境的人就会卷土重来，我只能尽力而为了。不过，让我觉得有一点欣慰的是，在我当选了‘感动中国’十大人物之后，已经引起了社会上很多人对生态的重视，以前是我自己在做这些事，现在有很多人帮助我，越来越多的人开始注意自己周围的环境，开始保护生态。其实，不是我感动了中国，而是13亿中国人感动了我！如果大家都去保护生态，环境就会美好了。”

那天，当我随着他那已经不太灵便的腿脚行走在滇池岸边的时候，他仍然像30多年前初次巡视滇池的那个早晨，目光警觉而又深沉。是的，每次见到他，滇池的治理都是他必谈的话题，他说，这是他一生永无终结的牵挂与眷恋。

说起那些被他制止的毁林事件，他的脸明亮起来，这令我非常感动。我第一次发觉他笑起来原来也是很可爱的。不用他再说什么了，我已通过那样的笑，知道他是一个真正爱滇池所爱、恨滇池所恨的人。我甚至暗暗作了打算，就此关注他的一生，看看他究竟能够坚持多久。

人能守住一个永恒吗？这个问题并不简单。面对有限的生命，守住了良知和信念，便守住了真正的永恒。

我很惊讶他如何能够抵御各种迫害，远离各种诱惑，同时又给予了生命如此深沉的诠释？我以为，张正祥对生命的诠释给一个由冷漠主宰的世界注入了一种接近本质意义的人生，他使生命有了一种超越世俗的尊严和壮丽。

没有人能够想象得出，从20世纪80年代开始，张正祥用他的双脚，在他生命最好的时光中绕着滇池走了30多年！在这个惊人的数字背后，他经历了怎样的艰辛与灾难？

诚然，用数字衡量一个人高尚的品德和它激发出来的巨大能量显得有些愚蠢。然而，从一个青壮年万元户变成一个伤残老人，也没有人能够说得出，在短暂而又漫长的30多年里，这个老实人为保卫滇池究竟遭受了多少创伤？但是，他依然以一种让现代人汗颜的极为悲壮的方式走了过来。由于不停地行走，他每三个月就要踩坏一双鞋。他的目标只有一个，就是让滇池能恢复从前的样子。

在张正祥眼里，滇池绝不仅仅是一个湖泊，而是他赖以生存的母亲，以一种生命的方式深深活在他的心里。

比起当初，张正祥现在思索得最多的是，如何把保护滇池的事与整个人类环境治理结合起来。是的，自从1980年踏上巡视滇池之路起，这位倔强的农民便一直在穷困潦倒中走着一条孤独而悲壮的环保之路，把自己环保的范围从滇池、西山扩展开来——云南原始森林、亚洲象，以及长江流域生态环境，都是他环保的新对象。“除非我倒下来，否则，谁要破坏环境，我就要和他拼命！”也正是这句他多次发出的怒吼，为他赢得了一个远近闻名的外号——张疯子！

我想，这必定是源自一种强烈的社会正义和社会责任感，更源于一种神圣的信念——尊重自然，尊重生命。

没有人会否认，生态乃是生存的根基，一如浩荡的滇池是张正祥的根基一样。从这个层面上说，张正祥的坚持与行动，对于脆弱的生态和病入膏肓的滇池来说，无疑是做了一件功德无量的事情。它的意义不应该仅仅看作张正祥为滇池做了一辈子的好事，而且在于这样的实践启示了人性深处的良知、坚守和责任。不是吗？面对大自然，人的破坏力已经到了无以复加的地步，只有良知和责任感才能改变现状。

张正祥无疑是一面镜子，照出了人性、责任和良知，照出了人类的愚昧、贪婪和无知，也照出了当今环保的尴尬与艰难。他沿着滇池所走的每一步，不仅仅是环保，更是对利益和良知的质问。

如今，张正祥孤独艰难的环保之路还在继续，他心底秉烛，默然前行，全然不顾路途的遥远和艰难，那铁骨般的脚印传达着一种强悍的叛逆和对人类所做蠢事的憎恨。作为一个孤独的民间环保者，他努力保持着对一切毁坏自然行为的批判与阻止，那种接近悲怆的姿态，使他的执着与咆哮具有了最真实的声音，并使那孱弱的身影成为滇池边上一粒生命力最旺盛的环保种子，萌发着勃勃的生机。

张正祥的行动使我们在悲剧中看到了一种努力、一线希望，虽然微如烛火，但如果没有这样的星星之火，人类心灵的荒漠，将永远黑暗下去。

原载《北京文学》(精彩阅读)2012年第2期

# 守望天山

## ——一个老兵24年的感恩故事

党益民

30多年前，为了响应毛主席“搞活天山”的号召，陈俊贵随部队秘密集结新疆，开始修筑著名的独库公路。在大雪封山弹尽粮绝的情况下，班长将最后一个馒头让给了新兵陈俊贵，他活了下来，而班长和副班长却英勇牺牲。陈俊贵复员后，毅然辞去工作，拖家带口，重返天山，为班长和168名牺牲在天山的战友守墓，一守就是24年。是什么力量促使这名老兵重返天山？一家人如何熬过这段漫长岁月？本文将带您走进天山深处，揭开一个退伍老兵感人肺腑的守墓故事。

一条冰雪之路，

一段雪藏30年的历史，

一个老兵与168座坟茔，

一家人24年孤独的守望。

## 作者手记——

陈俊贵的故事我早就听说过。

故事很简单：30年前，部队在修筑天山公路时，遇到了大雪封山，全体官兵被围困在雪山上，弹尽粮绝，上级派陈俊贵等四名战士去40公里外送信求援。四名战士带了20个馒头，在冰天雪地里爬行了三天三夜，生命遭到极大威胁。班长郑林书将最后一个馒头让给了陈俊贵，陈俊贵因此活了下来，而班长郑林书和副班长罗强英勇牺牲，陈俊贵腿部冻残，另一名战士陈卫星脚指头被冻掉。陈俊贵复员回家后十分思念班长，他辞去县城的工作，带着妻子和刚出生不久的儿子重返天山，为班长和168名烈士守墓。

难得的是，陈俊贵这一守就是24年，而且还将继续守下去。他为什么要这样？是什么力量让他和他的家人支撑了24年？他们是怎么熬过来的？2007年9月，我从北京调到新疆维吾尔自治区（以下简称新疆），在陈俊贵原来的老部队——武警交通二总队担任副政委。带着这些谜团，2009年春节刚过，我便踏上了通往天山的公路，前去探访陈俊贵。

巍峨的天山将新疆分成南疆与北疆。天山独库公路建成以前，从独山子到库车，必须东绕乌鲁木齐或西拐伊犁河谷，至少需要四天时间才能到达。1974年4月21日，毛泽东亲自批准了国务院、中央军委《关于加快天山公路建设的命令》。从此，天山独库公路工程建设拉开了序幕。

1974年4月，军委基建工程兵第十二支队（后改为中国人民武装警察部队交通第二总队）从湖北宜昌挥师天山，投入兵力13000人，担负独库公路施工任务。官兵们征服了“老虎口”，开辟了6公里的“飞线”（路段设计在悬崖绝壁，上接云天，下临深涧，黄羊都难以攀登；测量人员因无法实地测量，只好在图纸上标成虚线标志，称为“飞线”），凿通了3条隧道，架设了65座桥梁。1983年8月胜利竣工，南北疆的行程距离缩短了近600公里，创造了我国筑路史上的奇迹。独库公路的建成，对于维护新疆稳定、巩固国防和开发天山资源、促进南北疆沟通和繁荣、改善各族人民的物质文化生活条件，都具有十分重要的意义。

建成后的独库公路全长562公里，北起“石油之城”独山子，南至龟兹古国库车，途经乌苏、尼勒克、新源、和静等县，翻越哈希勒根、玉希莫勒盖、拉尔墩、铁力买提四个冰达坂，跨过奎屯河、喀什河、巩乃斯河、巴音郭楞河、库车河五条天山主要河流，穿越著名的高山草原——巴音布鲁克草原。道路陡峭险峻，很多地段被标明在“雪线”（终年积雪）以上，年平均气温-9℃，最低气温为-46℃，施工难度很大，环境异常艰苦。

筑路10年间，部队官兵战冰雪斗严寒，经受了生与死的严峻考验，先后有168名官兵献出了宝贵的生命，几千人受伤致残，官兵们用青春、鲜血和生命谱写了一曲生命绝唱，创造了著名的“天山精神”。第四届全国人大代表、党的十一大代表、军委命名的“雷锋式好干部”姚虎成和优秀指导员李善国就是捐躯烈士中最杰出的代表。

“碧血洒满天山，捐躯为谁？为国威军威振奋；夫妻十年分居，幸福何在？在千家万户团聚。”这是20世纪80年代初轰动一时的电影《天山行》里的一副对联。而这部电影，就是根据这支英雄部队的事迹创作而成。

1984年1月，新疆维吾尔自治区人民政府、自治区交通厅在天山公路中段的乔尔玛修建了天山独库公路烈士纪念碑，纪念为独库公路工程献身的官兵。

我们沿着险峻蜿蜒的冰雪之路艰难前行。路上冰雪很厚，很滑，来往车辆极少，路中间是两道深深的冰雪车辙印，我们的行进速度相当缓慢。

中午时分，我们到达了尼勒克县乔尔玛。在雪山环绕的烈士陵园门口的平房里，我见到了传说中的老兵陈俊贵。他50多岁的样子，身板硬朗，脸膛黝黑，已经明显谢顶，豪爽的东北腔里夹杂着维吾尔族和哈萨克族的混合口音。都是筑路兵出身，我们一见如故。他的手有力而温热。

他和妻子正在做午饭，锅里炖着马肉，屋子里香气四溢。尼勒克的马肉很出名。从乌鲁木齐出发前我和陈俊贵通过电话，他知道我今天要来，所以专门准备了马肉。他说还给我准备了雪莲，让我回去时带走。我很感动，说马肉可以吃，但雪莲不能要。我知道采集雪莲是一件很不容易的事。他说天山上到处是雪莲，不值几个钱，算是他们的一点心意。

屋角放着一个半人高的蓝色塑料桶。我揭开一看，里面是半桶冰雪。陈俊贵说，他们一年四季吃的全是冰雪化的雪水。他走到靠近火炉的另一个屋角，揭开一个同样大小的塑料桶给我看，说这是已经化好的雪水。果然是，里面还漂浮着几块薄冰。我问他吃雪水对身体有没有影响，他说没多大影响，就是对牙齿不好。说着他张开嘴让我看。他的牙齿很稀疏，而且发黄发黑。他说吃了几十年的雪水，牙齿全松动了，要不了几年就会掉光。他和妻子很少吃肉，就因为咬起来费劲。我问他，雪水怎么会使牙齿发黑呢？他笑了，说那不是因为雪水，是因为抽烟。他说山上空寂无人，寂寞无聊，他一天要抽一两包烟。

我想先去祭奠烈士。陈俊贵带我走进陵园。积雪没过膝盖。我们沿着他开辟的“雪道”前行，迎面是高耸入云的纪念碑，上书“为独库公路工程献出生命的同志永垂不朽”。陈俊贵说，以前墓地不在这里，在新源县，因为这里有纪念碑，所以2006

年才在这里建了烈士陵园。

绕过纪念碑，白雪皑皑的山坡上，是一排排整齐的墓碑。不用数，我也知道那是168座。我被眼前的一排排墓碑震撼了，驻足良久。“168”，以前对我来说只不过是一个数字，但是现在它们排列在一起，不能不让我的灵魂颤抖。墓地雪白一片，像是一个童话世界。这里安息着168位烈士的英灵。

陈俊贵指着墓地告诉我说，在这168名烈士里，职务最高的是副师，叫李黑土，河南人，牺牲时57岁；最小的叫王爱林，新疆人，牺牲时18岁。

迈向墓地的脚步很沉重，脚下积雪的“咯吱”声，像是我的灵魂在呻吟。

我们烧了纸钱，鸣放了鞭炮。

陈俊贵对那些沉默的坟茔说：“战友们，总队首长看你们来了，天气冷，给你们烧点纸钱，暖和暖和。”那口气，好像那些墓碑是一个个活生生的人。

我们一人手里拿着一瓶酒，踩着厚厚的积雪，祭洒在每一个烈士的坟头。

陈俊贵说：“战友们，喝口酒吧，驱驱寒。这酒不错，‘伊力老窖’，你们不准抢，一人只准喝一口，喝多了要犯纪律的。”

最后，我们站在最里边的一座墓碑前，墓碑上写着“郑林书烈士之墓”。这就是陈俊贵的班长。班长命令陈俊贵将最后一个馒头吃下去。班长牺牲了，陈俊贵活了下来。

陈俊贵蹲在班长郑林书的墓碑前，点了三支烟，摆放在碑座上。他说班长不喜欢喝酒，喜欢抽烟，他每次来都要给班长点三支烟。陈俊贵对墓碑说：“班长你抽吧，这可是软中华，一包六七十块钱呢，昨天过路的一个州里领导给的，我没舍得抽，给你留着呢……”

祭奠完毕，回到陵园门口陈俊贵夫妻住的平房里，吃着炖马肉，喝着酒，陈俊贵开始了他的讲述。

## 一、我们是战友，有啥说啥

当年你们十一支队（基建工程兵的一个师）在青海修青藏公路，我们十二支队在新疆修天山公路；你们修了10年，我们也修了10年；你们牺牲了108个，我们牺牲了168个。咱们都是从基建工程兵出来的，都在雪山上抡过铁锤，背过石头，所以见到你感觉特别亲。

我们实话实说，不整那些没用的。但是有些话、有些事，你可别写到书里去，别让人家笑话咱老兵没水平。来，喝，听我给你慢慢唠。

我这一辈子呀，做过最大的一件错事，就是吃了四个战友最后的一个救命馒头。当然，我也做对过几件事：一是当了兵，二是娶了个好老婆，三是退伍后又重返天山为班长和牺牲的战友守墓。

## 二、我们村里的许多媳妇都是骗来的

我家在辽宁省辽中县老达房孟家岗。我家弟兄三个，我是老二。大哥是残废，23岁那年，给生产队赶马车，让马踢了，从此双目失明，现在还没有成家呢。弟弟也是个农民，成家了，有一儿一女，听说日子过得还可以。

我父母已经不在了。我父亲是2003年去世的，我没回去，太远了，没有那么多路费。再说接到家信时，人都下葬一个多月了，回去也不赶趟。我母亲是去年去世的，我也没有回去。当时烈士陵园的事挺多，离不开，我想她老人家能原谅我。

不瞒你说，我来天山24年了，没有回过东北老家一次。为什么？我也说不清，阴差阳错的，就是没有回去。现在父母不在了，以后更不可能回去了。我想一直陪着我的老班长，陪着这168个战友，死后就跟他们埋在一起。你看天山这地方多美呀，多干净呀，死后能跟这么多战友埋在一起，也是我的福分。

我父亲排行老二，是个农民。我大伯也是个农民，担任过大队书记。三叔当兵去了朝鲜，牺牲在了朝鲜战场。四叔当了工人。我父亲最没本事，大字不识一个，人老实得有点过分。“文化大革命”的时候，人家给队长写大字报，落款写的都是我父亲的名字：陈彦令。我父亲不认识，还乐呵呵地跟在人家后面看热闹，结果让队长臭骂了一顿。后来知识青年上山下乡，给公社、县里领导写信告生产队队长，落款也写我父亲的名字。你说这老实人倒霉不倒霉？

那时候穷啊！我们家过春节买不起鞭炮，我父亲是赶大车的，就用马鞭子甩两下，让我们听个响，算是过年放了炮。我的小名叫“赶趟子”，你知道为什么这么叫吗？因为我出生的第二天，正好赶上生产队分粮。小时候看人家戴手表，我特别羡慕。当时“戴手表、穿皮鞋、镶金牙、别钢笔”最牛气。不管有没有文化，衣兜里也要别上一支钢笔，有的别两支、三支。再多就不行了，别上一排，那是修钢笔的。有的人没有钢笔，捡了人家扔掉的笔帽别在衣兜上，冒充有文化。

我大哥12岁就辍学了，回家养猪。我父亲吃了没文化的亏，自己的名字都不会写，就希望我和弟弟能继续上学。那时我就想，一定要好好学习，将来买一支真正的钢笔别在衣兜上，那才叫真的有文化。可是好好学也没用，那时提倡的是交白卷。我们辽宁的张铁生就交了白卷，还说“条条铁路通北京，老师何必硬强求”。所以当时没人好好上学，天天写大字报，学生给老师写，老师给校长写，贴得满墙都是。

我们村的知青说：老达房这个地方，从村东头到村西头光棍儿能把人绊倒。女娃都嫁出去了，男娃找不到对象。找不上对象咋办？骗呗。咋骗？跑到山东去骗。让村里最年轻、长得最帅的小伙子去山东相亲，说我们那里地多人稀，哪个姑娘要是肯嫁过来，连她的亲娘老子弟弟妹妹都可以带来。这话很管用，再加上小伙子长得帅，姑娘就上了当。

但是新婚之夜，前去相亲的那小伙子就消失了，换成了另外一个人。等新娘子发现上了当，生米已经做成了熟饭，只好认了。

最要命的是，新婚三天后，新房里的摆设都让村里人抬走了。为啥？因为当时为了糊弄娘家人，全村人都把自己家里最好的摆设集中在了新郎家。媳妇已经到手，当然要物归原主了。

## 三、我当兵就是为了能吃上馒头

但是，我母亲不是我父亲骗来的，是她自己主动来到我们孟家岗的。来的时候，母亲怀里还抱着一岁多的大姐。我父亲30多岁还没结婚，就娶了我母亲。母亲以前的丈夫是谁？为啥来到我们孟家岗？我一直没弄明白。母亲不说，父亲也不说，这事就成了一个谜。现在父母都走了，这个谜永远也解不开了。

母亲生下我后大出血，差点死掉。我一声没哭，也不睁眼，一动不动。父亲以为是个死胎，就拿破布一卷，用草绳一捆，扔到了山上的野沙岗。父亲走出老远，听到我的哭声，又把我抱了回来。我确实也不争气，小时候多病多灾，长到11岁才会说话。村里的土医生说，是因为我的舌头大。

那时我们那里以吃高粱米、玉米、大豆为主，想吃大米白面得到外地去换。过年的时候村里才发几斤面粉，让大家初一包顿饺子。一年到头，就大年三十那天能吃顿猪肉炖粉条。粉条是自己用土豆或者红薯加工的。把红薯放在缸里，捣烂，加水，把浆打出来，沉淀出淀粉，然后加上白矾和成面，支一口大锅，下面烧苞米秆，上面“漏鱼”，就是粉条。生产队分的粮食，一年总有一两个月接不上顿。

记得有一次，锅里就剩下两个苞米贴饼子。我和弟弟放学回来，揭开锅一看，谁都舍不得吃，又悄悄回到学校。父母和哥哥还要下地干活，饿着肚子可不行。我和弟弟坐在教室里学习，相比省力多了，饿一顿也没啥。

可是我们经过苞米地时，实在饿得走不动了，就溜进去掰青苞米啃。青苞米不好消化，容易放屁，而且还特别臭，又不敢放，怕同学听见，就拿捏着，一点一点悄悄放。同学嗅到之后，问谁放的臭屁，我也左顾右盼，假装寻找放屁的人。

我记得很清楚，毛主席去世那一年，在城里工作的堂姐夫来到我们家，拿了一盒点心，用红纸包着。堂姐夫走后，母亲将点心挂在屋梁上。母亲不让我们吃，一是舍不得，二是想让人家看看，我们家来城里客人了，还带了这么好的点心，觉着很有面子。等家里没人的时候，我踩着凳子，用手指头将红纸抠开一点，沾了点心上的油，用舌头舔了舔手指，算是解了馋。后来时间久了，那红纸上落了厚厚一层灰，母亲才取下来分给我们吃。那时点心已经有点变味了，但是吃起来还是很甜、很香。

你知道，我们东北农村都睡大炕。家境不好的一家人挤在一个大炕上。有人曾开玩笑说：老公公把儿媳妇的鞋都穿错了。我们一家六口人就挤在一个大炕上。我大姐成年了，还和我们挤在一个炕上。但是大姐穿衣服优先，她毕竟是女娃，不能让她穿露屁股的衣服。大姐穿过我们再穿。我16岁以前，一直都穿大姐的旧裤子。那时女式裤子前面不开叉，解手很麻烦，我自己就在前面开一个小洞。一条裤子你穿了我穿，穿破了也舍不得扔，补一补又穿。有时来不及补，就用书包挡着屁股后面的破洞往家跑。哎，别提多别扭了。

当时谁都想穿一身绿，但是买不起绿布啊，咋办？母亲就把莲花叶子和生布放在锅里一起熬，捞出来就成了绿布。母亲用这样的绿布给我做了一身衣裳，我穿在身上，心里别提多美了。我喜欢绿军装。我做梦都想长大了去当兵，穿上真正的绿军装。还因为当兵能吃上馒头，而且管饱。这话是我姐夫告诉我的。

那时大姐已经出嫁，嫁给了一个解放军。姐夫是沈阳军区的，叫何长友。他第一次来我们家，看着他那一身绿军装我真是眼馋。我说："何哥，能不能把你的军装脱下来，让我过过瘾？"他只把上衣脱下来让我穿了一会儿。哎呀，那领章，那帽徽，真是让人羡慕。姐夫说："你要是喜欢，等长到18岁也报名参军，部队不光能穿绿军装，还能吃上馒头和猪肉炖粉条。"那时我就发誓，一定要去当兵。不为别的，就为了能穿上绿军装，能吃上馒头。

## 四、为了当兵，我给大队书记跪下了

其实，我最想当的不是基建工程兵，而是云南的野战军。那是1978年3月，当时我已经体检合格了，但有人告状，说我高中还没毕业，结果就没去成，我心里很难过。那时政审很严，因为大家都想当兵，争破了头。

不是告我高中没毕业吗？那好，我干脆不上学了，回家务农，就等着当兵。但是我不会铲地铲苞米，队长见我有点文化，就让我跟人去拉草，拉回来粉碎了喂牛喂马。生产队有一头瘸骡子，没人愿意赶，队长让我试着赶。

那年冬天，又开始征兵。这次征的就是我们基建工程兵。当时不知道基建工程兵是干啥的，也不管那么多，只要能当兵就行。

我们大队里共有五个人体检合格，另外那四个人都有来头，就我没有一点关系。这可咋整呀？上次没整成，这次再黄了，我当兵的梦不就破灭了吗？

我夜里长吁短叹，睡不着觉。母亲也替我难过，可是有啥办法呢？我们家没有一点关系，找谁帮忙呢？后来母亲想了个办法。大队书记姓王，我母亲也姓王，母亲就跟人家书记套近乎，提着半篮子鸡蛋，领着我去找大队书记。

母亲见了书记说："大兄弟，咱们都姓王，五百年前是一家，我求求你了，让你这个外甥去当兵吧。"母亲说着眼泪就下来了。母亲一边流泪一边让我跪下，喊大队书记"舅舅"。我心里很难过，很不情愿，可是为了当兵，我还是"扑通"一下跪在大队书记脚下，喊了一声"舅舅"。那一刻，我的泪水也落了下来。

大队书记很高兴，答应研究研究。

大队书记说话还真算数，没过多久，我就穿上了崭新的军装。

生产队队长对我父亲说："陈彦令，你儿子要当兵走了，放你一天假，你去赶大集。"父亲就抱着家里唯一的一只母鸡去赶集，准备卖了钱，再买点肉和菜，请大队干部吃饭。可是父亲把老母鸡揣在怀里，在集市上转了一圈又一圈，没舍得卖，又抱了回来。母亲说那就把老母鸡杀了吧，给大队干部吃。这是规矩，别人家请都请不了，我们不能不请，我们家再穷也不能少了人家这顿饭。

父亲就把母鸡宰掉了，我心疼啊。家里就指望这只老母鸡下蛋换钱，给母亲买药呢，鸡蛋送给了大队书记，现在连鸡也杀了，母亲以后靠啥买药？母亲说："儿子你放心走吧，妈以后吃黄连素，黄连素便宜。"我当时就暗下决心，到部队后好好干，将来混出个人样来，为父母争气。

第二天，民兵连长把我们带到公社，然后坐汽车直接去了辽中县城。晚上我们到了沈阳，啥也没看见，就被送上闷罐子兵车。

闷罐子兵车上只有一个小窗户，车厢里光线很暗，接兵干部都穿着"四个兜"，也分不清谁大谁小，见了"四个兜"都叫首长。我第一次坐火车，心里很激动。想问"四个兜"我们去哪里，但始终没敢问。

## 五、天安门大门上的钉子不是金子做的

一下火车，我们才知道到了北京。那个激动啊，简直没法说。但是看了看周围，没有多少楼房，不像是心目中首都北京的样子。一打听，才知道这是房山区李庄大队。我们将在那里度过三个月的新兵训练生活。

我们住的是老乡的房子。我们班住的那家姓池，他家有个沼气池。

那一带许多老乡都用沼气做饭。训练休息时，我经常帮老乡清理沼气池，干点家务活。老乡很喜欢我。他家有两个丫头。

老头子跟我开玩笑说:“小伙子，你将来退伍了，就给我当上门女婿吧。”

我听了心里很不乐意。我刚到部队，还准备好好干一番哩，将来穿上“四个兜”啥的，你却说我退伍的事，你咋知道我一定会退伍?

但是冷静一想，老头子说得也没错，再说，人家丫头长得也不差。

说实话，我既然出来了，就不想再回东北老家了。

三个月新兵训练结束后，我们才真正走进北京城，驻扎在西城区安德路，任务是修地铁。我们连队的主要任务是扎钢筋、支模板，支好后往里面浇水泥，等水泥凝固了再把模板拆掉。连队馒头管饱，我们新兵特别能吃，干的又是重体力活，一顿能吃七八个。但是我们天天在地下施工，又是封闭式管理，很少能看见外面的繁华世界。

一个休息日，连长对我们说：“你们新兵刚到北京，可以出去转转，但必须三人一组，由老兵带队。还说，出去时要衣帽整齐，军姿端正，不要影响军人形象。这可是我们伟大的首都，你们一定要注意！”

我们把军装平铺在床上，用嘴往上面喷些水，用装有开水的茶缸熨平。然后穿上，高高兴兴地走出了营门。

一个老兵带着我们两个新兵逛王府井。我对逛街没兴趣，一心想去天安门。为啥？说了不怕你笑话，我们村里人都说天安门大门上碗口大的钉子，全都是金子做的，有人还为此打过赌。我就是想亲眼去看看那钉子到底是不是金子做的，还要亲手摸一摸，将来探家的时候好给村里人吹牛。心里这么胡思乱想着，我就与另外两个战友走散了。找了半天也没找到，于是我干脆自己一个人去天安门。

我一路问到了天安门。看到雄伟的天安门城楼，我激动不已。我用手摸了摸大门上那碗口大的钉子盖，原来不是金子做的，而是铜铸的。

我在天安门转了很久，后来就转迷了，找不到回去的路了。

我问路人："西城区安德路怎么走？"人家说："安德路地界大了，你到底要到哪里？"我说不上具体地址，于是一路走一路问。我从地上捡到半根粉笔，担心自己越走越迷，就在走过的电线杆上画一道，如果找不到，大不了顺电线杆子再折回来，重新再找。后来还真找回来了。但是天已经很黑了，连长急得在院子直跳，带我出去的那个老兵站在一边，吓得满头大汗……

## 六、天山的冰棍儿不花钱

我在北京修了半年地铁。

1979年，对越自卫反击战打响后不久，我们才离开北京。不是去前线，而是去相反的方向。但是当时我们并不知道，以为是去越南前线。

当时传说我们中有一部分人要调走，大家都很兴奋，都盼望着去前线。为啥？去前线可以立战功，立了战功可以入党、提干，穿上"四个兜"。能入党，能穿上"四个兜"，是每一个新兵的梦想。别看北京是首都，是全国人民向往的地方，但是前线才是我们真正向往的地方。北京再好，我还是一个普通兵，可是上前线我就有可能穿上"四个兜"。

那天晚上，天很黑，我已经睡着了，突然听到了紧急集合哨。

连长在外面喊："一号装备，把该带的都带上。"

我们打好背包，黑压压地站在操场上。

连长说："点到谁谁出列。"

营门口停着6辆解放牌汽车，车厢用帆布蒙着。气氛神秘而紧张。被连长点了名的站到另一边。我心里很紧张，等着连长点我名字，可就是听不见"陈俊贵"三个字。我心里那个紧张啊！我一心想去前线。打仗我不怕，死了也痛快，不死就立功、提干。连长终于念到我了，我很激动，答"到"的时候，声音都有点哆嗦。

解放牌汽车把我们拉到丰台，我们在那里坐上了闷罐子兵车。一人发了一袋江米条、两瓶罐头。窗户还不让打开，只留一道缝。铁门一直关着，只有停车解手的时候才打开。我们乘坐的火车白天不走，晚上才走。白天停靠的都是小站，也不让下车，大家就坐在车厢里等。也不知道走到了哪里，离越南边境还有多远？干部不让问，说保密，这是纪律。

现在总队的雷永文副总队长，当时就跟我坐一趟闷罐子兵车。但当时我们并不认识，前年他来乔尔玛看我，说起以前的事，我才知道他当时也在。

闷罐子兵车把人坐得晕头转向，也不知道走了几天几夜，最后到了一个地方，大家打背包下车集合。我们下车后才知道，已经来到乌鲁木齐。有人问干部，不是说到前线吗？怎么跑新疆来了？干部说，队列里不要说话，注意纪律。没人敢吭声了。后来我们才知道，其实那个小干部当时也不知道是怎么回事。

9月的乌鲁木齐，已经有点冷了。我看见许多大篷军车朝我们开过来。我们按次序上车，刚坐稳，车就开动了。军用帆布把车厢蒙得严严实实的，看不见开往哪个方向。

我们坐在车里啥也看不见，心里那个急呀。我就用手悄悄抠帆布，抠开一个小洞，往外一看，乖乖，满世界都是冰雪。除了冰雪啥也没有。

天黑的时候，我们到了一个叫那拉提的地方。这才知道已经到了天山，我们的团部就在那拉提。但是那时我并不知道这个叫那拉提的地方后来会跟我有那么深的不解之缘。

第二天继续往天山深处走。一路往上，积雪越来越厚，路也越来越滑，大家吓得不敢吭声。走到半道，车队停下了，说前面塌方了。有人问塌方是咋回事？没人回答。干部们神情都很严肃。干部说路不通了，都下车，步行。我们就背着背包，徒步前进，走到天黑才到营地。刚从工地上下来的老兵们，一个个黑黢黢的，脸上带着笑，列队站在营门口，敲着脸盆欢迎我们。

我和另外17个新兵分到了二营五连。我们连长叫许排顺。连长把各班班长叫过来，说来了一批新战友，谁谁谁到一班，谁谁谁到二班。班长把我们领回各班帐篷。

我的班长是四川人。他把我领进帐篷，老兵们帮我拿行李，铺床，说你一路辛苦了。我一看那环境，心情不是很好，但是老兵的热情让我挺感动。帐篷里生的火炉子是用废油桶做的，上面连着两个水桶，里面都是雪水，一桶用来洗脸，一桶用来饮用。正副班长住在两头，中间住战士，因为两头的位置到了夜里比较冷。帐篷里没有电，点的是煤油灯，用罐头盒做的。但准确来说也不是煤油，而是柴油，所以直冒黑烟。老兵们就往油里撒点盐巴，烟一下子就少了。这一手我很快就学会了。

当天晚上吃的是面条。那时的面条可是病号饭，一般士兵平时吃不上，那天是连队专门招待我们新兵的。还有大肉罐头、鸡蛋罐头。那顿面条吃得特别香，现在都记忆犹新。饭后，老兵们给我们打了一盆热水，说：“你们走了很远的路，烫烫脚好睡觉。”这时老兵才告诉我说：“我们是基建工程兵，是专门来修天山公路的。”我一听心就凉了。本来想去前线，没想到被拉到这里修路来了。但是坐了几天的车，确实很乏，一躺下就呼呼睡着了。

第二天起来，老兵们早不见了，上了工地，帐篷里就剩下我们几个新兵。火炉子上有洋芋片、大米粥，还有七八个馒头。我们吃过饭，走出帐篷，外面全是白茫茫的冰雪。有几只比兔子大点的动物，肉乎乎的，笨笨的，在雪地上跑来跑去，“嘎嘎”乱叫。后来老兵告诉我们，那是旱獭。

我们几个没事干，就往山上爬。想爬到山顶上看看山外是啥样子。可是等我们气喘吁吁地爬到山顶一看，山外还是山，一座比一座高，连绵不断，没有一个人影，看不到尽头，只有一条小路通往山外。

我们坐在山顶，有些绝望。这咋整？怎么来到这么个熊地方！

晚上，指导员把我们新兵叫过去开了个会，说这是毛主席最关心的一条重要的国防公路，叫独库公路。但是你们给家里写信不要提具体干什么，也不要提国防公路，这是军事秘密。

最后指导员开玩笑说：“新战友们，北京有北京的好，天山有天山的好，你们想想，你们在北京吃冰棍儿还得花钱，我们这儿的冰多的是，随便吃，不用花钱。”

从此，我就在天山上开始了筑路生活。

## 七、在天山修路，牺牲是常事

那时，天山公路已经修了六年，大部分毛路已经开辟出来了。

部队没有大型机械，用的全是钢钎、铁锹，最先进的工具就是风钻。后来机械能开上山了，才配备了几台D80推土机。我们连队主要任务是备料。说实话，施工环境相当艰苦，劳动强度也相当大。早上天刚蒙蒙亮就得上工地，晚上天黑得看不见了才收工，午饭在工地上吃，一天至少要工作十三四个小时。

我们白天施工，晚上还要学习。学些啥？学政治，学“两报一刊”社论，学在天山上牺牲的烈士们的先进事迹。我印象最深的就是姚虎成和李善国，他们两个的墓碑你刚才在陵园里都看见了。

姚虎成是陕西城固县人，牺牲时是副营长。入伍前他是个孤儿，到部队后特别能吃苦，有点拼命三郎的劲头。部队打导洞出现塌方，他冲进去排险，连续42个小时没合眼。战士们把他硬从导洞里拉出来，强迫他休息。他从手腕上摘下手表交给通信员，说：“你半小时后必须叫醒我，否则我处分你。”他只打了一个盹，又钻进洞里指挥排险。有一次，几台筑路机械要运上山，上级要求他带领战士们炸山开路。那时机械可是宝贝疙瘩，不能有半点闪失。他用七天就开辟出一条道路来，保证将机械按时运上了山。他因此荣立了二等功，还当选了第四届全国人大代表和党的十一大代表。

我到天山的前一年，姚虎成和打前站的战友为大部队开辟道路。他们从早上一直干到中午，他看时间不早了，就让战士们先回去吃饭，自己和两个推土机手留下继续清除积雪。战士们刚走不久，冰达坂上突然传来一阵轰隆隆的响声，雪崩发生了，把推土机冲出50多米，两个推土机手昏迷在变了形的驾驶室里，姚虎成不幸牺牲，年仅28岁。当时他还没有成家。姚虎成牺牲后，中央军委授予他“雷锋式好干部”荣誉称号，号召全军指战员向他学习。

另一个就是李善国。他是湖北武昌人，1965年入伍，牺牲时是政治指导员。1974年，他跟随大部队第一批进军天山。第二年6月底，他爱人来队探亲，他正带领部队打“飞线”，没有下山去接，他爱人只得自己上山找到部队。即使爱人来队探亲他也没有休息一天，坚持带领官兵在“飞线”施工。半个月后，一场意外的大塌方发生了，李善国等五位同志不幸牺牲。李善国牺牲时年仅29岁。他爱人就在不远的营地等着他。你想想多悲惨。

新疆军区有个作家叫李斌奎，他根据姚虎城和李善国的事迹写了小说《天山深处的大兵》，还改编成了电影，就是20世纪80年代初轰动一时的《天山行》。

我再给你讲一个比这些还悲惨的故事，但不是发生在我们团，而是另一个团，我是听战友讲的。当时部队在“老虎口”施工，突然塌方了，一块巨石落了下来，砸到了一个入伍不到一年的四川兵，他整个身子都被压在巨石下面，只有头露在外面。当时人没死，还能说话。战友们用钢钎撬，想把石头撬开，把他救出来。可是那么大的石头，咋撬得动啊！当时“老虎口”在悬崖峭壁上，机器又上不去。想用炸药炸开石头，又怕伤了他。一点办法都没有。看见战友的惨状，全连人哭着喊着围着石头跑来跑去，就是无从下手。

被压在石头下面的那个战士说：“你们别白费劲了，我肯定活不成了，你们就把我和石头一起炸了吧，别影响施工。”

谁忍心炸？没人这么干！

那个战士说：“我还没来得及给家里写封信呢。”

战友们急忙找来纸笔，说：“你说，我们写，一定寄到你家去。”

那个战士就说：“爸，妈，我在部队挺好，工作也不累，吃得也不错，首长很关心我，战友关系很不错，跟亲兄弟一样，你们就放心吧。爸，妈，我啥子都好，就是有点儿想念你们。”

说着，那个战士的眼泪涌了出来，跟鼻子里的血一起流在了雪地里。

那个战士最后说：“爸，妈，我在部队很努力，干得不错，没有给你们丢脸。”

在场所有的人都哭了，但是一点办法都没有。战友们把全连所有好吃的东西找出来，轮流给他喂吃喂喝，陪他说话。第二天，那个战士牺牲了。眼睁睁地看着自己朝夕相处的战友慢慢死去，那是一种啥心情？我每次想起这事都流泪。

当年在天山修路，确实很艰苦、很危险，战友牺牲的事时有发生，要不烈士陵园里咋会有168座墓碑？

有一个叫石博韬的湖北兵，在隧道施工时遇到了塌方，他为了救战友，献出了自己年轻的生命。2006年，总队组织“重走天山路”活动时，也邀请了他父亲石文华。老人已70多岁了，当站在儿子的坟墓前时，他老泪纵横，泣不成声。

老人说：“我没有一天不想念儿子，我人在湖北，心在新疆，因为新疆还有我的儿子。每天晚上，我都和老伴要看新疆的天气预报，30年来天天都是这样，已经养成习惯了……”

有一个老兵，叫董二龙，当年他们营打2号隧道，去年他从河南老家来新疆捡棉花，回去的时候专门跑到天山来，想看看牺牲的战友，看看2号隧道。他走到隧道口，“扑通”一声就跪下了，泪流满面，他哭着说：“30

年前，我在这里奋战了5年，我的好几个战友就牺牲在这里啊……”

## 八、“司令员同志，能不能让我们握握女兵的手？”

唉，不说这些伤心的事了，说说高兴的事。

要说最高兴的事，那就是看电影。当年在天山，也没什么娱乐活动，最多也就是看场电影。但是看一场电影要等一两个月，全线560公里，大家得轮流看。

一听说晚上放电影，大家早早就完成了任务，也不知道哪儿来那么大精神。看电影要到营部去，全营一起看，要走好几公里地呢。最远的连队要走10公里。我们排着队，拿着雨衣，提着马扎，朝营部走。为啥拿雨衣？天山上一会儿雪一会儿雨的，没个准儿，看电影中途下起雨来咋办？不能等雨停了再看，过了这村就没这店了，人家电影队第二天还要赶到下个营去放映。我那时觉得当个放映员最牛，可以天天看电影。

那时电影都在露天看，哪有现在坐电影院里舒服？我们有天看得正起劲儿，突然下起了大雨。这咋整？没有一个人动，大家冒雨继续看。电影放完了，雨也停了。

营长喊：“全体起立，各连带回！”

没有一个人站起来。

营长说：“吆喝，今天还较上劲儿了，咋回事？”

一个班长站起来说：“首长，能不能再放一遍？我保证我们班明天不耽误施工，并且超额完成任务。”

大家一齐喊：“再放一遍！”

营长没办法，去给放映员说情。人家不同意，说今天太晚了，他们明天一大早还得到乌苏去放呢。别看团里的放映员只是个兵，说不放就不放，营长说话也不灵。营长悄悄给放映员塞了一包烟，放映员这才勉强同意，又放了一遍。

我们连有个陕西兵，我来的第二年他就复员了。他当了五年兵，从来没去过团部。一个团撒在两百公里的战线上，远哪，不立功受奖参加团里年底的庆功会，很少有机会到团部。指导员对退伍老兵们说："你们在天山干了这么多年，今天就要复员回家了，还有什么要求？"那个陕西兵说："指导员，我没有别的要求，走的时候能不能绕个道，让我们看看团部，在大门口照张相？"指导员向团长汇报，团长同意了，就让老兵绕道去看了看团部，还专门安排人给老兵每人照了张相。

别说当兵五年没去过团部，就是女人他们也从来没有看见过。

有一年，新疆军区司令员杨勇来天山公路视察，身边带着一个年轻女军医，顺便给山上官兵看病。战士们哪儿见过女兵？眼睛都直了。

有个战士大着胆子报告说："司令员同志，能不能让我们握握女兵的手？"

司令员一听这话，眼睛湿润了，对那位女兵说："去，跟战友们握一下手。"

战士们爆发出热烈的掌声。大家正在施工，手很脏，急忙用雪将自己的手搓洗干净，等着跟女兵握手。跟女兵握过手后，有的战士好几天都舍不得洗手……

我哪儿有那福气？我当时不在场，是在另一段工地。这件事后来在整个部队被传为佳话，直到现在总队的许多领导都还记得。

## 九、我的班长郑林书

我跟我们班长只相处了38天，我却甘愿用一生来为他守墓。

我原来是在一班，那年老兵复员后，把我调整到了四班。四班班长叫郑林书，湖北人，个儿不高，圆脸，大眼睛。他普通话讲得不好，说话爱带个“老”字。说话爱带“把子”，我不大喜欢。但是后来有两件事，让我挺感动，改变了对他的看法。

你知道，山上海拔高，馒头蒸不太熟，抓在手里黏糊糊的，吃到嘴粘牙。把馒头从炊事班打回来，先放在火炉子上烤，如果时间允许，烤得焦黄焦黄的，吃起来特别脆，一咬嘎巴响。我看老兵烤，我也去烤。第一个烤馒头吃完后，觉得不过瘾，又烤了一个。结果吃到一半听到了集合哨声，我顺手把剩下的半个馒头丢进了帐篷角的脏水桶里，跟着战友跑了出去。

连长集合时说，今天营里检查卫生，要求大家回去好好整一整，一定要扛上卫生红旗，不能给连队丢脸。那时啥都讲究争第一，见第一就争，见红旗就扛。

可是还没等我们整理好，营里检查的人就来了，也该我倒霉，人家正好就抽查到我们班，于是就发现了我丢在脏水桶里的半个馒头。结果红旗没扛上不说，连长还让营里来检查的人训了一顿。那时丢半个馒头，可不是个小事。连长很窝火，把班长叫去训了一顿，让他一定要把丢馒头的人查出来。

班长回来黑着个脸，问谁扔的馒头，我看事情闹大了，吓得不敢吱声。我要是承认了，今后入党就没戏了，提干就更别想了。我心里有鬼，很害怕。班长瞅了我一眼，没说话。集合时我是最后一个跑出帐篷的，当时就我一个人在吃烤馒头，还能有谁？班长肯定知道是我干的，但他什么也没说。

班长从脏水桶里捞出那半个馒头，看了看，当着我们全班的面，一口一口吃了下去。吃完后，班长说："我们部队苦，老百姓比我们还苦，我们绝大部分人都是从农村来的，可不能这样糟蹋粮食！"

我羞愧难当，感动得几乎想给班长跪下。但我当时什么也没有说，我没有勇气承认。这件事被班长自己扛了下来，说是他扔的，连长把他臭骂了一顿，没有再追究。一直到班长牺牲，我也没有机会向班长承认馒头是我扔的。我后悔死了！

还有一件事情，让我终生难忘。

有一天晚上，我洗完脚，去帐篷外面倒水，刚一出门，我就"哗"的一声泼了出去。只听有人"哎呀"一声，原来是班长。他刚从连部开会回来，被我当头浇了一身脏水。那时山上多冷啊，零下十几度，泼出去的水很快就能结冰。

我说："班长，对不起，我不是故意的。"

他一边往帐篷里走，一边说："没关系，没关系。"

我们班的战士见我泼了班长一身水，赶忙帮班长把衣服脱下来，在火炉子上烤。大家都瞪着我，说："你个新兵蛋子，净干些没屁眼的事！"

班长冻得直打哆嗦，一边用毛巾擦头发上的脏水，一边说："没事没事，陈俊贵，你以后倒水跑远点，别倒在门口，一结冰，容易滑倒人。"

这两件事，特别让我感动。这就是我的班长，比我亲哥哥还能包容我的战友！现在班长就躺在陵园里，我想对他再说声"对不起"，他都听不见了……

## 十、班长把最后一个馒头让给了我

1980年4月6日，这个日子至死我也记得。

当时大雪封山，“42”已经断粮。那里是2号隧道，有三个营的兵力，一年四季都在隧道里施工，春节也不休息。因为是在42公里处，所以大家习惯叫“42”。路上的许多电线杆被风雪刮倒了，通信也中断了，团里决定派人去“42”送信。团里把这个任务交给了我们连，因为我们连离“42”最近，只有40公里。

连长让班长郑林书挑选三名身体好、素质高的兵去执行这次任务。我们班长就挑选了我。我当时正在帐篷里洗衣服，班长站在帐篷门口喊：“陈俊贵，你过来一下。”我跑过去。班长说：“你跟我去执行一次任务，愿不愿意去？”我问：“去哪儿？”班长说：“去‘42’送信。”我一想，这么大的雪，要跑40公里去送信，太难了。但是班长能叫我去，说明组织信任我，在考验我，再说我还欠着班长的情呢。于是我很干脆地说：“班长，我很愿意跟你去！”

出发的时候我才知道，跟我们一起去的还有副班长罗强和战士陈卫星。

我们四个人把炊事班剩下的20个馒头装进挎包，背了一支步枪、一部军用电话，简单吃了点东西就出发了。时间大概是下午两点。团里的意思是，如果走到前面电话线能接通，我们就给“42”打电话，传达了团里的指示就可以返回。平时这42公里，最多走一天，谁想到我们却走了三天三夜……

开始，我们沿着刚修好的公路走。路上的积雪只有半尺深，走起来不是很吃力。天快黑的时候，我们走到一个废弃的道班室，里面没人，我们稍事休息，吃了点馒头，又继续往前走。

这时天已彻底黑了，到处白茫茫的，路基也没有了，我们只有顺着电线杆子走。后来开始刮风下雪，地上的积雪也越来越深，已经没过了大腿，走起来非常艰难，许多地方我们都是爬过去的。雪坑里的雪有一两米，如果掉进去，要费很大力气才能爬出来。

班长说："我们这样走不行，一是耽误时间，二是会掉进雪坑里，很危险。我们爬上一根电线杆，看看电话通不通。"

他说着就往一根电线杆上爬。但是电线杆上结了冰，很滑，爬不上去。班长蹲在地上，让罗强踩着他的肩膀，又让我踩着罗强的肩膀，陈卫星扶着我们，以免被风刮倒。折腾了半天，我才爬上去，接上电话，却打不通。电线上有冰，粘手，一拉一层皮，但那时我已经被冻麻木了，也不觉得疼。

我们只好顺着电线杆继续往前走。

天快亮的时候，我们已经筋疲力尽，实在爬不动了。棉袄、棉裤里全是汗水，外面沾满了冰雪。趴在雪地上刚休息了一会儿，棉袄、棉裤就被冻住了，像盔甲一样，钢钢的，动都动不了，爬也爬不起来。班长就用枪托砸自己身上的冰，砸开了，爬起来，又帮我们砸。我们不敢再休息，继续往前爬。爬一会儿又冻了，身上的冰雪越滚越厚，死沉死沉的，腿都打不了弯，前进的速度特别慢。

班长说："照这样的速度前进，我们非冻死在雪地里不可。"

他让我们把棉袄、棉裤全脱了，但是脱也脱不下来，全冻住了。就拿枪托砸，把冰砸碎，然后一人坐着，一人抱腰，一人往下拽棉裤，这样才相互脱下来。自己的棉袄、棉裤自己背着，班长还背着枪，我们继续往前爬。这样爬起来倒是快，但是穿着绒衣冷得够呛，那风跟刀子一样，嗖嗖的，直扎骨头。

我们实在爬不动了，就坐下来休息，又不能时间太长，浑身哪儿都疼，手像冻没了似的，一点儿也不听使唤。那时真是喊天天不应，叫地地不灵。班长冲我喊："快起来，赶快走，坐下来等于等死。"我说："班长，我实在爬不动了，你就把我放这里吧，你们走吧。"班长说："不行，绝对不能把你一个人扔下，我背也要把你背出去！"我哪能让班长背着走呢？只好咬着牙继续往前爬……

就这样，我们在雪地里又爬了两天两夜。

第三天早上，我们爬到一处山坡上。这里距离目的地还有8公里，大家都坚持不住了，倒在了雪地上。班长用颤抖的手拿出了最后一个馒头。我们每个人心里都明白，这个馒头意味着生死存亡，谁吃下了，谁就有可能活到最后。馒头外面的皮已经磨没了，看上去烂糟糟的，但是我们四个人的眼睛都盯着那馒头。一路上，馒头都由班长保管、分发。大家饥肠辘辘，谁都想吃。说实话，我当时真想一口把它吞下去。

班长看了我们每人一眼，举着那个馒头说："我们就剩下这最后一个馒头了，我和罗强同志8天前刚被批准为预备党员，陈卫星比陈俊贵兵龄老，所以我建议，这最后一个馒头让新兵陈俊贵同志吃，大家有没有意见？"

罗强说："我没意见。"

陈卫星迟疑了一会儿说："我服从班长的决定。"

我说："我不能一个人吃，要吃大家一起分着吃。"

班长说："就一个馒头，大家分着吃，对谁都没有作用，就这么决定了！陈俊贵，我命令你把馒头吃下去！"

说良心话，当时我真饿啊！班长把馒头递给我，扭过头去。罗强也跟着扭过头去。陈卫星没有转身，看着我。我背过身去，三口就把馒头吞了下去。

等我转过身来，陈卫星依然瞪着我，意思是：班长让你吃，你还真的一个人吃了！你怎么这么不懂事！那时我才开始后悔，后悔不该一个人吃了那个馒头。但是馒头已经落进肚子，后悔也没有用。这个救命馒头后来成为我心里永远的悔恨。

班长见我吃了馒头，冲我笑了笑，说："很好，我们继续前进。"

雪仍在下，风刮得很大。但白天比夜里强多了，能看见方向，也没有夜里冷。但是我们每走一步仍要使出全身的力气。谁走在前边，谁使的力气就最大，因为是逆风，前面的人能给后面的人挡风。谁在前面？那还用说，当然是班长。班长让我走在最后边。

我们走到中午的时候，班长突然倒下了。

跟在班长后面的罗强喊："班长，你怎么啦？"

我们几个人爬过去一看，班长趴在那里，半个脸都埋在了雪里。我们把他翻过来，他一脸的冰雪。当时我没想到班长会死，以为他是太累了，躺下休息一会儿，喘口气就好了。班长闭着眼，不吱声。我摸摸他的脸，冰凉。但他的鼻子还在喘气，说明他还没死。

罗强说："陈俊贵，你在这里守护班长，我和陈卫星去找点柴火给班长取暖。"

可是，漫山遍野都是雪，哪有柴火？连一根草都没有！罗强他们走了几步又失望地回来了。

我们呼唤班长的名字，班长就是不睁眼。我害怕极了，但我没有哭。不知那时我为啥就没有哭，也许是脑袋被冻木了。班长躺着，我围着班长转圈，不知如何是好。后来班长终于醒来了，我跪在他身边，他脸上全是雪，我替他抹去，但很快雪又落满了。

班长对罗强说："你们继续走，别管我，我不行了。你们一定要完成任务！"

他又把目光转向我，说："陈俊贵，如果你能活着出去，将来你到我湖北老家去看看我的父母。"

我把他的头抱起来，说："班长，你不会死的，我们背你出去。"

班长没有说话，闭上了眼睛。

我感觉他的头越来越重。

班长死了，他的身子很快就冻硬了。

这时我才哭出了声。我跪在那里，呼喊着班长。他一动不动，雪很快覆盖了他的脸。我用手拂去班长脸上的雪，把自己的棉衣盖在班长的脸上。我不想让班长冻着，也不想让老鹰啄伤班长的眼睛……

我们朝天鸣枪，为班长送行。

任务还没有完成，我们必须继续往前走。我们一步一回头。走了一会儿，三人又不约而同地返回来，幻想着班长刚才是睡着了，希望能看见班长奇迹般地醒过来。但是班长身上很快落了一层雪，已经看不见他军装的颜色。

我们也不知走了多久，走着走着，罗强也倒下了。我们已经失去了班长，不能再失去罗强。我和陈卫星背着罗强走。一个人背，一个人在后面提着罗强的腿，可是我们俩也没多少力气了。后来罗强也牺牲了。我又背着陈卫星走，背着，走着，我就昏了过去。后来，一位哈萨克老牧民救了我和陈卫星……

班长郑林书和副班长罗强被追认二等功。《解放军报》还专门介绍了他们俩的事迹，文章的题目我还记得，叫《短短预备期，青春放光彩》。意思是他们俩入党才8天，就为国家献出了年轻的生命。

陈卫星的左脚指头全被冻掉了，被认定为二等甲级伤残，后来退伍了。

我的右大腿上的肌肉被冻死，陆陆续续在医院住了三年，被认定为二等乙级伤残。1984年年底，我复员回了辽宁老家。

我一直记着班长牺牲前跟我说过的话，想去湖北寻找他的父母，可是我和班长仅仅相处了38天，他家具体地址我不知道，上哪儿去找？我退伍后给部队去信打听班长家的具体地址，信都被退了回来。独库公路1983年秋天竣工后，部队就撤离了天山，有人说部队撤销了，有人说编入其他部队，到别的地方修路去了。从此，我与老部队彻底失去了联系。我向以前的战友打听班长的老家，他们说班长的老家移民搬迁了，我就更无法寻找了。

但是我想，终有一天我要找到班长的亲人！

## 十一、快乐的日子里，我把班长忘了

我退伍回到了家乡辽中县。像我这种情况，立过功，又是伤残军人，按规定国家会给安排工作。我想到公安局当个民警，民政局局长说：“你身有残疾，遇到坏人你都自身难保，咋当民警？不合适。这样吧，你去电影院放电影吧。”我一想，放电影也好啊，我们在天山看一场电影多难啊，现在可以天天看电影了。

说是放电影，其实我只负责倒片子。放电影是老王的事。老王说：“咱们电影院8个人，就你和我是党员，我负责放电影，你也别光倒片子，你给咱负责收票吧，你是党员，责任心强。”我说：“好。”倒完片子，我就去门口收票。

收票是个相当体面的活儿。没过多久，几乎全县城的人都认识了我。我在部队的故事也在县城传开了，有人说陈俊贵当过特种兵，在天山执行过特殊任务，负过伤，立过功，是个英雄。县城里那些穿喇叭裤、提三洋收录机的地痞也不敢惹我，见了我老远就打招呼，点头哈腰地递烟。

听到这些传言我很不好意思，就给人讲我们那次执行任务的真实情况。

有人说：“你们一共去了四个，冻死了俩，还有一个脚指头冻掉了。为啥人家冻死了，你没有冻死？你是不是没去啊？”

还有人说：“我看你走路好好的，是不是真的有残疾？”

我很难回答这些问题。但是日子一长，就没人关心这些事了。

在电影院收票也算有点小权力，收不收票我说了算。老战友来了，不要票，进！老同学来了，不要票，进！买不起票的学生来了，不要票，进！当然，文化局领导的亲戚来了，也不能要票，进！那时我算是彻底明白了，权力这玩意儿就是好，难怪好多人挖空心思想当官呢。那是我有生以来第一次拥有了权力，也是唯一的一次。

我跟你说吧，我活到50岁，那是我最开心的一年，最风光的一年，也是我最快乐的一段日子。刚开始，我还经常想起天山，想起老班长，但是后来快乐的日子过久了，我就渐渐把雪山上的班长给忘了。尤其是我遇到了一个姑娘后，忙着谈对象、结婚，更是把班长忘得一干二净。

现在想想，我真不是人！

电影也不是天天放，即使晚上有电影，白天也没啥事。没事的时候，我就一个人骑着自行车满大街转悠，看看哪个单位有漂亮的姑娘。干啥？找对象呗。工作有了，我想有个家。那时我已经25岁了，总不能一直这样“一人吃饱，全家不饿”吧？也该正儿八经成个家了。还有一个原因：民政局领导说了，只要你成家了，我们就给你分房子。就是为了能分到房子，我也得赶紧成家。

你也别笑话我，咱一个退伍老兵，一个伤残军人，在县城又没啥亲戚，谁给咱介绍，不这么找咋找？

以前，也有人给我介绍过一个。一见面，女方家人说，你家在农村无所谓，你长得黑点也无所谓，你当过兵吃过苦也是好事，你放电影虽说不算个啥技术，但也是份正经工作，可是听说你在部队负过伤，会不会影响今后的生活？人家说我们再考虑考虑。这一考虑就没了下文，肯定是嫌我有残疾。

没办法，我只有自己给自己找媳妇。哪个单位姑娘多，我就往哪儿转悠。

你还别说，我骑着自行车这么转悠来转悠去，还真遇到了一个好姑娘。她叫孙丽琴，在我们县征稽站收养路费，是一个合同工。那天我转悠到她单位，她正坐在那里收费开票。她当时十七八岁的样子，长得不算很漂亮，穿戴也不像城里姑娘，没穿喇叭裤，看上去很朴实，干净利索；个子也不高，但身材好，还留着一根大辫子。我一眼就看上了她。这不就是我要找的人嘛，就是她了！

可是咋跟人家搭话呢？我总不能冒冒失失走过去，对人家说："我看上了你，你嫁给我吧。"那肯定会遭骂。第二天，我去找老战友王爱民。他比我退伍早，给单位开车，经常到征稽站去办事，跟那边的人熟。我让王爱民去跟那姑娘说。没想到事情很顺利，一说就说成了，见了几次面后，姑娘就同意嫁给我。

一个月后，我们结了婚。民政局说话算话，给我分了两间房子。这样一来，我有了一个媳妇，在县城也有了一个属于自己的家。

一年后，我们有了一个儿子。

## 十二、电影《天山行》让我寝食难安

1985年10月，我第一次看到电影《天山行》。

看过之后，我就开心不起来了，就想念班长，想得心口疼。从那时起，我就有了重回天山为班长和牺牲的战友守墓的念头。

当时我媳妇已经怀孕8个月了，我每天倒好片子，收完票，也不看电影，就急急忙忙跑回家伺候媳妇。那天，我像往常一样，稀里糊涂倒完片子，连电影名字也没留意看，把门票收完后准备回家。我进去拿东西时，电影已经开演了，八一电影制片厂片头上的红五星一闪一闪地放着光芒。我想肯定又是战斗片。那时年轻人对战斗片已经不像20世纪六七十年代时那么喜欢看了。大伙说，看不看也知道结果，都是日本败，中国胜；国民党败，共产党胜。那时爱情片刚出来，年轻人特别喜欢看。所以我更没留意。

可是当我刚要走出影院，不经意一回头，咦，电影上的地方咋这么眼熟？我站在那里看了一小会儿，越看越像我们天山。

我急忙跑回去问老王："今晚放的啥电影？"

老王说："你倒的片子你不知道？"

我说："我没注意。"

老王说："《天山行》。"

我说："我的娘啊，真是我们天山！"

我激动得手直哆嗦，对老王说："电影上演的就是我们部队！"

老王疑惑地看着我。

我抓住老王的手说："真的，我不骗你，我一眼就看出来了。"

老王也很激动，说："那你还不赶快去看？"

我坐到观众席里，认真地看起来。那里面演的不就是李善国的故事吗？那个男主角郑志同，不就是李善国吗？我很激动，心怦怦跳。故事很感人，我边看边流泪。我真想站起来朝黑压压的观众喊："电影里演的就是我们部队！电影上的那些人就是我以前的战友！"但是我只顾流泪，没有站起来。我那时的感情很复杂，有点像外出多年的儿子终于找到了家的感觉，但又不全是。

当天晚上我在回家的路上，脑子里全是电影上的景象和班长牺牲时的情景。想起班长，我心里很难受，脑袋昏昏沉沉的，浑身没有一点儿力气。我感觉很疲惫。

媳妇问我："今天咋回来这么晚？"

我说："没啥事，就是有点儿累。"

我一个人坐在那里抽烟。当时我不会抽烟，那是收票时别人塞给我的"大生产"。以前我从来不抽，拿回家后随手就扔在抽屉里，准备家里来人时拿出来招待。可是那天不知咋整的，突然就特别想抽烟。从那以后，我就抽上了烟，现在一天至少一包，心烦的时候得两包。

媳妇看我有点儿不对劲，问我："你咋的啦？"

我说："没咋的。"

她说："你肯定有事，你平常不抽烟啊，今天咋抽起烟来了？"

我没说话。她马上就要生孩子了，见我把屋子弄得乌烟瘴气的，很生气，把烟一把抢过去，扔在了地上。我还是没说话，捡起来又接着抽。

她又问："你到底咋的啦？"

我说："今天放的电影是《天山行》，演的就是我们部队，我想我班长了，心里很难过，很烦。"

她就不吭声了。

结婚前，我就跟她讲过班长的故事。她是个好女人，很善解人意。

我说："班长牺牲的时候，让我去湖北老家看看他的父母，可是我回来一年多了，到现在还没去，我真不是人！"

她说："你不知道具体地址咋去？"

我说："关键是这一年来我几乎把班长给忘了。这是人做的事吗？我现在老婆有了，家有了，马上就有孩子了，可是班长呢？他现在还躺在雪山上……"

那天晚上，我抽了两包烟，早上起来嘴上都起了泡。

## 十三、我决定重回天山，为班长守墓

第二天，我对县城里的几个战友说："昨晚放的电影《天山行》演的就是我们部队的事。"几个战友一听很激动，让我晚上一定留几张票，大家一起看。我说："片子下午就要被别的县拉走了。"战友们说："这么点事你都办不了，还在电影院混？"我去找老王，说我们几个战友想看一遍《天山行》，老王很痛快地答应，中午专门给几个战友放了一场。

看完电影我请客，大家喝了不少酒，战友们都流泪了。有个战友说："陈俊贵，这辈子你要是忘了你们班长，你就不是人！"战友说这话的那一刻，我突然作出了一个决定：去天山给班长守三年墓。

晚上回到家，我把自己的想法对媳妇说了，媳妇半天没说话。我说："我去为班长守三年墓，三年后回来咱们好好过日子。"我媳妇想了很久才开口说话。她说："人就应该知恩图报，我同意你去为班长守墓，但是要等孩子生下来你再走，我跟你一起去。"我说："你就不用去了，天山很苦，你受不了。"她说："嫁鸡随鸡，嫁狗随狗，你走到哪儿我就跟到哪儿。"我很感动。她还说："从现在开始，我们就要多挣钱，少花钱，准备一点路费，再说将来有一天你去湖北找班长父母也需要花钱。"

那一夜，我们一直盘算到天亮。

自从我们决定去新疆后，就开始节约用钱。我们东北有一种汽水，一瓶三毛钱，我媳妇特别爱喝，尤其是怀孕以后，几乎天天都要喝一瓶。可是从那天开始，她就不喝了。我也戒了烟，本来刚开始抽，烟瘾就不大，很好戒。别人给我的烟，我就悄悄拿到小卖部卖掉，能积攒几毛钱。

儿子出生三个月后，也就是第二年春天，我们准备辞职去新疆。

我跟朋友说："我要辞职去新疆，为班长守墓三年。"朋友不信，说："你是不是想"下海"挣钱去呀？"当时刚时兴"下海"，大家都想挣钱，想当"万元户"，没人相信我辞职是为了报恩。朋友说："守墓三年回来，工作没了咋办？另外，你媳妇马上就要转正了，你们去了新疆，她这几年不白干了吗？”

我去找我们电影院老王。老王说：“陈俊贵，你现在的工作是在部队用命换来的，容易吗？咋想辞就辞了呢？你想报恩何必去新疆守三年墓呢？我告诉你吧，每年春节、清明的时候，你买点纸钱，打上你班长的名字，然后到十字路口烧了，边烧边念叨你班长的名字就行了，他也能知道你心里在想他。”我说：“不行，我良心过不去，我必须去。”老王说：“你真是个死脑筋！”

我去找我们县文化局局长。局长在二炮当过兵，转业时是正连级。我讲完我和班长的故事，说了我的想法，局长很感动，说：“陈俊贵，你是好样的！做人就应该这样！我支持你！只要我不退休，不管你去几年，电影院的工作我都给你留着！”他听说我媳妇是征稽站的，又说：“征稽站的主任是我‘老铁’，我打电话过去，让他先给你媳妇转正，然后把她的工作留着，一直等你们回来！”

就这么着，我们瞒着家里人，悄悄上了火车，来到了新疆。

为啥守满三年没回家？当时主要是生活艰难，没有路费；再一个就是我们在天山生活也慢慢习惯了，离不开那些烈士，感觉他们就是我们家的成员；还有一个原因是，当时我们住在坟地旁边的地窝里，身上穿的全是过路的人给的衣服，破破烂烂的，连捡破烂的都不如，回去怕被人家笑话。

三年时间满了，我没有提这个话题，有意躲避。我媳妇也没提。她那人爱面子，很要强，但是心强命不强。她不想让家里人知道她在外面受这么大的苦。所以大家都装糊涂，就这么一年又一年，熬过来了。

后来生活条件好了点，攒够了路费，可是父母都相继去世了，也就不想回去了。现在，我感觉天山就是我的家，烈士们就是我的亲人。你不是说嘛，我的口音都带着维吾尔族人和哈萨克族人的味道。我现在是一个纯粹的新疆人了。

这24年是咋过来的？熬过来的呗。但是再咋熬，再咋苦，也不能跟班长和陵园里这些烈士比。起码我还活着。我能活到今天，就已经足够了。好了，不说这个了。你要想知道，等会儿我媳妇说给你听。

我这人一喝完酒，这条残腿就发痒，坐不住，必须出去走走才能缓过来。但是一天不喝点又不行，腿疼。今天你来了，我们喝“伊力老窖”，平时我不喝这个，太贵，哪儿喝得起啊？平时我喝的是几块钱的用雪莲泡的药酒，喝一点，出去转一圈，回来再往腿上抹一点，腿就不疼了。等会儿吃完饭，我去墓地清雪，你跟我媳妇聊。说实话，我能在天山守到今天，真得感谢我媳妇。

好了，咱不整没用的。接下来，我跟你说说去湖北找班长父母的事情吧。其他事可以不说，但这个事必须说。说一说，我心里痛快。

## 十四、我终于找到了班长的亲人

你问我咋知道班长家的具体地址？这事说来也巧。我儿子不是在当兵嘛，他在乌鲁木齐参加集训，快结束的时候，他有一天上街看见有几个武警战士，戴着“交通”臂章。他想起我以前的老部队是基建工程部队、筑路部队。交通武警？不就是修路的部队吗？他就过去问那几个战士。这一问还真是我以前的老部队。

原来我们部队当年没有解散，后来改编成了“武警交通部队”，我们以前的基建工程兵第十二支队，就是现在的武警交通二总队，总队机关就在乌鲁木齐。

儿子把这个好消息告诉了我。我家哪有电话啊，儿子把电话打到了邻居家。那时我们早就不住地窝子了，新源县政府已经让我们搬到了那拉提，给我们上了户口，还分了地。一听到这消息，我高兴得哭了，一夜没合眼。我可找到老部队了！那心情，就像闺女找到失散的娘家人一样。关键是，找到部队我就可以打听到班长家的具体地址，我就可以去找班长的亲人了。

这是2005年10月的事。

我给总队打电话，总机转给了政治部的韩敬峰干事。他一听这事也很激动，说马上给领导汇报，跟湖北那边联系。几天后，韩干事打来电话说，政治部徐升主任对这件事特别关心，指示要想尽一切办法找到烈士的亲人。现在湖北那边已经联系上了，他陪我一起去湖北寻找班长的亲人，明天就过来接我。20多年了啊，终于有了班长亲人的消息，那种激动的心情你都无法想象。

当天下午，我去了墓地。烈士陵园建立起来以前，班长的墓地在兔耳根乡，在原新疆野战军155医院后面2公里的山坳里。我跪在班长的坟前，眼泪唰唰地流。我说："班长，老部队没有解散，还在，我已经找到了，你老家也找到了，我明天就去看望你的父母。班长，对不起，20年了，我才去看望老人，你能原谅我吗？可是我实在没办法，你老家迁移了，我找不到啊！班长，你要是想回家，就跟我一起走吧，咱们回家去看看……"

那是我20年来，第一次轻松地给班长上坟。那天尽管我流泪了，但是心里特别高兴。因为我就要见到班长的亲人了，就要实现班长牺牲前留下的遗愿了。

第二天，韩干事开着车来了。当时我儿子集训也结束了，第二天就回来探家了。儿子当了4年兵，这是第一次探家。说实话，我也想儿子，想看看他这4年长啥样了。但是我不能等到儿子回来，我必须走，马上就走，一刻也不能耽误。班长的父母等待了我20年，我4年没见儿子算个啥?

我们到了乌鲁木齐，坐飞机去了湖北。我是第一次坐飞机。我的心早就飞到湖北去了，比飞机还要快。我想象着见到班长父母时的情景，想该对老人说点啥，怎样向老人讲述班长牺牲的经过。我想，见了老人，我一定跪下对老人说："班长走了，我就是您的儿子，我给您二老养老送终！"我还想，我现在多幸福啊，班长别说坐飞机，见都没见过飞机。这么想着，心里就特别难过。

到了湖北，天已经黑了，我们只好住下来。我一宿没有合眼。

第二天，我们坐车赶往罗田县。到了罗田县，找到民政局。民政局的人查了档案，说有这么个烈士，叫郑林书，他家原来在古庙乡，多年前由于国家修水库，早搬迁了，也不知道搬到哪里去了，可以先去古庙乡找找看。

我们找到了古庙乡，到处向人打听，所有人都摇头，说没有听说过有个叫郑林书的烈士。我就给人讲班长的故事，人们很感动，许多人都落泪了，说一定帮我找到班长的家。在当地群众的帮助下，一直到黄昏，才有了一点眉目：有人说有一家姓郑的，可能搬到白莲花乡去了。

那时天已经黑了，那里离白莲花乡还很远，只能第二天再去。但是已经有了线索，而且我的双脚已经踏在了班长当年曾经踏过的土地上，心里就踏实多了。

这么多年我一直想来，现在来了，马上就要见到老人了，可是我心里又害怕见到老人。老人要是问我："陈俊贵，你和我儿子一起去执行任务，你回来了，他咋没回来？是不是因为我儿子把最后一个馒头让给了你，你才活了下来？那最后一个馒头你当时怎么就忍心一个人吃了？”我该咋说？

我这么一直胡思乱想，又是一宿没合眼。

第二天早晨，我们没有吃饭，急急忙忙赶到白莲花乡。乡党委书记和民政干事听了我们的介绍，说当年这里确实有一位在天山修路的烈士，姓郑，但是好像他父母早就去世了，他姐姐和弟弟还在。我一听这话，脑袋“嗡”的一声响。我来晚了，老人已经不在了。但心里又有点侥幸地想，也许乡里干部记错了，他们只说“好像”，说不定班长的父母还健在呢。但愿他们还在吧，也好圆了我的心愿。

乡干部带我们找到了班长的姐姐。她五六十岁的样子，看上去很憔悴。知道了我们的来意，她惊讶得张大嘴巴，半天说不出话来，过了好一会儿才哭出声来。我说：“大姐啊，我来晚了，对不起你们啊！”我与大姐抱头痛哭……

大姐告诉我说，班长的父亲在他参军第二年就去世了，家里怕影响他的工作，就一直没有告诉他。母亲是2003年去世的，直到去世前还念叨班长的名字。

我要是早来三年，就能看见班长的母亲了。我真后悔啊！

大姐带我们来到班长父母的坟前。

我跪下来，对着坟墓说：“老人家，对不起，我来晚了！我没有实现班长牺牲时的遗愿。老人家，您放心，在我有生之年，我要一直守护着班长！”

我给老人烧了纸，磕了三个响头，就回了天山……

原载《北京文学》（精彩阅读）2009年第6期

图书在版编目（CIP）数据

破浪 / 刘国强等著 ; 北京文学月刊社主编 . -- 北京 : 北京联合出版公司, 2020.9
ISBN 978-7-5596-4431-2

Ⅰ . ①破… Ⅱ . ①刘… ②北… Ⅲ . ①报告文学—作品集—中国—当代 Ⅳ . ① I25

中国版本图书馆 CIP 数据核字（2020）第 130100 号

**破浪**
**作　　者：**刘国强　党益民　等
**主　　编：**北京文学月刊社
**出 品 人：**赵红仕
**产品经理：**华楠楠
**责任编辑：**孙志文
**版式设计：**李晓壮
**责任编审：**赵　娜

---

北京联合出版公司出版
（北京市西城区德外大街 83 号楼 9 层　100088）
北京华景时代文化传媒有限公司发行
北京文昌阁彩色印刷有限责任公司印刷　　新华书店经销
字数 259 千字　　690 毫米 ×980 毫米　　1/16　　22 印张
2020 年 9 月第 1 版　　2020 年 9 月第 1 次印刷
ISBN：978-7-5596-4431-2
定价：52.00 元

---